江苏省高等教育教改研究重点课题
《“互联网+职业教育”背景下学前教育专业领域课程教学模式创新与实践》（课题编号：2019JSJG100）
江苏省高校哲学社会科学项目
《后疫情时代学前教育专业课程混合式教学模式构建与应用研究》）（课题编号：2020SJA1147）
江苏高校“青蓝工程”资助

高等职业教育学前教育专业“理实一体化”立体教材

学前儿童音乐教育

（微课版）

主　编　宋琛琛　陆珊珊
副主编　王雨楠　杨　洁
　　　　王梦秋
参　编　王诗柔　王　倩
　　　　周颖佳　邓莉莎

南京大学出版社

图书在版编目(CIP)数据

学前儿童音乐教育 / 宋琛琛，陆珊珊主编. 一南京：南京大学出版社，2021.6(2024.1 重印)
ISBN 978 - 7 - 305 - 24061 - 4

Ⅰ. ①学… Ⅱ. ①宋… ②陆… Ⅲ. ①学前儿童一音乐教育一高等职业教育一教材 Ⅳ. ①G613.5

中国版本图书馆 CIP 数据核字(2020)第 257474 号

出版发行 南京大学出版社
社 址 南京市汉口路 22 号 邮 编 210093

书 名 学前儿童音乐教育
XUEQIANERTONG YINYUEJIAOYU
主 编 宋琛琛 陆珊珊
责任编辑 丁 群 编辑热线 025 - 83597482

照 排 南京开卷文化传媒有限公司
印 刷 南京京新印刷有限公司
开 本 787 mm×1092 mm 1/16 印张 16.5 字数 380 千
版 次 2021 年 6 月第 1 版 2024 年 1 月第 2 次印刷
ISBN 978 - 7 - 305 - 24061 - 4
定 价 49.50 元

网 址：http://www.njupco.com
官方微博：http://weibo.com/njupco
微信服务号：NJUyuexue
销售咨询热线：025 - 83594756

前言

为贯彻教育部发布的《幼儿园教师专业标准（试行）》和《江苏省教育厅关于全面提高高等学校人才培养质量的意见》等文件精神，促进“教育活动的计划与实施”能力的提高，凸显实践型幼儿园教师培养的宗旨，本书以“学、教、做一体化”作为指导思想，结合《教师教育课程标准》《国家教师资格证考试（幼儿园）大纲》以及幼儿园教师核心岗位能力的要求，结合当前学前儿童音乐教育国内外前沿教育理论与教学模式，遵循“凸显实用，立足高效”的课程设计理念，遵循高职高专院校师范生的认知规律，对接《幼儿园教育指导纲要（试行）》和《3—6 岁儿童发展与学习指南》，精选教学内容，梳理知识点，重构知识与技能组织形式，理论与实训紧密结合，力求学生在“做中学”“做中思”“做中用”“做中创”的过程中，不断提升音乐实践应用能力。

教材编写从幼儿园音乐活动设计与实施的实际应用出发，研究 3～6 岁学前儿童的音乐能力及学前儿童音乐教育的主要内容，旨在帮助学习者树立科学的艺术观、儿童观、教育观。教材内容既包括对学前儿童音乐学习认知特点的理论阐述，也包括对学前儿童音乐教育的目标、内容、途径、方法，音乐教育活动设计与组织，音乐教育评价的研究。旨在增强学习者实践教学能力，初步具备从事幼儿园音乐教育的职业素质，提高学习者艺术修养以及欣赏美、表达美的能力，提升未来幼儿教师的实践意识和创新意识。

本教材编写具有以下特点：

1. 响应教学改革要求，理念先进化

落实立德树人根本任务。教材编写在目标上体现了学生创新能力、协作能力的培养；在内容上着意选择《化蝶》《茉莉花》《凤阳花鼓》《喜洋洋》等中国特色乐曲及少数民族乐曲，让学习者在课程学习的同时，了解更多的民族优秀音乐艺术，培养文化自信，树立中华民族大团结意识。

凸显混合式教学发展趋势。教材编写以幼儿园教师岗位能力为基础，以典型工作任务为主线，融知识与技能为一体，体现产教融合的高职高专教育特色。

2. 体现前沿研究成果，内容实用化

教材编写遵循“项目引领、任务驱动、理实一体、产出导向”原则，注重学前儿童“学”与幼儿教师“教”的紧密配合，整合教学内容，以游戏化精神统领幼儿园音乐教育活动，以《指南》中艺术领域的目标要求与教育建议为依据，对接国考、国赛等标准，增加相关的考试要求、考试真题与模拟案例，使内容具有较高的学术性、科学性与实践指导性。

3. 设置多学习板块，体系完善化

教材编写对接幼儿园教师岗位核心能力，将相关知识点进行铺垫和延展，设置“学习目标”“思维导图”“情境导入”“考点聚焦”“思考与实训”等版块，便于学习者提高分析与解决问题的能力，聚焦实践能力的训练。

4. 嵌入富媒体资源，学习自主化

丰富多样的配套教学资源是本次编写中最大的创新和突破。将大量的微课教学视频、音视频资源、幼儿园活动案例视频、自创软件等资源置于教材编写中，以满足不同学习能力、不同学习进度的学习者的个性化需求。其中包括35个微课教学视频、多个学生说课及微型课视频、幼儿园活动案例视频、教案及课件，有利于学习者开展不同程度的自主学习。同时，教材配套自主研发的“幼儿园音乐活动设计软件”，帮助学生突破对于歌唱图谱绘制、韵律动作编排、变通总谱绘制、配器方案设计等教学重难点。在每个项目里，二维码链接学习资源，不仅为学习者碎片化学习提供保障，让静态的学习动态化，也为教师开展线上、线下混合式教学提供便利。

本教材由徐州幼儿师范高等专科学校的宋琛琛、陆珊珊、王雨楠、王梦秋、杨洁、王诗柔，运河高等师范学校的王倩，苏州大学教育学院、苏州外国语学校吴中校区附属幼儿园的周颖佳，谢菲尔德大学（The University of Sheffield）的邓莉莎共同编写。宋琛琛负责全书统稿工作，陆珊珊负责教学资源制作及软件建设，邓莉莎负责前期资料的收集与整理。杨洁负责编写项目一及试题建设，王雨楠负责编写项目二与项目五，王梦秋负责编写项目三及学生资源建设，王诗柔负责编写项目四，宋琛琛负责编写项目六及审核全稿，王倩、陆珊珊共同编写项目七，宋琛琛、周颖佳共同编写项目八。同时感谢无锡市荡口中心幼儿园赵锦及往届学生提供幼儿园活动案例，徐州幼儿师范高等专科学校的李进、唐冰瑶、陈颂、许姗姗老师参与微课视频制作。

本教材可以作为高校学前教育专业学生的学习用书，也可以作为幼儿园教研活动的参考用书。

由于编写时间仓促，编者水平有限，书中疏漏之处在所难免，敬请各位专家、同行批评指正。

编者

2021年6月

目录

微课目录

续　表

序号	微课名称	页码
21	学前儿童韵律活动空间安排的设计流程	117
22	学前儿童韵律活动中“配合表演”与“合作方式教学”流程设计	118
23	学前儿童打击乐器演奏活动材料的选择	138
24	学前儿童常见打击乐器辨识	139
25	学前儿童打击乐器演奏活动的变通总谱设计	143
26	学前儿童打击乐器演奏活动的目标	147
27	学前儿童打击乐器演奏活动的导入设计	150
28	学前儿童打击乐器演奏活动的指挥与常规要求	151
29	学前儿童音乐欣赏活动的内容与选材	171
30	学前儿童音乐欣赏活动的目标	179
31	学前儿童音乐欣赏活动的设计与指导	182
32	学前儿童音乐教育评价的作用与原则	203
33	学前儿童音乐教育活动评价的内容	207
34	学前儿童音乐教育评价的方法	210

项目一

音乐与学前儿童音乐能力

学习目标

知识目标:知道音乐和音乐教育的含义;理解音乐的本质、特征及功能;掌握学前儿童音乐能力的发展。

能力目标:能举例说明音乐教育对学前儿童发展的多元价值。

情感目标:感受音乐愉悦身心的重要价值,树立科学的音乐教育理念。

学习重难点

1. 能举例说明音乐教育对学前儿童发展的价值。
2. 掌握学前儿童音乐能力的发展。

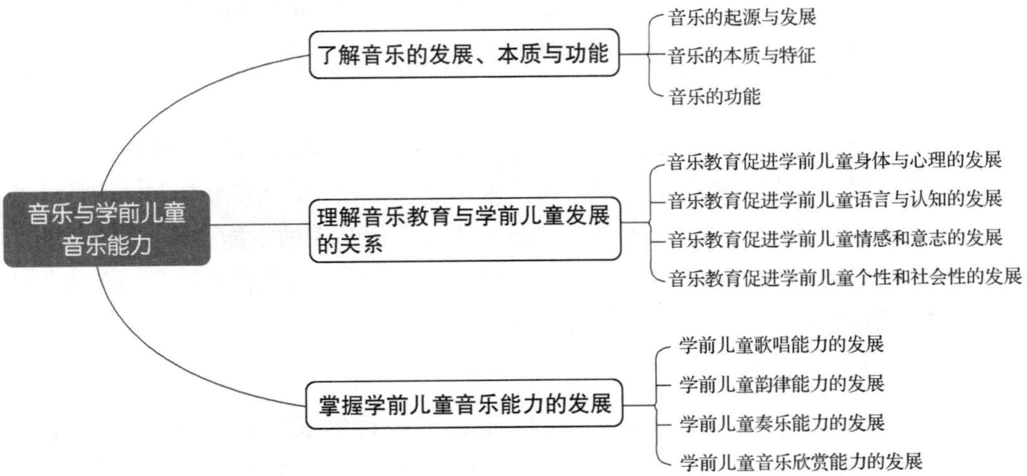

情境导入

关于学前儿童是否需要学习音乐，很多家长认为“我家的孩子不具备音乐天分，没有必要学习音乐”。然而，事实是每个人都有学习音乐的能力，而且一出生就具备了这种潜能。美国心理学家加德纳提出的“多元智能”理论中，就包括“音乐智能”，即每个人与生俱来拥有对音高的敏感性。无独有偶，美国当代著名音乐教育家埃德温·戈登教授通过 30 余年的研究以及大量的数据分析，发现每个孩子 9 岁以前学习音乐的能力是具有发展性的，9 岁以后学习能力则趋于稳定。

由此可见，学前儿童具有与生俱来的音乐潜能，早期的音乐学习对学前儿童发展来说十分必要。那么，音乐的本质是什么？音乐具有哪些特征及功能？音乐教育与学前儿童发展究竟有何关系？学前儿童的音乐能力经历了怎样的发展过程？本项目将针对以上问题进行探讨。

任务一　了解音乐的发展、本质与功能

一、音乐的起源与发展

音乐不仅是艺术的一种具体表现形式，而且是人类的一种社会现象，是伴随着人类的出现而产生的，或者更确切地说，它是人类社会发展到一定阶段的产物。

关于音乐的起源问题，古往今来诸多哲学家、美学家、文艺理论家和音乐史家均做出了不同的研究与论说，但至今仍然没有人能给出圆满的解答。音乐起源说的不同解释中，影响较大的有五种：

（一）模仿说

“模式说”即认为音乐来源于对客观的自然界和社会现实的模仿。这或许可以算作最古老的一种说法。早在两千多年前，古希腊哲学家德谟克里特就认为艺术是对于自然的“模仿”。亚里士多德更认为模仿是人的本能。他认为，所有的艺术都是模仿，差别只在于模仿使用的媒介不同，音乐是以声音来模仿的艺术形式。这种理论体现出一种朴素的唯物主义观点。①

（二）游戏说

18 世纪德国哲学家席勒和 19 世纪英国哲学家斯宾塞提出“艺术起源于游戏”，被称为“席勒—斯宾塞理论”。这种说法认为，艺术活动或审美活动起源于人类所具有的游戏本能，它表现在两个方面，一方面是由于人类具有过剩的精力，另一方面是人将这种过剩的精力运用到没有实际效用、没有功利目的的活动中，体现

---

① 黄瑾.学前儿童音乐教育[M].华东师范大学出版社，2006：1.

为一种自由的“游戏”。但这种学说仅从生物学或心理学的角度出发，仍然未能揭示出艺术产生的最终原因。

（三）表现说

系统地以理论方式提出这种说法的应当首推意大利美学家克罗齐。随后英国史学家科林伍德则对其做了进一步的详尽论述，认为艺术不是再现和模仿，更不是单纯的游戏，只有表现情感的艺术才是所谓“真正的艺术”，艺术就是艺术家的主观想象和情感表现。19世纪后期以来，这种学说在西方文艺界具有较大的影响，流行于现代西方各种美学思潮之中。

（四）巫术说

此种学说的代表人物英国著名人类学家爱德华·泰勒，在《原始文化》一书中最早提出艺术起源于“巫术”的理论主张。他认为，对原始人来说，周围的世界异常陌生和神秘，令人敬畏。山川草木、鸟兽虫鱼，在原始人看来都是有灵的，并且都可以与人交感。英国著名人类学家弗雷泽也认为原始部落可通过图腾歌舞、巫术仪式和信仰去控制神秘的自然界。由此看出，原始的艺术活动具有明显的巫术动机或巫术目的。

（五）劳动说

有学者认为人类社会音乐的起源可以追溯到非常古老的洪荒时代。在人类还没有产生语言时，就已经知道利用声音的高低、强弱等来表达自己的意思和情感。而且随着人类劳动的发展，逐渐产生了统一劳动的节奏形式——号子和相互间传递信息的呼喊，这便是最原始的音乐雏形；当人们庆贺收获和分享劳动成果时，往往敲打石器、木器以表达喜悦、欢乐之情，这便是最原始的乐器的雏形。

除此以外，如“语言说”，认为音乐起源于语言音调的抑扬顿挫。法国哲学家卢梭、英国哲学家斯宾塞认为人类在感情兴奋、激动时所产生的声调的夸张放大，是产生音乐的重要因素，由此得出音乐与语言有极为密切的关系。还有“社会组织说”、“情感或娱乐说”、“节奏说”、“多元说”等多种音乐起源说。应该承认，以上学说似乎囊括了人类社会的一切情感、宗教、劳动、语言等现象，可谓是集科学性、娱乐性与故事性于一体。

音乐的产生经历了一个由实用到审美、以社会劳动为前提的漫长历史发展过程。按历史发展的进程可将音乐的发展归结为以下几个时期：

1. 原始时期音乐

它是从人类社会生活的各个非审美领域中萌发并逐步分化，再综合起来的，是集诗、乐、舞三位一体的艺术形式。

2. 古代音乐

在原始乐舞的基础上进一步分化、发展，产生歌曲、器乐、舞蹈、戏剧、诗歌等。“音”在商代甲骨文中和言语的“言”字是一个字，属单管乐器的象形字，本意是用嘴吹箫管而发音，这正反映出远古时代的人类音乐（歌唱）和语言密不可分。“乐”在甲骨文中是弦乐器的象形。音和乐两字的含义相近，在战国末期的《吕氏春秋·大乐篇》中便已经连用："音乐之所由来者远矣。"以中国古代音乐的发展轨迹来看，早在先秦时期就出现了"雅乐"和"郑卫之音"，并且出现了堪称我国古代最庞大的乐器——编钟；汉魏时期音乐进一步发展，北方的相和歌以及南方的清商乐都达到了很高的艺术成就；而吸收了西域音乐特色的隋唐音乐，出现了新俗乐（燕乐），各类音乐艺术形式获得了充分而自由的发展；随后，音乐从以宫廷活动为中心转向平民化、民间化，尤其是宋元南戏、元代杂剧和明清传奇的诞生。

3. 近代音乐

近代音乐在音乐形式上得到了更高度、更细致的分化与发展，诞生新的更高级的艺术形式，如欧洲的歌剧、音乐剧、芭蕾舞剧和中国戏曲等。同时产生了各种不同的音乐流派，体现出精彩纷呈、繁荣发达的发展局面。以海顿、莫扎特、贝多芬为代表的古典乐派，推崇音乐语言朴素精炼，以严谨和谐的形式表达淳朴真挚的感情；以肖邦、李斯特、柴可夫斯基、马勒、勃拉姆斯等为代表的浪漫乐派，强调主观性，重视个人情感表达，偏重个性化心理的刻画，感情热烈而奔放，形式上不受拘泥，充满了鲜明的民族风格。

4. 现代音乐

一方面，音乐艺术不断吸收更加复杂的艺术综合体；另一方面，音乐艺术的各种形式本身也在不断依靠从外部吸取新的动力而获得新的发展。如大约出现在 20 世纪 80 年代的电脑音乐，正是在科技的发展下，音乐形式变得更为丰富，体现了现代生活的快节奏。由此可以看出，音乐艺术及音乐文化日益发展与繁荣。

二、音乐的本质与特征

（一）音乐的本质

对于什么是音乐的本质，古今中外的很多思想家、美学家和艺术家早已进行了探讨。

音乐是抽象的，它不像语言文字那样能直接叙述生活事件，也不像绘画作品那样能直接描绘生活现象，但音乐能通过旋律上音的高低变化，节奏上强弱和快慢的变化，音色的变化，音阶调性和调式结构上的变化，和声上的变化，曲式结构上统一、变化和对比的手法等来表达人们对一定生活情景的联想和情感。希腊著名的哲学家、数学家、思想家阿里斯托克森认为："对音乐的理解由感觉和记忆组成。"因为音乐不能直接呈现视觉形象，而且旋律是处在不断的变化当中，随着音乐的产生和消失，只能用记忆上的贮存、智力上的联想来进行分析和理解。由此，我们可以看出，音乐是一种有特定思想内容的音响形象。

19 世纪奥地利著名形式主义音乐美学理论家汉斯立克在《论音乐的美》中提到："音乐的内容就是音响运动形式"，"音乐作品的美是某种纯音乐的东西，即在于声音的结合之中，与任何陌生的音乐之外的思想范围都没有关系。"表面理解这种观点，认为音乐是一种可以不依附于任何思想内容而独立存在的音响形式，人们可以通过对这种形式的美的直接感知来获得审美满足。实际上假如我们换个角度思考，认为人类对音乐形式美的规律的认识和反映是一种思想内容，而且这种思想内容必然来自人们的社会实践过程的话，那么古往今来的大量优秀音乐作品中，都可以找到对声音进行直接采用或模仿的实例，如自然界中的鸟鸣兽吼、风啸水吟，人类抑扬多变的语言音调，人类社会生活中的各种人为音响等，而这些恰恰可以说明音乐中部分元素来自现实，是对现实生活的反映。

由此我们可以看出，尽管各种观点存在着差异，可是大家都认为，音乐是一种有特定思想内容的音响形式，是人类现实生活的某种反映。正如马克思主义的艺术理论认为，艺术是人类社会生活在人类头脑中主观反映的结果，无论怎样特殊的艺术现象，归根到底，都可以从现实存在中找到其根源。

但是，音乐的反映不是对社会生活的直接描绘，而是由音乐家将现实生活中所有与音乐有关的素材进行加工、提炼、整理，然后把个人对社会生活的看法、理解、思考、态度、体验等进行艺术高度概括，再以“音响”为“原料”加以表现的结果。

基于此我们认为，**音乐是一种有特定思想内容的音响形象，同时也是一种社会审美生活的主观反映**，这便是音乐的本质。

（二）音乐的特征

1. 音乐是声音的艺术

音乐是通过有机组织的声音材料塑造艺术形象，反映现实社会生活，表现人们的思想情感及审美情趣。作为音乐素材的声音，通常是指钢琴键上的 88 个键所发出的声音，把这些音按高低顺序排列起来，构成音列。将不同的音高、音质、长短、声部、声种、乐器等方面组织起来，就构成了丰富多彩的音乐种类。除此以外，声音也可来源于人声、自然界的各种声响等。人们在创作音乐作品时，不是杂乱无章地将各种声音加以堆砌，而是根据自己的审美理想、审美情感、审美习惯和审美需要，经过不断地实践，不断地加工选择，创造性地对各种声音进行节奏、旋律、和声和音色的处理，形成能够震撼人心、怡情养性、多姿多彩、庞大精深的音乐天地，从而表达出某种思想感情，被人理解和接受。因此，声音的艺术是音乐艺术的基本特征之一。

2. 音乐是听觉的艺术

音乐是声音的艺术，所以它只能诉诸人的听觉，因而音乐又是一种听觉艺术。人们在创作和欣赏音乐时，主要依靠听觉感知，接受的也主要是听觉信息的刺激，但这些听觉刺激所唤起的却是欣赏者身心多方面的兴奋，如肌肉的运动，想象、联想的产生，以及各种相应情绪、情感的体验。由此可看出，音乐的听觉能力是形成各种音乐能力的前提和基础。因此，声音的听觉感知是音乐艺术的特性之一。

3. 音乐是时间的艺术

音乐作为艺术形式之一，它的最大特征是在时间流动中不断呈现、展开、发展和完善的过程。建筑在生活中有实用功能，是一个具体的东西，绘画与雕塑对动态的瞬间进行静态的表现，借助的也是直观的形象，而音乐与文学中的形象不是具体直观的，音乐只能在时间中展现与消失，没有时间的过程，就没有音乐的存在，就没有音乐的展现。只听音乐作品的个别乐节、乐句或乐段，是不可能获得完整的音乐形象的。因此，它能使欣赏者的某种情感体验在时间流动中不断得到积累和强化，使欣赏者长久地沉浸于审美享受的状态中，这就说明音乐是一门时间艺术。

4. 音乐是情感的艺术

音乐擅长的是通过情感的直接抒发和表达来打动人、感染人，以达到审美活动的目的。正如《乐记》中记载："凡音者，生人心者也。情动于中，故形于声，声成文，谓之音。"再如《战国策》记载，公元前227年燕太子丹命荆轲赴秦谋刺秦王政，其友高渐离送至易水河边为其击筑（古代击弦乐器），"荆轲和而歌。为变徵之声，士皆垂泪涕泣"，"复为慷慨羽声，士皆瞋目，发尽上指冠"。由于情感本身所具有的微妙性、模糊性和不可描述性，所以，在主要通过情感体验最终完成音乐形象再塑造的音乐欣赏过程中，欣赏者能够获得比欣赏其他艺术形象时更多而且更自由地利用个人体验的机会。正因为音乐如此擅长于抒发情感和引发情感，以情动人、以情感人，所以又被人们公认为是一种情感艺术，是情感的载体。

5. 音乐是表现的艺术

音乐虽然是对人类社会生活的主观反映和表现，但这种反映和表现却是间接的、表演性的。人们可以从文字的描述中直接感知万千世界的多姿，而音乐作品必须通过演唱、演奏等创作形式的二度加工才能完成。所以，音乐对现实生活的表现带有一定的间接性。再者，音乐作品中的"音乐形象"是经过联想而形成于人们头脑中的艺术形象，是感情化、性格化的形象，是变化的、发展的形象，音乐作品如果离开了表演、表现，谱面上的音乐作品就无法转化为流动的音响。而欣赏者对音乐形象的感知和理解程度，又离不开表演者的技巧和修养水平等。所以，表演对音乐的表现起着举足轻重的作用。由此可见，音乐是表现的艺术。

6. 音乐是再创造的艺术

音乐的表现有稳定性的一面，又有演绎性的一面。演奏演唱的过程是对音乐的再创造。对于同样的一首乐曲，两位生活阅历不同、感受能力不同的演奏家，对作品的理解会呈现不同的解释，或丰富多彩，或旖旎迷人。所以，任何两位表演艺术家都不会表现得相同，没有创造就没有艺术。另外，音乐中特殊的手段——变奏，将原来的作品，重新改编，使一个旋律奏完后，再奏一遍，是原来的，又不是原来的，是在原来基础上的变化，包含着创造性，这是其他艺术没有的。由此可见，创造性是音乐独有的特征之一。

三、音乐的功能

音乐的功能是指音乐在人类社会生活中所起的作用。正如贝多芬所言："音乐应当使人类的精神爆发出火花。"随着人类社会的不断发展，人们对于音乐功能的认知也在不断地丰富和扩大。

（一）音乐的审美功能

人类的审美需要，是感受美、理解美、表现美和创造美的过程，是情感的体验、满足和愉悦的精神享受。早先，审美和艺术活动与生产劳动紧密结合，劳动者既是美的创造者，也是美的欣赏者和表演者。随着生产力的发展，社会出现了分工，艺术的创造者和欣赏者也有了分工。但不管这样的社会分工多么精细和深入，美的特质是音乐艺术中最珍贵的内核。因此，充分发挥音乐的审美功能，深刻挖掘音乐作品本身的审美要素，使人们通过音乐活动净化心灵、陶冶情操、启迪智慧、情智互补，并最终实现个体与社会、自然的和谐统一，且使这种情趣得以巩固、发展，为终生所用。

（二）音乐的教育功能

一般人欣赏音乐的目的在于娱乐，但在娱乐过程中，人们又不知不觉地、潜移默化地受到了教育，陶冶了情操。古今中外诸多先贤、学者对此有着深入的分析、研究和论证。早在我国春秋时代，伟大的思想家、教育家孔子曰："移风易俗，莫过于乐"，并把音乐列为"六艺"（礼、乐、射、御、书、数）之一。我国近代学者蔡元培、王光祈等人，则力倡"美育"与"乐教"等。在西方，从古希腊时期人们就充分认识到音乐的教化作用，当时斯巴达的立法者规定，所有斯巴达人，无论男女老少和职位高低，必须一律参加音乐训练。柏拉图与亚里士多德也都认为通过一套以体操和音乐为两个要素的公众教育体制，就可以造就"正经"人，体操训练体质，音乐训练心智，有净化、教育、精神享受等作用。在欧洲中世纪以后的大学，音乐被列为四个主要学科之一。

虽然古今中外的先哲对音乐都阐述过各自不同的理论，但他们都趋于一致地认为，音乐是可以教育人的。因此，教育也是音乐的主要功能之一，而教育的形式则是"寓教于乐"。具体体现为以下两个方面：

1. 陶冶情操，净化心灵

音乐作为人类生活中必不可少的精神食粮，可以陶冶人的情操，培养人的优秀品质，净化人的心灵。

音频资源

《我爱北京天安门》
《黄河大合唱》
《命运交响曲》

音乐是最具有情感的艺术，鲜明的音乐作品可以使人增长知识、开阔视野、增强求知欲，对于人的个性和意志力的培养起着重要的作用。从儿童开始，《我爱北京天安门》等歌曲，便会在幼小的心灵中刻下"北京"、"天安门"、"祖国"、"党"、"伟大"等印记。一曲《黄河大合唱》蕴含着粗犷、雄浑的气质，使人联想到中华民族勤劳、坚强、不屈的性格，激发了无数人抗日的热情。在认真欣赏完贝多芬的《命运交响曲》之后，你会悟出一条哲理：人生，只有奋斗，扼住命运的咽喉，才能取得成功，也一定能取得成功……由此可见，音乐可以帮助人们识别真假、美丑、善恶，体验人生，领悟人生的哲理，培养热爱生活、向往光明的高尚情操，进而使人的心灵在潜移默化中得到美的净化。

2. 启迪智慧，诱发灵感

大量科学研究已经表明，人类大脑的左半球以逻辑思维为主，被称为"语言脑”；右半球以形象思维为主，被称为“音乐脑”。幼儿期是“音乐脑”的推理能力和空间想象能力开始形成的时期。多听优美的音乐，能促进右脑的开发，发展形象思维，并在此基础上丰富语言、词汇，逐步发展抽象思维，使左右脑得到均衡发展，进而促使智力敏捷，发挥创造才能。正如伟大的科学家爱因斯坦所说：“我的科学上的成就，很多是音乐启发的。”

（三）音乐的社会功能

1. 娱乐功能

音乐具有娱乐功能。《乐记》中指出：“夫乐者乐也。”也就是说音乐即快乐着。音乐可以娱人，也可以自娱。在紧张的工作之余，听一首轻松愉快的乐曲，人们松弛了工作中绷紧的神经；在饮茶吃饭之时，伴以悠扬悦耳的音乐，人们忘掉了生活中的烦恼。这是一种美的享受，是一种积极的放松、有文化的休息，是一种高雅的娱乐。在一些长时间单调、重复性的劳动中，比如插秧、采茶、摇橹、车水时，人们会唱起号子和小调，减少单调和枯燥的感觉，相对地消除了疲劳，这带有明显的自娱性。可以说，人们在音乐活动中获得了精神的愉悦与享受。

音频资源
《喜洋洋》
《春天来了》
《锦上花》
《水上音乐》
《假日的海滩》

2. 保健功能

音乐对调节人的生理机能，促进身心健康具有重要的作用。《喜洋洋》《春天来了》等乐曲，可使心绪忧郁、情绪低落者，解除忧郁，振奋精神；如果过度疲劳，可以选用《锦上花》《水上音乐》《假日的海滩》等乐曲，来缓解精神的疲劳，达到积极休息的目的。由此，音乐使被压抑的情绪和潜意识得到宣泄和释放，从而有利于人的身心健康。

元代宋丹溪指出：“乐者，亦为药也。”可见音乐作为一种精神疗法为病人解除病痛自古有之。国外对音乐治疗的认识也由来已久，两千多年前的毕达哥拉斯提出了“音乐医学”的概念，他认为不同的旋律对不同的情绪和身心状态有着不同的治疗作用。当人生病时，各个器官的节奏处于异常状态，聆听相应的乐曲能够借助音乐的节奏和旋律，使人体器官的振频与音频相和谐，从而使患病者感到身体舒服、精神愉悦，能帮助身体恢复健康。随着现代医学、生理学研究的不断深入和发展，用音乐疗法来医治各类慢性病、精神病、孤独症和自闭症等已卓有成效（见图 1－1）。

图 1－1　音乐治疗

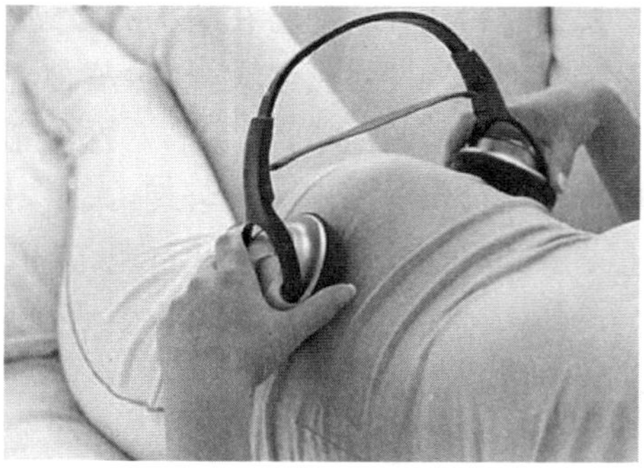

图 1－2　音乐胎教

除此之外，音乐还有其他一些实用功能，如政治宣传、风俗礼仪、商业广告，甚至是在音乐胎教(见图 1-2)、动植物生长等方面均有所体现。总而言之，音乐的社会功能既是多方面的，又是有机联系、相互渗透的。要想真正将音乐功能转化为卓有成效的价值，必须依赖于音乐教育的实施。

任务二　理解音乐教育与学前儿童发展的关系

热爱音乐是学前儿童的天性。作为教育的一项重要内容，音乐教育质量与儿童发展质量之间的真实关系是不言自明的。学前儿童音乐教育既要遵循儿童学习音乐的过程，按照儿童心理发展的特点对儿童进行音乐基本知识、技能的教育和熏陶，更要以全面发展教育为中心，通过音乐的手段、音乐教育的途径促进儿童在身体、智力、情感、个性、社会性等方面和谐发展，是一种以音乐为手段来进行的人的基本素质教育。

由此可见，良好的音乐教育对学前儿童的身心发展与音乐能力的发展有着很大的促进作用，并最终实现着促进学前儿童基本素质的全面和谐发展这一终极目标。

一、音乐教育促进学前儿童身体和心理的发展

(一) 促进学前儿童大脑的发展

目前，我们已经比较清楚地认识到大脑左右半球的专门化机能。大脑左半球主要掌管分析性思维活动等，倾向于用语词进行思维；大脑右半球则主要掌管综合性思维活动等，倾向于用感觉形象进行思维。大脑两半球的功能各有侧重，但它们并不是相互割裂的，而是通过约 2 亿条神经纤维组成的胼胝体进行频繁的左、右脑信息交换，使大脑两半球得以协同运作，进而促进大脑的整体发展。近年来，美国脑科学家对爱因斯坦脑细胞的切片进行观察分析，推测出其“棘突触”比普通人多，与他从小拉小提琴、弹钢琴有关。因此，有着分析、抽象和整体理解加工功能以及锻炼和促进大脑机能发展功能的理想的音乐教育活动，完全可以同时促进左右脑机能的发展，进而使大脑协同运作能力得以最优发挥。

学前时期正是大脑发育最快的时期。这个阶段，学前儿童若能经常进行音乐活动，对其大脑的健全发展具有十分重要的作用。

(二) 促进学前儿童身体运动能力的发展

学前儿童的音乐活动往往伴随着身体运动。由于身体动作是在脑和神经系统、肌肉控制下进行的，因此，学前儿童身体动作的发展和儿童身体的发展、大脑和神经系统的发展密切相关。如歌唱能使学前儿童的发声器官、共鸣器官和呼吸器官的发育得到有效的促进。在各种律动、舞蹈、音乐游戏、乐器演奏等活动中，学前儿童可锻炼身体各部分肌肉、骨骼和韧带，提高神经系统反应的速度和协调能力，

增强心肺等器官的耐受力。因此,教育者应有意识地利用音乐教育活动来促进学前儿童的身体发展,提高学前儿童的身体运动能力。

（三）促进学前儿童身心的和谐发展

良好的音乐教育活动能满足学前儿童的内部需求,并直接引发其获得积极的情绪体验。如在交往成分较多的音乐活动中儿童可获得被接纳的需求;在想象、创造成分较多的音乐活动中学前儿童可获得自我价值实现的需求;随乐合拍的活动能节省体内能量的消耗,使儿童获得舒适愉快的生理需求;儿童天生好动的需求则更容易在音乐活动中得到满足……这些因需求的满足而带来的愉快的情绪体验,是促进学前儿童身心和谐发展的重要因素。

拓展阅读→

柏拉图说过:“音乐对人的性格形成有极大的影响,特别是在净化、美化人的心灵世界方面有着不可取代的特殊作用。”

二、音乐教育促进学前儿童语言与认知的发展

（一）促进学前儿童语言的发展

因为音乐与语言有共通的元素,如:语调的抑扬好比旋律的高低,言语的句法好比音乐中的分句分段,言语的节奏好比音乐的节奏,言语的轻重好比音乐的轻重等。学前儿童在学习音乐时可有效地积累词汇,增强对文学语言的理解和运用能力。如教师在教儿童学唱歌曲时,要求吐字清楚,咬字准确,这无疑对培养学前儿童口齿清楚的口语表达习惯有很大的帮助。音乐的保健功能指出,音乐可帮助治疗疾病,经研究发现,音乐的反复刺激可使语言发展有缺陷的儿童,对声音要素渐趋敏感,能有效地帮助其获得矫治或补偿。

（二）促进学前儿童认知的发展

音乐是一种抽象的艺术,它需要感知、记忆和概念化的过程。开展学前儿童音乐教育能够有效地促进儿童感知能力、记忆能力、想象与联想能力、思维能力等整个认知系统的健康发展。

音乐是听觉艺术,在活动中开展各种听觉训练,让儿童用耳朵去听,去感知。学前儿童生活在声音的世界中,让他们亲自去感受生活中各种各样的声音,如风声、雨声、动物的叫声、钟表声、脚步声等,分辨声音的高低、音量的强弱,感知并结合节奏体验二拍、三拍、四拍音乐的不同。在活动中有意识地引导他们集中注意力进行听觉探究,使学前儿童听辨声音的能力和感知能力得到提高。

音乐是在时间持续中展开形象的,人只有在能够对音乐进行记忆的基础上,才可能对音乐形象进行审美感知。如进行乐器演奏时,学前儿童必须正确地记住乐曲的前奏,乐曲的基本节奏、配器方案等,并观察教师的指挥,这些都将有助于学前儿童记忆能力的发展。

音乐活动离不开想象、联想与思维能力的发展。自由想象对于学前儿童有着巨大的吸引力，如儿童在欣赏歌曲《森林狂想曲》时，边听音乐边展开联想，想象自己在开舞会、庆祝节日、逛动物园……因此，应有意识地利用一切机会和手段来引发和支持这类音乐活动，对发展学前儿童的创造意识及思维能力有独特作用。

音频资源

《森林狂想曲》

三、音乐教育促进学前儿童的情感和意志的发展

（一）促进学前儿童情感的发展

音乐是表情达意的艺术，儿童恰恰具有喜形于色、感情外露的特点，他们还难以用言语表达内心的情感和体验，而音乐中强烈的情绪对比、鲜明的感情描述正抒发了学前儿童的内心感受，所以儿童发自内心地喜欢音乐，以至于常常会情不自禁地随音乐手舞足蹈。如在进行音乐欣赏《洋娃娃和小熊跳舞》时，有的儿童说："老师我想跳起舞来，好快乐哦！"这不恰巧体现了学前儿童情感体验的深刻性。再如，在学习《勤劳的小蜜蜂》《劳动最光荣》等歌曲时，可激发学前儿童热爱劳动的积极情感。

音频资源

《洋娃娃和小熊跳舞》
《勤劳的小蜜蜂》
《劳动最光荣》

（二）促进学前儿童意志的发展

良好的音乐教育有助于学前儿童形成良好的意志品质，使学前儿童行动的目的性、坚持性和控制力得以发展。如在奏乐活动中，学前儿童能够高度集中注意力，遵守乐器使用的常规要求，如不争抢乐器，不随便敲击发声，演奏时必须进行有目的的指挥或观察他人的指挥等。这说明学前儿童的意志品质是可以通过音乐活动来加以培养的。

四、音乐教育促进学前儿童个性和社会性的发展

（一）促进学前儿童个性的发展

音乐不仅是通过音响来反映人们思想感情的艺术，而且也是极富个性的艺术。良好的音乐教育有助于发展儿童对音乐及音乐活动的独特的个人需要、动机、兴趣、信念系统。同时也会在学前儿童的自我认识、自我评价、自我管理、自我教育意识及能力的形成过程中起到良好的促进作用。

（二）促进学前儿童社会性的发展

许多音乐活动，如合唱、集体舞、音乐游戏等都需要合作才能完成。良好的音乐教育能够促进学前儿童与他人以及社会环境之间的相互理解、交往与合作。如在歌唱活动《柳树姑娘》中，为了合唱获得和谐的声音，学前儿童需要听着琴声和同伴的歌声不断调节自己的音高，由此体会到与人合作和与人分享的快乐。除此之外，学前儿童音乐教育也能够帮助儿童形成维护社会秩序、承担社会责任的意识和能力。

音频资源

《柳树姑娘》

任务三　掌握学前儿童音乐能力的发展

人类与生俱来地拥有音乐的智能，可以说，音乐能力是人人都有的一种普遍的能力，音乐属于每一个人，且“音乐性在每个孩子的自然本性中都存在”。美国心理学家加德纳曾说过：“在个体可能具有的所有天赋中，音乐天赋是最早出现的。”所谓音乐能力，从一般意义上来说，即指人们从事演唱演奏、音乐欣赏及创作活动时所表现出的本领。

一、学前儿童歌唱能力的发展

歌唱是人们表达情感，用音乐来表现语言的一门艺术。古人云：“丝不如竹，竹不如肉。”歌曲通过音符和文字的有机结合，使音乐的内涵变得通俗易懂，比任何的乐器和舞蹈都富有感染力。

微课

学前儿童歌唱能力的发展

歌唱也是儿童的天性。当他们高兴时，总是会情不自禁地唱歌，或者随着音乐的节奏边唱边跳，以表现他们的愉悦之情。歌唱可以陶冶儿童的情操，活跃他们的思想，启发他们的智慧。虽然很多儿童的旋律唱得不是很准，但总是那么的动听与美妙，富有表现力和感染力。不同的歌曲不仅可以使儿童去认识这个世界，体验他们所熟悉的事物，培养他们的想象力，还可以使他们学会爱国、学会诚实与礼貌。同时，歌唱也是一种需要学习的技能，它要求姿势正确，呼吸连贯，发声自然，吐字清楚，音准到位。歌唱能力的发展是有其过程的，音乐教育也应使孩子在歌唱中感受音乐带来的快乐，并增强他们对节奏、旋律的感受力和表现力。学前儿童歌唱能力的发展主要体现在以下几个方面：

（一）歌词的发展

3～4 岁的儿童能够完整地掌握比较简短的句子或者是较长歌曲中的相对比较完整的片段，儿童对歌词含义的理解存在一定的困难，听辨和发音能力比较弱，碰到不理解的字词，往往发音不准，吐字不清。

4～5 岁的儿童一般都能比较完整、准确地再现熟悉的歌曲中的歌词，对歌词的听辨、理解、记忆和再认能力有所提高，唱错字、发错字的情况有较大改变。

5～6 岁的儿童发音吐字日趋完善，对歌词的理解能力又有了进一步的提高，可以较完善、较复杂地再现一首歌曲。对词义的理解也有所提高，吐字和发音更加清楚了。

针对学前儿童的身心发展以及不同阶段的歌唱能力，歌曲的歌词选择应该以内容健康、主题简单、富于童趣、易记易唱、语法清晰为主。3～4 岁儿童学习的歌曲不宜超过 8 小节，4～6 岁儿童学习的歌曲要控制在 20 小节以内。通过演唱的歌词，让儿童学会爱国，学会诚信，学会守法，学会合作……让儿童在歌唱中获得愉快的情感体验。

（二）音域的发展

歌唱音域是指歌唱者在表现声乐作品时能够发出的最低音与最高音之间的范围。学前儿童的歌唱音域能反映他们的发音能力。儿童的发声器官在整个学前期是处于生长发育的状态。他们的喉头是成人的一半甚至不到一半，声带短小且柔嫩，胸腔很小，呼吸较浅。他们的歌唱音域比成人要狭窄，只有在歌唱音域的范围内，才能舒适地唱出旋律，更准确地把握音准和节奏。

3～4 岁的儿童一般能唱出 5～6 个音，音域一般在 d1—a1 之间，其中 d1—g1 唱起来比较轻松、自然。个别儿童的音域可能会稍宽或稍窄，音域较宽的可达到 b1，最低可到 a，而较窄的仅能唱出 3～4 个音。

4～5 岁的儿童音域有所扩展，可在 c1—b1，但存在个体差异。这个阶段的儿童，大脑对发声器官的支配更有效，他们的声音运用得更加自如。

5～6 岁的儿童音域范围是 c1—c2，但存在个体差异，有些儿童能唱出较高的音。

所以在选择歌曲时，应根据学前儿童的年龄特点，选择适合他们的歌曲旋律，使儿童唱得轻松与准确。

（三）节奏的发展

节奏是音乐构成的第一要素，是音乐的骨骼与生命。瑞士著名音乐家达尔克罗兹曾说过：“人无不具有天生的节奏本能，不过需要诱发、培育，进而为音乐所用。”是的，“一段可以称之为音乐的东西，也许没有和声，也许没有旋律，但绝对不可能没有节奏。每个儿童都具有天生的节奏本能，只不过需要加以诱发和培养。早在摇篮里的儿童就喜欢靠着妈妈的胸膛，感受着妈妈的心跳进入梦乡，因为这种生命的节奏是他早在胎儿期就已经熟悉的。”舒缓平静的节奏会使儿童变得安静，而热烈欢快的节奏，则会使儿童变得兴奋和激动。

3～4 岁的儿童基本上能做到较合拍地唱歌，能够较容易掌握四分、八分音符，因为这些音符与他们生活中的节奏很相似。对于歌曲的节拍，他们易于掌握 2/4 拍和 4/4 拍。

4～5 岁的儿童，节奏能力的发展有所提高，不仅可掌握四分、八分音符，还能比较准确地再现二分音符，甚至带附点的音符节奏。除了 2/4 和 4/4 拍的歌曲之外，他们还可以尝试 3/4 拍的歌曲。如歌曲《摇啊摇》，儿童可感受到同一首歌曲由于节拍上的不同而带来的不同律动感，4/4 拍安静温柔，3/4 拍抒情欢快。

音频资源

《摇啊摇》

5～6 岁儿童，可以准确把握二拍子、四拍子的节奏，并且对切分节奏及弱起和三拍子节奏有所理解和掌握。

一般来说，儿童在 6 岁时，已能较自如地掌握常见的儿童歌曲的节奏，歌唱的速度稍快或稍慢时，也不会对节奏的准确性有太大的影响。

（四）音准的发展

音准是歌唱的基本要素，是必备的条件。音不准，整个歌曲就会面目全非，更不要提情感的表现。音准是学前儿童在歌唱中最难掌握的技能，也是学前儿童歌唱能力发展最慢的一种能力。由于儿童的发声器官没有发育完全，且他们的听觉分化能力相对比较差，所以对音高没有太多的概念，也不能自如地表现音的高低。即使在进入小学以后，仍会有许多儿童没能解决基本的音准问题。

3～4岁的儿童在没有乐器的伴奏下，走音情况较严重，有的儿童在第一个乐句中都有唱不准的现象。如果歌曲旋律较短小或简单，在教师的指导下，部分儿童能大致唱准旋律。但当一首歌曲音域过宽，或定调偏高、偏低，就会使儿童把歌唱变成“说歌”。

4～5岁的儿童接触的歌曲日益增多，他们对音准的感知也逐渐提高，能在乐器伴奏的基础上，基本唱准旋律的音高，但在没有伴奏的情况下，尚有一些儿童不能很好地把握音准。

5～6岁的儿童在音准上的进步更加明显。他们能够掌握小三度、大三度、纯四度、纯五度的音程。另外，对级进、小跳和大跳都不会有太大的困难。

教师对于儿童音准的掌握要给予一定的练习，让他们能有音准的印象，同时还要训练学前儿童的听力，使他们从听和唱两方面来锻炼音准。通过练习，学前儿童的歌唱音域和嗓音的发声技巧是能够提高的。此外，从较高音逐渐向下唱的练声方法更适合儿童嗓音的生理特点，更能有效地提高学前儿童的高音发声能力。

（五）呼吸的发展

歌唱与说话一样，都是由气息振动声带发出声音。歌唱发声靠的是气息的控制，并与歌声的高低、强弱相适应，因此是一种有意识、有控制、带有一定强度的呼吸。歌唱时，声音的强弱、高低、快慢都要靠呼吸来调节。歌唱也要根据歌曲的乐句来进行呼吸，不能随便换气。

音频资源

《捉鱼》

3～4岁的儿童，虽然能够逐步学会使用较长的气息，但还不能根据乐句的需要来换气。有的儿童会唱一个字换一口气，有的一句歌词没唱完就换气。如学习歌曲《捉鱼》时，儿童无法在每小节结束处自由换气，而是在“游”字处换气，他们常常根据自身使用气息的情况来换气。一般情况，他们对于速度过快或过慢的歌曲都唱不好，若歌曲中的节奏过急或过于舒缓，儿童也不能胜任这样的歌曲。

捉　鱼

1= D $\frac{2}{4}$

中速

黄式茂　词
王履三　曲

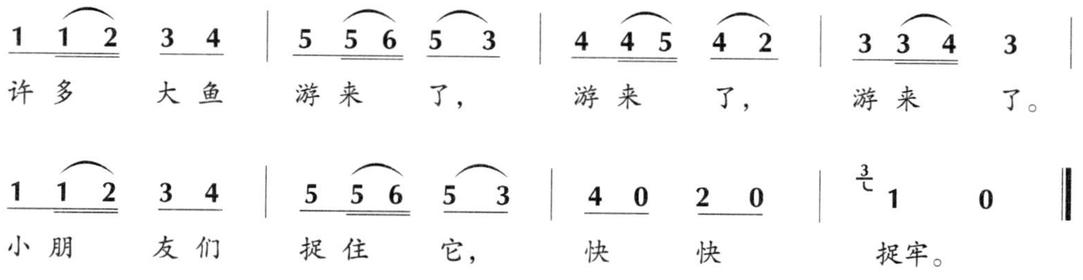

4～5 岁的儿童，能够渐渐学会使用较长的气息，一般都能够在教师的指导下学会按乐句和情绪的要求换气，中断句子、中断词意的换气现象有了明显的改进。

5～6 岁的儿童，在良好的教育影响下，一般都能够自然地呼吸，并学会有节制地消耗气息，按照音乐的意思来换气，不中断音乐的句子。但是，如果歌曲速度过慢，或者歌词的句子太长，儿童在歌唱时，呼吸仍会感到困难。

（六）表情的发展

歌唱表情大致分为三种：声音表情、脸部表情和身体动作表情。声音表情是指在歌唱中正确运用各种音乐的表现手段，如速度、力度、音色、咬字等，以此来表现歌曲的思想情感。脸部表情是指歌唱时，脸部能表现出与歌曲情绪相一致的表情。身体动作表情指歌唱时，配以适当的体态、手势等动作。

3～4 岁的儿童，能在他们所熟悉的歌曲中，用速度、力度、音色的变化来表现歌曲的情绪和内容。如学习歌曲《大猫小猫》时，儿童可感受歌曲中两种形象的大、小差异，并用强和弱的不同音量及不同音色模仿大猫和小猫进行演唱。同时，学前儿童还能根据歌曲的内容和节奏做些模仿动作和简单的舞蹈动作，如拍手、叉腰、踏步、旋转等。

音频资源

《大猫小猫》

4～5 岁的儿童对音乐的感受能力增强。他们在歌唱中，对速度、音色、力度的把握又有了一定的进步，能较细致地表达歌曲的情感。

5～6 岁的儿童，会用自然的声音有表情地唱。他们对歌曲的内容、情感的理解在一定程度上增强，所以会根据歌曲内容唱出强弱的变化，并能较好地掌握速度，较好地唱出跳音、连音和保持音。这个阶段的儿童有了一定的控制能力，能控制呼吸与发音器官，并能控制自己的情绪，表达出与歌曲情感相一致的感情。如在《表情歌》中，儿童唱到"我高兴时"，能做出开心的表情；唱到"我生气时"，会立刻叉腰摆出生气的姿态。他们还能和着乐曲的节奏，有表情、协调地做音乐游戏和舞蹈动作，如跑跳步、上下肢配合等。

音频资源

《表情歌》

培养学前儿童的歌唱表情，首先要使学前儿童对歌唱感兴趣，喜欢唱歌。引导他们学会理解歌曲的内容和情感，并用多种形式表现出来，让儿童学会用音乐的基本要素去表现歌曲。其次，使学前儿童用不同的声音去演唱不同情绪的歌曲。例如安静柔和的歌曲应唱得平静、甜美；舞曲性质的歌曲应唱得轻快、富有弹性；欢快的歌曲应唱得活泼、热情。

（七）合作协调能力的发展

合作协调是一种重要的歌唱能力，它要求学前儿童在歌唱时不仅要注意倾听自己的歌声，还要注意同伴的歌声甚至伴奏的声音。这种相互协调能力对儿童来说并不容易。

3～4 岁的儿童在集体歌唱时合作协调性较差，他们还不会相互配合，活动中常常有人唱快，有人唱慢，有人音高，有人音低，音色和音响上都不统一。在良好的教育影响下，随着学前儿童意识的增强和歌唱经验的积累，他们逐步尝试用放慢自己的节奏、降低自己的音调来使声音与集体保持一致。他们还可掌握一些简单的对唱或接唱，并从合作歌唱活动中初步体会到协调一致的快乐。

音频资源

《大鼓和小铃》

随着歌唱活动的积累，4～5 岁的儿童不仅能够比较协调地参与集体歌唱，注意在音色、表情、力度、速度等方面调节自己的声音与集体保持一致，而且还表现出独自唱歌的愿望和兴趣。如唱《大鼓和小铃》，学前儿童不仅可以注意到大鼓与小铃音色上的不同，还能在对唱中尽量保持与他人在节奏、音准方面的协调，并做到自然衔接、整齐统一。

5～6 岁的儿童，已积累一定的合作歌唱经验，并发展起较强的合作协调意识和技能。他们会自觉地监控自己的声音，敏感地注意到集体歌声中的不协调因素及产生的原因。

（八）创造性表现能力的发展

在学前儿童的生活中，自发的歌唱创作活动是很常见的。这时儿童歌唱的曲调、歌词都是自己创作或改编的较小规模的歌曲。对于任何一个儿童，发自内心的歌唱发生在他们处于一种完全放松、没有压抑与约束的时候。美国学者伊扎德认为，人在婴儿时期，感情和体验积聚到一定程度时，便需要通过嗓音散发。无论是婴儿通过歌声来表达生理与安全需求获得的满足，还是儿童在游戏过程中使用音乐来伴奏，他们都是在追求对愉悦情感的自由表达。对学前儿童来说，这种追求是无意识的、本能的。

随着年龄的增长，儿童在两三岁的时候已有了关于歌曲的基本形式结构的感性认识，并开始发展“轮廓歌”。2 岁以前的歌曲基本是无调性的，旋律起伏不定，节奏显得散漫，且没有明确的节拍。

2 岁以后，儿童唱的歌开始朝较规则的模式发展，他们在自发地创作歌曲时，往往会不自觉地套用记忆中的歌曲的某些部分。

3 岁以后儿童的创作，“轮廓”已渐清晰，并开始充实、完善。他们能逐步形成较明确的创造性表现的意识，创造性表现的技能也会获得一定的发展。

3～4 岁时期，他们自我表现的欲望增强，能为短小、重复的歌曲填写新的歌词。

音频资源

《头发 肩膀 膝盖 脚》

4～5 岁的儿童创造性更强。他们已积累了一些歌曲作品和创造性歌唱表达的经验，发展起了一定的创造性表现意识。他们会替换歌词，重新演唱或为歌曲的旋律进行改编，还会自发地提出歌唱的形式和表情。在唱《头发 肩膀 膝盖 脚》时，他们会一边唱一边指头发、肩膀、膝盖、脚，还能够自发地将歌词顺序和内容进行改编并游戏。

5～6 岁的儿童，能在教师的指导下对歌曲的处理提出更富有独创性的意见，他们能为歌曲创编表演动作，变换演唱的形式。一些儿童还能对节拍、节奏做出变化，并会努力地使自己的表现与众不同。他们自发的歌唱创作不是预成的，而是在游戏情境的外因诱导下激发的，是一种直抒胸臆、即兴的行为。

童年的歌是纯真美好的，属于儿童自己的歌是令人陶醉的。愿每个儿童都能愉快地放声歌唱，唱出自己美好的人生。

微课

学前儿童韵律活动能力的发展

二、学前儿童韵律能力的发展

韵律活动是用身体的动作来表现音乐的内容。著名的音乐教育家柯达伊说过："音乐教育首先要通过音乐与身体结合的节奏运动唤起人们的音乐本能，培养学生的音乐感受力和敏捷的反应能力，进而获得体验和表现音乐的能力。韵律活动既能满足学前儿童对音乐的参与、探究的需要，获得表现和交流的快乐体验，更能促进学前儿童身体运动能力和协调性的发展及音乐感受力、表现力和创造力的培养。"在音乐的刺激下，学前儿童通过做一些与音乐相匹配的简单身体反应，从而更好地感受音乐的节奏、旋律、力度、速度等基本要素及音乐的特点和风格。所以，韵律活动可以帮助学前儿童理解音乐，增强他们对音乐的敏感性，最终提高他们的音乐审美能力。

学前儿童韵律能力的发展主要体现在以下几个方面：

（一）动作能力的发展

3～4岁的儿童模仿性很强，他们观察人类的行为、动物的姿态、各种自然现象，并极易模仿。这个阶段的儿童在韵律活动中都能自如地运用手、臂、躯干做洗脸、拍手或晃动手臂等各种单纯上肢大肌肉动作，完成一些弹性要求不高的下肢动作，如踏步、屈膝、走步、小跑步、小碎步等。在此基础上，学前儿童才能逐步学会做些简单的上下肢结合的动作。此外，这个阶段的儿童还比较能够接受连续性的重复动作，动作变换一般在段落之间进行，偶尔也可在乐句之间进行。

4～5岁的儿童动作发展有了较大进步，身体的平衡能力和大动作发展较好，可以做一些稍复杂的连续移动动作，如进退步、垫步等，走、跑、跳的下肢运动逐步得到提高，能较自如地变换上肢和躯干的动作速度和幅度，动作变换可在乐句之间进行，上下肢联合的复杂动作也有了一定的发展。

5～6岁的儿童动作的自我控制能力更强，动作的分化更精细。这个阶段的儿童既能做出需要同时协调配合手臂、手指、头部、腰部及脚的上下肢配合的联合动作（如摘葡萄、采茶等动作），又能做一些精细的手腕、手指动作。除此之外，5～6岁的儿童还能随心所欲地变换上肢和躯干动作的速度和幅度，学会较多稍复杂的连续移动动作，如秧歌十字步、溜冰步、跑马步等。在做含有腾空过程的动作时，平衡性及保持重心的能力也有了更进一步的提高。

教师可让儿童观察或用动作模仿各种事物及其运动状态，如观察树木、花草、动物、人们活动时的姿态等，把这些动作带入活动中。如果教师经常在儿童的生活中进行这样的渗透，那么儿童的动作表现能力将会得到更好发展。

（二）随乐动作能力的发展

随乐动作指儿童能跟随音乐的节奏合拍地做动作，并且在律动过程中动作与音乐协调一致。其中包括儿童的节奏、节拍感，乐段、乐句感，力度、旋律、速度感等。这种能力是建立在自由地运动身体和敏锐地感知音乐基础之上的。

3～4 岁的儿童利用动作表现音乐的体验更加丰富，往往会自发地跟着音乐踏脚、拍手，但他们的身体动作与音乐的节奏还不能够完全一致。在教师引导下，儿童会逐渐根据音乐的特点，努力使自己的动作与音乐节奏保持一致，尽可能使自己的动作合拍、速率均匀，但这种均匀性并不稳定，难以长时间保持。

4～5 岁的儿童动作与音乐的协调性进一步提高，动作节奏的均匀性增强，稳定性也有所提高。他们能够轻松自如地跟随音乐的节奏做动作，而且动作不再像以前那样显得僵硬和紧张。另外，这一阶段的儿童能在同一首音乐的转换处用不同的动作节奏进行表现。

5～6 岁的儿童在韵律活动中的随乐能力已经有了很大提高，动作与音乐的协调性更加显著。他们能更轻松自如地用动作跟随音乐的节奏、节拍，并能够用动作对较复杂的附点、切分等节奏做出反应。在活动中还能用动作对音乐速度和力度做出较灵敏的变化，对音乐的结构做出较细致的反应。

（三）合作协调能力的发展

韵律活动中的合作协调主要指运用动作与人配合。

3～4 岁的儿童不善于运用动作与伙伴进行交流与配合，他们往往以自我为中心，合作协调能力较弱。

4～5 岁的儿童合作协调意识越来越明确，有一定的合作协调能力，已开始注意运用动作与同伴进行合作、交流，在集体活动中能与他们共享空间不发生碰撞，同时会主动邀请伙伴与自己共同舞蹈。

5～6 岁的儿童在韵律活动中合作协调的意识与技能越来越强，他们能够主动追求和同伴一起跳舞的快乐，能用动作、表情和眼神与同伴进行交流、合作，在有很多人进行的合作表演中能更好地与他人共享空间。

（四）创造性表现能力的发展

创造性表现指在进行韵律活动的过程中运用动作创造性地表现自己的看法、想法的活动。

3～4 岁的儿童在动作的创造性表现方面已有初步发展。大多数儿童能根据音乐性质和速度的变化，创造性地用动作表现自己对音乐的感觉并产生想象和联想，能用自己想象出的动作模仿、表现动物、植物、交通工具等自己熟悉的事物。

4～5 岁的儿童随着认知能力的发展，情感的逐步丰富、深化以及动作语汇和动作表达经验的不断积累，开始尝试用一些基本的舞蹈语汇进行简单的创编。虽然这种创编需要教师较大程度的提示和整理，但是，学前儿童主动创编的意识和运用已有经验的能力明显地得到了发展。

5～6 岁的儿童能更多地发挥出创造性的动作、语汇表现音乐的积极性。同样的音乐、同样的主题内容，他们会努力地用已有的表达经验尽可能地创造与别人不同的动作。

古之有云：“言之不足故嗟叹之，嗟叹之不足故咏歌之，咏歌之不足，不知手之舞之，足之蹈之也。”学前儿童用身体去表现音乐，是一种情绪的表达，同时也是感情的升华。韵律活动可以使学前儿童更加喜爱音乐，并懂得用正确的方式去诠释心中的音乐。

三、学前儿童奏乐能力的发展

美国著名的音乐教育心理学家詹姆士·莫赛尔说过："奏乐教学可以说是通往更好体验音乐的桥梁。"奏乐活动既是儿童学习音乐和表现音乐的重要手段，又是开发其智力的重要途径。学前儿童不仅仅获得的是一种动手操作、亲身体验的快感，而且在奏乐活动中，还获得了乐器演奏的一般知识和技能，发展了他们对音色、曲式结构的敏感性，培养其基本的合作意识、合作能力、创造意识，达到良好的审美体验。学前儿童奏乐能力的发展主要体现在以下几个方面：

微课
学前儿童打击乐器演奏能力的发展

（一）乐器操作与控制能力的发展

不同的乐器有着不同的外形和音响效果。学前儿童最初对奏乐产生兴趣来源于对乐器本身。有趣的外观造型，尤其是乐器奇特的音响效果更是深深地吸引着他们。每一种乐器都有着不同的演奏方法，由于主要是使用大肌肉动作，所以演奏方法是儿童最容易掌握的。

3～4 岁的儿童主要掌握用大肌肉动作演奏打击乐器，学习演奏简单的打击乐器，如腕铃、串铃、鼓等，初步掌握根据演奏所需调整力度，演奏出较好的音色。这个阶段，教师更多的是让儿童尽情地摆弄乐器，以满足他们的需求。在乐器摆弄和游戏中，通过儿童自己的操作与体验，他们逐步了解不同乐器的音色和演奏方法。

4～5 岁的儿童开始探索乐器打击的不同形式，如圆舞板的拍奏、捏奏，这种不同的形式可以丰富学前儿童音乐元素的积累。在击奏铃鼓、碰铃、串铃时，能自然地使用手腕，以使动作更流畅，奏出的声音更柔和。

5～6 岁的儿童大肌肉能力得到很好的发展，小肌肉的能力也进一步提高了。他们认识更多的乐器，如三角铁、木鱼、双响筒等。他们会更注重控制好自己的打击方式与力度，随着音乐变换音量和音色。更加喜欢探索同一种乐器的多种演奏方式。

（二）随乐能力的发展

3～4 岁的儿童在刚进幼儿园时，随乐意识和能力都比较差，基本上不合拍。他们敲打乐器与音乐配合可放在音乐的某个特定的部分，而不是由始至终地敲打，这样有利于儿童将注意力集中在倾听音乐上。经过模仿动作、节奏游戏等形式，大多数儿童能合拍演奏，并从中体验到演奏的乐趣。

4～5 岁的儿童小肌肉有了一定的发展，他们能够使用和掌握打击乐器的种类越来越多，对音乐作品的段、句的感受越来越敏感，掌握节奏准确性的能力也越来越强。该阶段的儿童已能较自如地打击两拍、三拍、四拍的节奏型，并基本合拍；或者使用两种以上的不同节奏型跟随音乐合奏，懂得随音乐的变化调整自己的打击方式，如力度、速度的调整等。

5～6 岁的儿童对奏乐活动的喜爱，不再是因为乐器本身，而是对敲击所形成的音响效果有着浓厚的兴趣。他们会更加自觉注意倾听演奏活动的背景音乐，根据乐曲的要求掌握不同时值的节奏，掌握附点、切分、弱起等多种节奏型的演奏方法，演奏能基本与音乐的速度、力度变化相一致，对音乐节奏的表现力更强。他们能更自觉地看指挥手势进行即兴变化随乐演奏，使自己的演奏与音乐变化一致。

（三）合作协调能力的发展

学前儿童奏乐活动，要求他们在演奏中注意倾听自己演奏的同时，也要倾听同伴，甚至集体的演奏，并努力使每一个人、每一个声部的演奏都要服从于整体音响与形象的塑造。

3～4 岁的儿童能够学会在演奏时与大家一起整齐地开始和结束，能够初步理解简单的指挥手势，并及时按指挥意图做出正确的反应。但儿童之间相互配合的意识还没有形成，他们还处在共同演奏的阶段，齐奏是最主要的配合方式。

4～5 岁的儿童合作意识逐步形成，能够在多声部合奏中主动地关注整体音响，并努力保持整体音响的协调性；能较迅速地理解各种指挥手势并积极准确地做出反应，单独的演奏已经较为准确。

5～6 岁的儿童合作协调能力有所提高，能够在较多声部的合奏过程中主动调节好自己声部与其他声部间的节奏、音色、速度、力度上的合作要求。此阶段，学前儿童的集体演奏能力增强，可以集体配合演奏一些曲目，还能与同伴以体态表情进行情感交流，不仅能准确地演奏自己的声部，还能主动关注整体效果。开始尝试指挥，开始尝试创造性的奏乐活动。

奏乐活动更多的是以集体活动的形式进行的。在集体活动中，为达到统一，学前儿童会逐步克服以自我为中心的思想，能够注意到别人的行动，服从集体的需要，做到尊重同伴，尽力与集体保持一致。所以合作能力，对儿童来说是需要通过学习来获得的。目前，教师已打破了对儿童的“领导式”合作，逐渐转变为在教师的引导下，儿童关注如何进行两两合作，如何对小组有所贡献。在奏乐演奏中，学前儿童合作能力的发展与其对多声部的感受、表达是联系在一起的。合作性方面的成长促进了学前儿童演奏能力的提升与欣赏水平的提高。

（四）创造性表现能力的发展

创造性表现指在进行乐器演奏过程中运用节奏、音色、速度的变化设计配器和进行演奏表现的活动。

3～4 岁的儿童能够学会为较熟悉的、性质鲜明的音乐形象选择比较合适的乐器和演奏方法，或用不同的音色表现乐段和乐句。

4～5 岁的儿童开始尝试用一些简单打击乐器根据自己对于音乐的理解进行节奏打击。如让学前儿童设计一个四拍的节奏型时，他们可能设计出以下几种节奏型：|× × × ×|、|× 0 × 0|、|×— × ×|、|×× × ×× ×|、|× ×× ×× ×|。

5～6 岁的儿童在良好教育的影响下，已经可以开展创造性的演奏活动了，不仅能够积极参与为乐曲选配合适的配器方案的讨论，而且还能自发地探索音乐，探索打击乐器的制作以及大胆地尝试参与即兴的指挥。另外，学前儿童的感知能力和理解能力都在提高，他们对节奏、音色、速度、力度等音乐表现力的认识越来越深刻和丰富，运用这些要素进行创造性表现的热情和能力也越来越高。

四、学前儿童音乐欣赏能力的发展

微课

学前儿童音乐欣赏能力的发展

学前儿童的音乐欣赏是通过倾听音乐对作品进行感受、理解和初步鉴赏的一种审美活动。通过音乐欣赏，学前儿童可接触不同的优秀音乐作品，丰富自己的经验，开阔音乐眼界，提高对音乐的理解能力。

（一）感知与听辨能力的发展

音乐感知是音乐欣赏的基础和保障，包括对乐曲内容、乐曲结构、乐曲风格、情感等方面的感知。倾听是一种有意识的听，“对任何想进入音乐世界的人来说，倾听是基本的第一步。”宝宝在很早的时候就有听觉，他们对声音有着一种天生的敏感。在妈妈肚子里时，他们就习惯了母亲的心跳，出生以后，外界的各种声音又吸引着他们，使他们渐渐熟悉这个世界。婴儿在3个月时，能在各种声源中区分出母亲的声音，在6个月左右，就能主动把头转向发音的地方。学前儿童在倾听中慢慢地培养了自己的听辨能力和对音乐的感知能力。

3～4岁的儿童能够从周围环境中倾听和寻找声音并区分和描述这些声音。如摩托车与汽车发出的声响有何不同，笑声与哭声有何区别，下大雨和下小雨的声音又怎么区分。在音乐活动中，他们会仔细地倾听各种音响，并努力描述清楚。他们开始自发地注意听他们所喜欢的音乐，并分辨其速度、力度、音高等特点，但还不能稳定地感知音乐的变化，对于音乐的节奏、旋律分不清楚，难以感知音乐的结构和情绪，往往借助想象与联想来理解音乐作品，如在表现动物时，音乐的缓慢、沉重可让儿童想到狗熊、大象；音乐的欢快、跳跃，可让儿童想到袋鼠、小鹿；音乐的抒情、优美可让儿童想到蝴蝶、小鸟等。

音频资源

《瑶族舞曲》

《敲锣打鼓放鞭炮》

《洗手帕》

4～5岁的儿童听辨能力有所提高，他们不但能听出音色、速度、力度、节奏的变化，还能听出乐段、乐句之间的重复和变化，感知一些简单的曲式结构，并且能区分音乐的不同情感表达。如在《瑶族舞曲》中，儿童能感受到乐曲明显分为三部分，第一部分和第三部分旋律优美抒情，第二部分变得热烈奔放，并在末尾处有渐慢减弱的处理。他们能够感受舞曲、进行曲、摇篮曲等乐曲的不同风格和特点，能够通过歌词和生活经验来理解音乐的形象，如《敲锣打鼓放鞭炮》《洗手帕》等。

5～6岁的儿童对音乐的感受与理解能力有了很大的进步，他们对音乐的听辨能力更强、更具体。他们已经开始能够分辨一些较复杂的歌曲及器乐曲结构，以及音乐在情绪、性质方面的变化，能分辨音乐的性质、题材、风格，并能对同类音乐作品进行分析和归类。同时，在幼儿园良好的教育影响下，他们能很好地理解较复杂的歌曲内容，能够用完整的语言或一定的故事情节对形象鲜明的音乐作品进行描述。

（二）表现能力的发展

学前儿童的音乐表现总是与欣赏相结合，在欣赏过程中，他们会以各种表情或动作对音乐做出反应。

3～4 岁的儿童喜欢摆弄乐器、敲打物品，使物体发出声音来引起别人的注意，并喜欢用不同于他人的身体动作来表达自己对音乐的感受，并能够在一定程度上再现欣赏过的作品片段。他们喜欢用类比性语言描述自己对音乐的理解，能将音乐作品与相关的图画进行匹配。

音频资源
《美丽的乡村》

4～5 岁的儿童创造性表现意识增强，表现形式也增多，他们会用身体动作、语言、表情、绘画等多样化的手段对音乐进行描述，并开始尝试用不同的表现语汇来创造性地表现音乐。如《美丽的乡村》，教师让儿童欣赏之后，用绘画来表达脑中浮现的画面。这首歌曲分为三段，第一段旋律平稳，孩子画出了一个人走在乡村的小路上，沿途有很多风景；第二段旋律更加跳跃，孩子画出了一些灵巧的小动物，如小鹿、小兔；第三段旋律变得悠扬，孩子描述了夕阳西下，人们怀着愉快的心情围在一起跳舞。

5～6 岁的儿童在音乐的欣赏过程中更富有创造性和个性的表现，他们的表现意识会更主动、更积极，创造性表达的形式更加丰富多彩，如身体动作、嗓音表达、语言描述、图片再现等。此外，他们的表现更加细致、完满，更具有艺术的审美情趣，创造性表现的成果更为显著。他们对纯器乐作品有了更多的理解，能用生动的语言完整描述自己的音乐感受与体验。

我国人民音乐家冼星海曾经说过："音乐是人生最大的快乐，音乐是生活中的一股清泉，音乐是陶冶性情的熔炉。"音乐是美妙而动听的。所以，要想听懂音乐，就要培养欣赏的耳朵，要想培养欣赏的耳朵，就要从"听"开始学起。提高学前儿童的欣赏能力，能够提高他们对音乐的感受能力，使他们产生与作品情绪相吻合的情感共鸣，并对完善个人修养和培养心理素质都有深远的意义。

考点聚焦

★ 学前儿童音乐教育与学前儿童的发展

★ 学前儿童音乐能力的发展

国考链接

1. 学前儿童音乐教育的根本目的是通过音乐教育活动使幼儿获得（　　）。（模拟题）

A. 音乐感的发展　　B. 学习能力的发展

C. 社会性的发展　　D. 全面和谐的发展

2. 下列不属于音乐的特征的是（　　）。（模拟题）

A. 音乐是情感的艺术　　B. 音乐是视觉的艺术

C. 音乐是表演的艺术　　D. 音乐是声音的艺术

3. 音乐本身内在的节奏、韵律、合奏中各声部间的配合及律动、舞蹈中的编排、

音乐游戏的规则等都能使幼儿在一种愉快的、不强迫的形式下养成自愿遵守规则的习惯，这说明音乐（　　）。（模拟题）

A. 能促进儿童情感意志发展　　B. 能促进儿童个性发展

C. 能促进儿童社会性发展　　D. 能促进儿童感知能力发展

4. 以下哪项是中班儿童音乐能力的发展特征？（　　）（模拟题）

A. 能准确地唱一些简单的歌曲

B. 能借助一些词汇描述自己对音乐情绪的体验

C. 想唱好歌曲，知道记歌词

D. 能跟老师学唱一些儿歌

5. 试论述学前儿童音乐教育的价值及意义。

项目一
参考答案

思考与实训

思考：

1. 学前儿童音乐教育如何发展儿童的音乐潜能？

2. 如何针对不同年龄阶段的学前儿童开展适宜的音乐教育？

实训：

1. 结合幼儿园见实习经历，调研所在幼儿园的学前儿童歌唱能力的发展水平。

2. 判断以下歌曲适宜哪个年龄段的儿童学习，并说明理由。

作品一

大灰熊

1=D $\frac{2}{4}$

美国传统儿童歌曲
王秀萍　译词

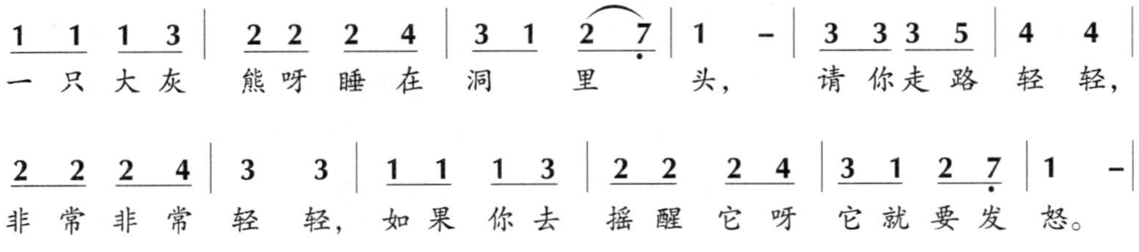

作品二

拉拉勾

1=C $\frac{2}{4}$

陈镒康　词
汪　玲　曲

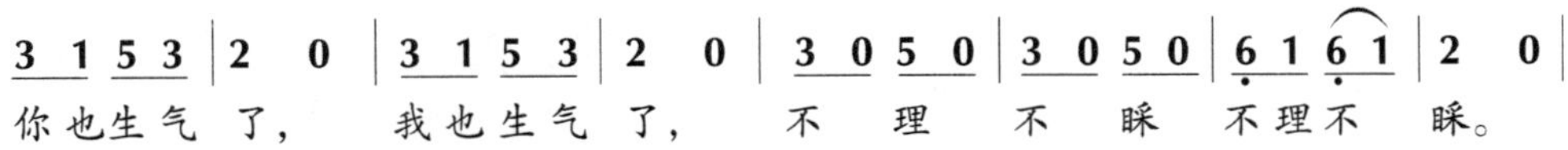

作品三

秋天多么美

1= F $\frac{2}{4}$

曾泉星 词
卫燕玲 曲

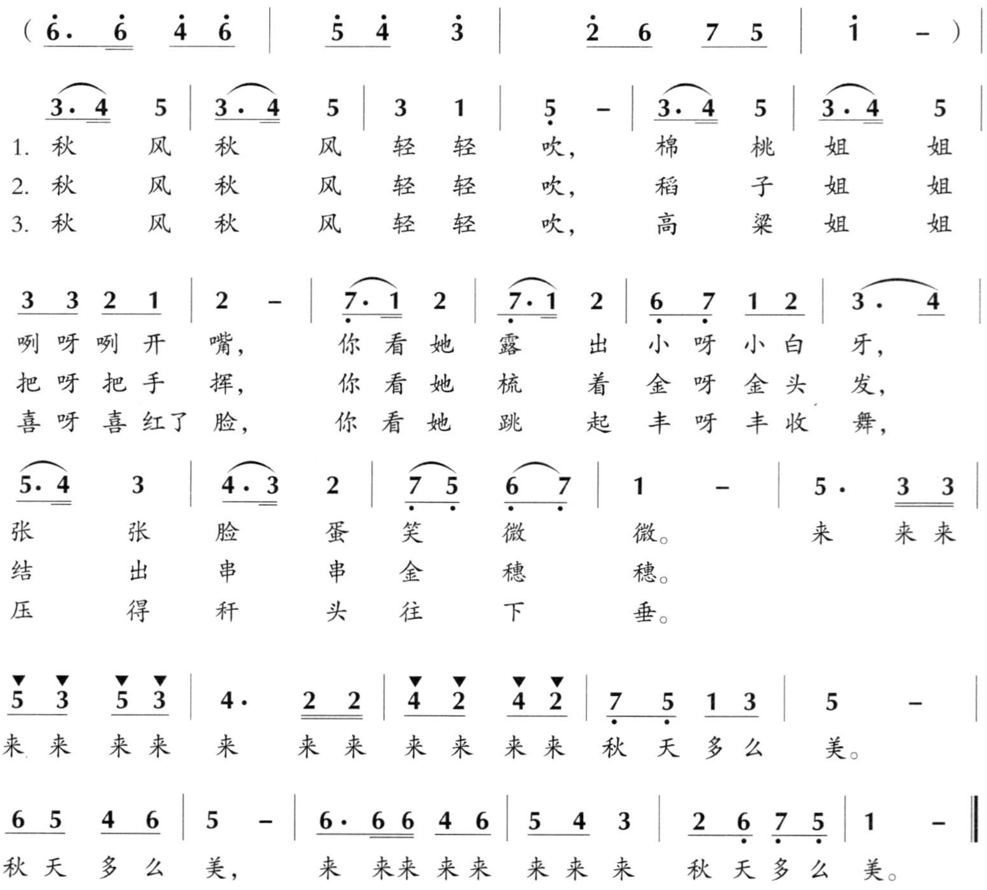

项目二

学前儿童音乐教育概述

学习目标

知识目标：了解学前儿童音乐教育的含义、特点；理解学前儿童音乐教育的任务与内容；理解学前儿童音乐教育的目标层次结构、模块目标及年龄阶段目标。

能力目标：掌握学前儿童音乐教育活动方案的撰写格式；掌握学前儿童音乐教育的方法、途径；能将所学知识运用到音乐教育活动设计和组织中。

情感目标：提升学前儿童歌唱活动设计与实施的有效性，具备协作精神与创新能力；增强文化自信，具备严谨的学风、扎实的专业素养，树立职业认同感和自豪感。

学习重难点

1. 了解学前儿童音乐教育的含义、特点；理解学前儿童音乐教育目标的层次结构。
2. 掌握学前儿童音乐教育的方法、途径。
3. 能以正确的格式完成学前儿童音乐活动方案的撰写。

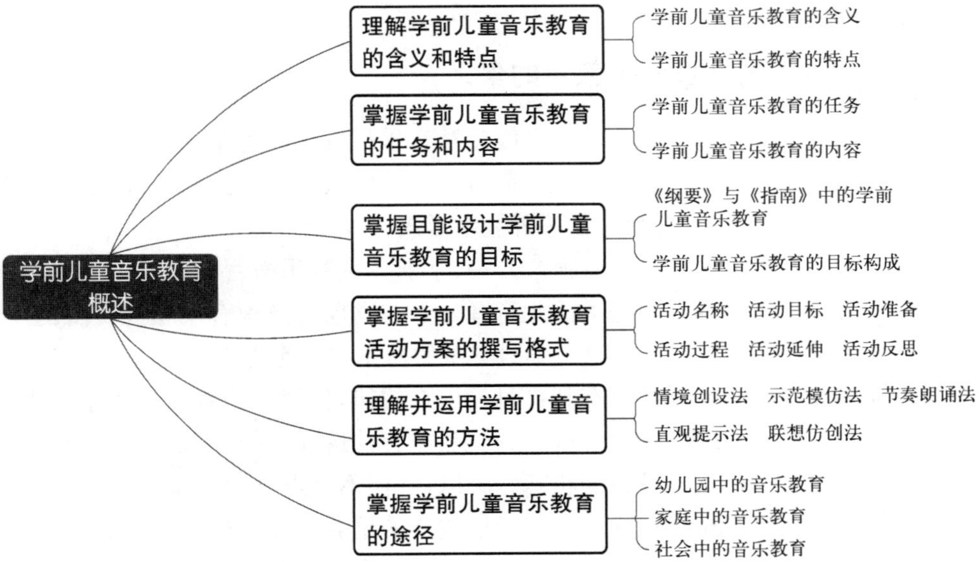

情境导入

音乐，是陶冶性情的熔炉。

——冼星海

领悟音乐的人，能从一切世俗的烦恼中超脱出来。

——贝多芬

没有早期的音乐教育，干什么事我都会一事无成。

——爱因斯坦

音乐之目的有二，一是以纯净之和声愉悦人的感官，二是令人感动或激发人的热情。

——罗杰·诺斯

这些名人名言共同说明了什么道理？音乐教育的意义和作用是什么呢？

任务一　理解学前儿童音乐教育的含义和特点

多元智能理论的创始人加德纳在《智能的结构》一书中提到："在个体可能具有的所有天赋当中，音乐天赋是最早出现的。"著名音乐教育家、体态律动学的创始人达尔克罗兹更是坚信："所有的人在音乐上都是有天赋的。"当代著名作曲家、音乐教育家奥尔夫同样认为，音乐性在每个孩子的自然本性中都存在，人的音乐才能高低取决于内在的音乐性有没有被充分地发掘出来。

我们身边的无数事实充分证明了人的音乐能力，尤其是早期儿童音乐能力的普遍存在。儿童对音乐的领悟能力、接受能力、表现能力都明显超过成人。而如何将儿童潜藏着的音乐能力挖掘出来，就需要发挥教育的作用。

一、学前儿童音乐教育的含义

喜欢音乐是孩子的天性。学前儿童音乐是以兴趣为第一，将音乐同学前儿童的生活融为一体，让儿童通过唱唱、跳跳、动动、玩玩，亲身感知、体验、表现及创造音乐，表达他们的思想感情的一种艺术形式。

何谓学前儿童音乐教育呢？其一，学前儿童音乐教育是以儿童音乐为学习内容的教育实践活动。它是学前儿童音乐学与学前儿童教育学相互交融的产物，是一门实践性很强的学科。这一学科本身的性质和学前儿童生理和心理发展的特点决定着学前儿童音乐教育有其自身的内在规律，教育工作者只有依据音乐教育的规律展开教学，才能使教育目标的制定、内容的选择、活动的设计与实施以及活动的评价等方面都达到理想的状态。所以，我们不能把学前儿童音乐教育理解成只是对儿童进行音乐知识的灌输和音乐技能的培养，或理解成是纯艺术性的音乐教育。但是，学习一定的音乐知识和技能，能使学前儿童比较顺利地开展音乐实践活动。其二，学前儿童音乐教育是一种通过音乐活动中的审美过程有目的、有计划地对0～6岁儿童施加整体影响的基本素质教育，其最终目的是为了培养全面发展的人。

只有把儿童音乐和学前儿童教育两个方面有机结合起来，使儿童获得全面和谐的发展，才是学前儿童音乐教育的根本目的。学前儿童音乐教育既要遵循儿童学习音乐的过程，按照儿童心理发展的特点对儿童进行音乐基本知识、技能的教育和熏陶，更要以全面发展教育为中心，通过音乐的手段、音乐教育的途径促进儿童在身体、智力、情感、个性、社会性等方面和谐发展。因此，学前儿童音乐教育是一种以音乐为手段进行的人的基本素质教育。

二、学前儿童音乐教育的特点

学前儿童音乐教育的基本特点是由学前儿童自身发展的特点和音乐教育本身的性质所决定的。主要表现为：

（一）愉悦性和游戏性

音乐具有娱乐性功能，这是吸引学前儿童积极参与音乐活动的重要特点之一。儿童的游戏是一种无拘无束的、充分自在的、有兴趣和愿望相随的学习活动。利用音乐的娱乐性引导幼儿在玩中学，在乐中学，把音乐教育寓于愉快的音乐感受和音乐表现之中，学得愉快，学有所得。引导学前儿童在愉快活泼的、富有艺术特点的教育活动中受教育，把教育寓于欢乐的音乐活动之中，以“乐”作为对儿童进行教育的有效手段，以促进儿童性格活泼开朗，身心健康，精神满足，在自然快乐的状态下学习音乐进而获得愉悦的情绪体验。

学前儿童音乐教育还具有游戏性特点，不仅强调必须选用一定比例的音乐游戏作为教材，而且更加强调教师应该努力将游戏和玩耍的成分自然渗透在整个音乐教育情境之中。因为6岁以前，学前儿童的意志力发展还很薄弱，他们还不能清晰地意识到自己行动的目的和意义，也不可能很好地主动设计、支配和调整自己的行动。如果活动过程本身不能激起他们的兴趣并使他们产生快乐的体验，旁人是很难说服和强制他们真正全身心地投入到活动中去的。正因为游戏性最接近学前儿童的天性，最易引发和维持生动活泼的学习气氛，因此，在学前儿童音乐教育中，游戏作为活动的内容，也是活动的重要形式和手段，能使学前儿童自觉自愿地、快乐而且不知疲倦地投身于音乐学习之中。

（二）形象性和感染性

学前儿童主要以具体形象思维为主。在学前儿童音乐教育内容的选择上，无不具有鲜明的音乐形象性，它是通过具体可感的艺术形象，来反映学前儿童所熟悉的社会生活，通过学前儿童感知理解的感性事物，组成生动形象、栩栩如生的音乐画面。如在歌唱活动《一分钱》中，歌曲的教育意义是进行拾金不昧的品德教育，但是歌曲中没有直接说出拾金不昧的词句，而是以天真纯朴的儿童语气、音调的旋律、愉快的情绪，唱出了小朋友把拾到的一分钱交给警察叔叔，警察叔叔拿着钱对

音频资源

《一分钱》

他点头赞扬的具体情节，塑造了一个生动感人的艺术形象，给学前儿童以启示，使他们领悟到不是自己的东西就不能要，把拾到的东西，即使是最少的钱——一分钱，交给警察叔叔是对的，是一件令人愉快的好事。这样的激励情感的教育作用，往往比直接说教更能深入人心。由此还可以看出，学前儿童音乐教育可以利用音乐本身美的感染力，将学前儿童积极的情感逐步丰富、深刻起来，从音乐作品中掌握对事物的是非、美丑、善恶的初步鉴赏和辨别能力，对其道德行为、情绪体验产生潜移默化的影响。

（三）综合性和整体性

学前儿童音乐教育具有"综合性"的特点，所谓综合性具有四层含义：

1. 目的上的综合性

学前儿童音乐教育的主要目的是为了从活动中直接获得快乐体验。在儿童看来，最好的音乐学习就是以一种快乐自由之心参与其中，并自由地从学习音乐的过程中去体验它带来的快乐。在儿童的世界里，娱乐、学习、工作三者总是综合在一起而绝不是割裂的，学习和工作的目的就是为了使自己高兴，而不带有其他功利性的目的。因此，在强调"素质教育"的今天，我们对每个学前儿童进行音乐教育的要求自然也应是：淡化"娱人"的、"炫耀"的音乐教育目标，突出"娱已"的、"交往"的音乐教育目标，使音乐教育真正成为"每一个"孩子生活中的自然需要和基本权利。在这一点上，我们每个人都应该按这个目标重新审视自己曾经遵从的音乐观、教学观和评价观，并将这种朴素的观念渗透到我们的日常生活和工作之中。

2. 形式上的综合性

学前儿童早期的音乐学习和人类早期的音乐活动是很相似的，表现为唱歌、跳舞、奏乐、演戏、玩耍等往往是综合在一起的。我们可以看到，当学前期的儿童处在真正愉快状态时，他们必定是又唱又跳、手舞足蹈的，且年龄越小的儿童越是倾向于喜爱这种不分化的音乐活动形式。因此，教师应该针对学前儿童这一特点，有意识地给学前儿童提供边唱边跳、边唱边奏和边跳边奏的机会；或者组织学前儿童分组担任歌、舞或奏的任务，体验合作的快乐；或者在一次活动中，安排全体儿童交替进行歌、舞、乐三种活动。

3. 方法上的综合性

学前儿童音乐教育的方法是灵活且丰富多样的。其中，直观示范法、语言讲解法、模仿练习法、整体感知法、多感官参与法等，都是从音乐学科本身出发，结合学前儿童身心发展特点和规律而形成并被广泛应用的。每一种方法在教学过程中并不是孤立的，而是相互融合为一个整体，为达成教育活动目标，促进儿童和谐发展而服务的。

4. 过程上的综合性

在真正属于儿童自己的"自发性音乐活动"中，我们可以清楚地看到，他们每一个人既是"天才"的创作家，又是"天才"的演员和"天才"的鉴赏家。他们没有人会笑话谁做得不好，也没有人会因为自己做得不好而不好意思参与，他们沉浸在自己的音乐世界里，享受着音乐给他们带来的乐趣。因此，在目前比较成熟的学前儿童音乐教育课程体系和比较有经验的教师的教学实践中，创作、表演和欣赏过程总是相互融合、相辅相成的。

任务二　掌握学前儿童音乐教育的任务和内容

一、学前儿童音乐教育的任务

依据《幼儿园教育指导纲要（试行）》（以下简称《纲要》）中幼儿艺术领域教育目标、内容与要求、指导要点，学前儿童音乐教育的具体任务可归纳为以下四个方面：

（一）激发学前儿童对音乐的兴趣和爱好

卡巴列夫斯基曾说过："音乐教育的超级任务是培养学生对音乐的兴趣，假若不能，音乐教育就失败了。"学前儿童音乐教育不是为了培养小歌唱家、小舞蹈家或小演奏家，而是通过形式多样的音乐活动，让学前儿童愿意参加、喜欢参加、积极参加音乐活动，从而获得认知、情感、能力等方面的发展。对于学前儿童而言，兴趣是最好的老师。教师应抓住这一特点，不断鼓励学前儿童巩固其兴趣进而发展成为爱好。因此，激发儿童对音乐的兴趣和爱好就成为对儿童进行音乐教育的首要任务。

激发学前儿童对音乐的兴趣，首先要遵循儿童的生理心理特点，选用合适的音乐活动内容，采取生动活泼的指导形式，培养和发展学前儿童对音乐的兴趣。游戏是学前儿童喜欢的方式，尽可能地多做一些音乐游戏，设置各种不同的游戏规则，在这些规则的约束下扮演不同的角色，感受不同的音乐形象，把握音乐形象的多变性，体验构成音乐的各种要素在音乐形象塑造中的作用，从而在音乐游戏中得到音乐的教育并对音乐产生极大的兴趣。其次在音乐活动中，应加强师幼之间的情感交流，创造出一种平等、宽松、和谐的气氛，以此来激发儿童对音乐活动的兴趣。《纲要》中指出："提供自由表现的机会，鼓励儿童用不同艺术形式大胆地表达自己的情感、理解和想象，尊重每个孩子的想法和创造，肯定和接纳他们独特的审美感受和表现方式，分享他们创造的快乐。"比如韵律活动中的律动，教师让小朋友们自主选择不同方法拍打身体部位来表现一种节奏，学前儿童积极地探索、开心地参与，并出现创造性表现，这些大大激发了学前儿童学习音乐的兴趣。

（二）指导学前儿童学习简单的音乐知识和技能

学前儿童能够比较顺利地进行音乐活动的基本手段是学会和掌握了一定的音乐知识和技能。因为音乐是一门技术性很强的艺术形式，技能的训练必须要以一定的音乐知识为前提。学前儿童只有掌握了基本的音乐知识，如音高、节奏等，才能完整地演唱歌曲。如果想让音乐形式丰富，学前儿童就必须掌握一些动作伴奏、乐器演奏等技能，这样才能保证音乐活动的艺术质量。但是要防止过分地强调音乐技能的训练，因为这样会使学前儿童对音乐产生厌倦，失去信心，因为音乐的技巧是学前儿童在循序渐进的艺术实践中逐步磨炼出来的。

（三）重视学前儿童音乐能力的培养

音乐能力包括音乐感受力、表现力和创造力等。《纲要》中指出："丰富幼儿的情感，培养初步的感受美、表现美的情趣和能力。"因此，重视学前儿童音乐能力的培养是学前儿童音乐教育的一个核心问题，促进学前儿童音乐素质的发展是学前儿童音乐教育的重要目标之一。

有效地提高学前儿童音乐能力，即帮助学前儿童逐步提高对音乐要素的敏感性，教师应指导学前儿童在歌唱、韵律、奏乐、音乐欣赏活动中，对节奏、旋律、速度、力度、风格等音乐要素有所感受，从而提高音乐的审美能力，陶冶情操，使学前儿童成为情操高尚的人。

（四）注意发挥音乐的教育作用

音乐教育的根本目的是通过音乐教育培养"全面而自由发展的人"。正如我国幼儿园教育总目标中论及，"对幼儿实施体、智、德、美诸方面全面发展教育，促进儿童身心和谐发展。"根据学前儿童的年龄特点，结合学前儿童熟悉的、生活中的、感兴趣的内容，将学前儿童音乐活动渗透在一日生活、教学活动、游戏活动中等。学前儿童音乐教育能激励学前儿童主动、自信地参与活动，注重学前儿童的探索发展，培养学前儿童的创造意识，发展学前儿童的交往合作能力等，因此运用音乐艺术对学前儿童进行教育，最易收到良好效果，促进学前儿童全面发展。

二、学前儿童音乐教育的内容

学前儿童音乐教育是学前儿童在参与音乐活动的过程中实现的，音乐教育的任务也需要透过音乐教育的具体内容来完成。学前儿童音乐教育的内容主要包括歌唱活动、韵律活动、奏乐活动和音乐欣赏活动等。

（一）歌唱活动

匈牙利作曲家、音乐教育家柯达伊曾说："你的喉咙里有一样乐器，只要你愿意使用它，那么它的乐音比世界上任何小提琴都美。"歌唱是人们传情达意的重要手段和形式，也是学前儿童走进音乐世界的最自然途径，歌唱活动作为早期音乐教育的基础活动，在学前儿童音乐教育中居于重要地位。

学前儿童歌唱活动是指以学前儿童为主体，以适合学前儿童的音乐为客体，通过教师设计和组织多种形式的音乐活动，使主、客体相互作用，以培养和发展学前儿童的音乐能力、促进学前儿童身心全面发展为目标的教育活动。教师应根据学前儿童的歌唱能力特点，选择适宜的歌曲内容，通过游戏化的方法和手段，以生动有趣的活动形式，激发学前儿童积极的情感体验及对歌唱活动的兴趣，逐渐增强学前儿童的音乐感受力、表现力和创造力。

（二）韵律活动

韵律活动是在音乐或节奏的伴随下，运用身体动作进行的有感情的艺术表现活动。基于学前儿童的年龄特点，幼儿园韵律活动中的音乐作品与动作所要表达的情感一定是学前儿童生活世界之中的情感，较为单纯、直接，易被儿童感受和理解。①

韵律活动能满足学前儿童在音乐活动中参与、探究的需求，获得表现、交流、合作的机会和体验，并在此过程中促进学前儿童的节奏感和动作协调性，发展其随乐能力及创造性运用身体动作表现生活经验和情感的能力。

（三）奏乐活动

奥尔夫认为，打击乐器是最早为人类所掌握的乐器之一，也是现代社会中儿童最容易掌握的乐器。学前儿童奏乐活动又称打击乐器演奏活动，是指在音乐中有节奏地敲击某些打击乐器的活动，包括练习演奏乐曲和为其他音乐活动伴奏。

选择适合的打击乐器和节奏素材、灵活生动的教学方法和形式开展奏乐活动，能帮助学前儿童掌握各种乐器的音色和演奏方法，增强对音乐中节奏、时值、强弱等的认识及对不同乐器音色的听辨能力，培养学前儿童的创造性及与音乐、与他人交流和合作的意识和能力。

（四）音乐欣赏活动

音乐欣赏活动是欣赏主体以音乐作品为对象，在聆听的基础上通过其他辅助手段来体验和领悟音乐的真谛，从而得到精神愉悦的一种审美活动。② 学前儿童音乐欣赏活动是学前儿童在倾听音乐中对音乐作品进行感受、理解与表达的过程。

教师应根据学前儿童的年龄特点和发展水平选择适合的音乐欣赏素材，注重培养学前儿童对音乐的感受力、对作品的理解力，并在此过程中丰富其积极的审美情感体验，使其享受参与音乐进程的乐趣。

任务三　掌握且能设计学前儿童音乐教育的目标

一、《纲要》与《指南》中的学前儿童音乐教育

微课

《指南》背景下谈学前儿童音乐教育

《幼儿园教育指导纲要(试行)》中的学前儿童艺术教育：

（一）目标

1. 能初步感受并喜爱环境、生活和艺术中的美；

2. 喜欢参加艺术活动，并能大胆地表现自己的情感和体验；

---

① 吴巍莹.幼儿园“韵律活动”概念的历史发展与精确化[J].学前教育研究，2011：2.

② 王懿颖.学前儿童音乐教育[M].北京：北京师范大学出版社，2010：136.

3. 能用自己喜欢的方式进行艺术表现活动。

（二）内容与要求

1. 引导幼儿接触周围环境和生活中美好的人、事、物，丰富他们的感性经验和审美情趣，激发他们表现美、创造美的情趣。

2. 在艺术活动中面向全体幼儿，要针对他们的不同特点和需要，让每个幼儿都得到美的熏陶和培养。对有艺术天赋的幼儿要注意发展他们的艺术潜能。

3. 提供自由表现的机会，鼓励幼儿用不同艺术形式大胆地表达自己的情感、理解和想象，尊重每个幼儿的想法和创造，肯定和接纳他们独特的审美感受和表现方式，分享他们创造的快乐。

4. 在支持、鼓励幼儿积极参加各种艺术活动并大胆表现的同时，帮助他们提高表现的技能和能力。

5. 指导幼儿利用身边的物品或废旧材料制作玩具、手工艺品等来美化自己的生活或开展其他活动。

6. 为幼儿创设展示自己作品的条件，引导幼儿相互交流、相互欣赏、共同提高。

（三）指导要点

1. 艺术是实施美育的主要途径，应充分发挥艺术的情感教育功能，促进幼儿健全人格的形成。要避免仅仅重视表现技能或艺术活动的结果，而忽视幼儿在活动过程中的情感体验和态度的倾向。

2. 幼儿的创作过程和作品是他们表达自己的认识和情感的重要方式，应支持幼儿富有个性和创造性的表达，克服过分强调技能技巧和标准化要求的偏向。

3. 幼儿艺术活动的能力是在大胆表现的过程中逐渐发展起来的，教师的作用应主要在于激发幼儿感受美、表现美的情趣，丰富他们的审美经验，使之体验自由表达和创造的快乐。在此基础上，根据幼儿的发展状况和需要，对表现方式和技能技巧给予适时、适当的指导。

《3—6 岁儿童学习与发展指南》中的学前儿童艺术教育中音乐部分：

艺术是人类感受美、表现美和创造美的重要形式，也是表达自己对周围世界的认识和情绪态度的特有方式。

每个幼儿的心里都有一颗美的种子。幼儿艺术领域的学习关键在于充分创造条件和机会，在大自然和社会文化生活中萌发幼儿对美的感受和体验，丰富其想象力和创造力，引导幼儿学会用心灵去感受和发现美，用自己的方式去表现和创造美。

幼儿对事物的感受和理解不同于成人，他们表达自己认识和情感的方式也有别于成人。幼儿稚嫩的笔触、动作和语言往往蕴含着丰富的想象和情感，成人应对幼儿独特的艺术表现给予充分的理解和尊重，不能用自己的审美标准去评判幼儿，更不能为追求结果的“完美”而对幼儿进行千篇一律的训练，以免扼杀其想象与创造的萌芽。

（一）感受与欣赏

目标 1　喜欢自然界与生活中美的事物

3～4岁	4～5岁	5～6岁
2. 容易被自然界中的鸟鸣、风声、雨声等好听的声音所吸引。	2. 喜欢倾听各种好听的声音，感知声音的高低、长短、强弱等变化。	2. 喜欢模仿自然界和生活环境中有特点的声音，并产生相应的联想。

【教育建议】

1. 和幼儿一起感受、发现和欣赏自然环境和人文景观中美的事物。如：让幼儿多接触大自然，感受和欣赏美丽的景色和好听的声音。

2. 和幼儿一起发现美的事物的特征，感受和欣赏美。如：让幼儿倾听和分辨各种声响，引导幼儿用自己的方式来表达他对音色、强弱、快慢的感受。支持幼儿收集生活和自然中喜欢的物品并和他们一起欣赏。

目标2　喜欢欣赏多种多样的艺术形式和作品

3～4岁	4～5岁	5～6岁
1. 喜欢听音乐或观看舞蹈、戏剧等表演。 2. 喜欢观看绘画、泥塑或其他艺术形式的作品。	1. 能够专心地观看自己喜欢的文艺演出或艺术品，有模仿和参与的愿望。 2. 欣赏艺术作品时会产生相应的联想和情绪反应。	1. 艺术欣赏时常常用表情、动作、语言等方式表达自己的理解。 2. 愿意和别人分享、交流自己喜爱的艺术作品和美感体验。

【教育建议】

1. 创造条件让幼儿接触多种艺术形式和作品。如：经常让幼儿接触适宜的、各种形式的音乐作品，丰富幼儿对音乐的感受和体验。带幼儿观看或共同参与传统民间艺术和地方民俗文化活动，如皮影戏、剪纸和捏面人等。有条件的情况下，带幼儿去剧院、美术馆、博物馆等欣赏文艺表演和艺术作品。

2. 尊重幼儿的兴趣和独特感受，理解他们欣赏时的行为。如：理解和尊重幼儿在欣赏音乐作品时的手舞足蹈、即兴模仿等行为。当幼儿主动介绍自己喜爱的舞蹈、戏曲、绘画活工艺品时，要耐心倾听并给予积极回应和鼓励。

（二）表现与创造

目标1　喜欢进行艺术活动并大胆表现

3～4岁	4～5岁	5～6岁
1. 经常自哼自唱，喜欢模仿有趣的动作、表情和声调。	1. 经常唱唱跳跳，喜欢参加歌唱、律动、舞蹈、表演等活动。	1. 积极参与艺术活动，有自己比较喜欢的活动形式。 3. 艺术活动中能与别人相互配合，也能独立表现。

【教育建议】

1. 创造机会和条件，支持幼儿自发的艺术表现和创造。提供丰富的便于幼儿取放的材料、工具或物品，支持幼儿进行自主绘画、手工、唱歌、表演等艺术活动。

经常和幼儿一起唱歌、表演、绘画、制作，共同分享艺术活动的乐趣。

2. 营造安全的心理氛围，让幼儿敢于并乐于表达表现。如：欣赏和回应幼儿的哼哼唱唱、模仿表演等自发的艺术活动，赞赏他独特的表现方式。在幼儿自主表达创作过程中，不做过多干预或把自己的意愿强加给幼儿，在幼儿需要时再给予具体的帮助。了解并倾听幼儿艺术表现的想法或感受，领会并尊重幼儿的创作意图，不简单用“像不像”、“好不好”等成人标准来评价。

目标2　具有初步的艺术表现与创造能力

3～4岁	4～5岁	5～6岁
1. 能模仿学唱短小歌曲。 2. 能跟随熟悉的音乐做身体动作。 3. 能用声音、动作、姿态模拟自然界的事物和生活情景。	1. 能用自然的、音量适中的声音基本准确地唱歌。 2. 能通过即兴哼唱、即兴表演或给熟悉的歌曲编词来表达自己的心情。 3. 能用拍手、踏脚等身体动作或可敲击的物品敲打节拍和基本节奏。	1. 能用基本准确的节奏和音调唱歌。 2. 能用律动或简单的舞蹈动作表现自己的情绪或自然界的情景。 3. 能自编自演故事，并为表演制作简单的服饰、道具或布景。

【教育建议】

1. 尊重幼儿自发的表现和创造，并给予适当的指导。如：鼓励幼儿在生活中仔细观察、体验，为艺术活动积累经验与素材。提供丰富的材料，如图书、照片、绘画或音乐作品等，让幼儿自主选择，用适宜自己表现的方式去模仿或创作，成人不做过多要求。

2. 根据幼儿的生活经验，与幼儿共同确定艺术表达表现的主题，引导幼儿围绕主题展开想象，进行艺术表现。肯定幼儿作品的优点，用表达自己感受的方式引导其提高。如“你扮演的大灰狼声音真像，要是表情再凶一点就更好了”等。

二、学前儿童音乐教育的目标构成

任何一个教育目标总是按照一定的有序结构组织起来的，这样才能更好地促进幼儿的发展。一般来说，目标的结构分析可以从纵向和横向这两方面展开。

（一）学前儿童音乐教育目标的纵向结构

从纵向来看，学前儿童的音乐教育的目标分为总目标、年龄阶段目标、单元目标和活动目标四个层次（见图2-1）。

学前儿童音乐教育目标的纵向结构
- 学前儿童音乐教育总目标
- 学前儿童音乐教育年龄段目标
- 学前儿童音乐教育单元目标
- 学前儿童音乐教育活动目标

图2-1　学前儿童音乐教育目标的纵向结构图

(二) 学前儿童音乐教育目标的横向结构

从横向来看,学前儿童音乐教育的目标也是有序而互异的,可分为心理活动领域以及学前儿童音乐教育内容本身两大块。

布鲁纳(J. Bruner),认知建构理论的代表人,其教育目标分类法广泛应用于学前教育领域。根据布鲁姆的教育目标分类,我们可以将学前儿童音乐教育目标分为认知、操作技能、情感与态度三个方面。

认知目标表述的是学前儿童音乐教育中的各种音乐常识,以及认识能力方面的发展要求。如“能正确感知和理解歌曲中歌词和曲调所表达的内容、情感”,“能认识并辨别各种常用打击乐器及音色特点”等;操作技能目标是指学前儿童音乐教育中运用身体动作进行音乐体验和表达的技能,如“能够较自如地运用身体动作进行简单的随乐动作表演”,“能够掌握一些最基本、最初步的歌唱技能”等;情感与态度目标主要指向学前儿童情感的体验和表达能力的发展,如“乐意参与音乐欣赏活动,体验并享受音乐欣赏过程的快乐”,“喜欢操弄打击乐器,喜欢参加集体的打击乐演奏活动”等。

具体从学前儿童音乐教育各模块的目标来看,它也是与学前儿童音乐教育总的教育目标是相一致的,是对学前儿童音乐教育最终结果的期望。

(三) 学前儿童音乐教育的年龄阶段目标

从学前儿童音乐教育年龄阶段目标来看,如以一年为界,我们可以在幼儿园里分为小、中、大班音乐教育目标。阶段目标将学前儿童音乐教育目标循序渐进,逐步提高要求。它能为学前儿童音乐能力发展提供更具体的要求和方向。

1. 歌唱活动年龄阶段目标

小班:

学习用正确的姿势、自然的声音歌唱,并基本做到吐字清楚、唱准曲调和节奏(音域在 d1—a1 之间);能跟着歌曲的节奏整齐地开始和结束;在有伴奏的情况下,能独立地、基本完整地歌唱熟悉的歌曲。

能注意使自己的歌声与集体相一致;在教师的帮助、引导下,能够为熟悉、短小、工整而多重复的简单歌曲增编新的歌词。

能初步理解和表现歌曲的形象、内容和情感;喜欢自己歌唱,也喜欢与同伴一起歌唱。

中班:

能用正确的姿势、自然的声音歌唱,并做到吐字清楚,唱准曲调和节奏(音域在 c1—b1 之间);在有伴奏的情况下,能独立而完整地演唱,并初步学会接唱和对唱。

在集体的歌唱活动中能够注意控制自己的音色,使自己的歌声与集体的声音相协调;能够为熟悉、短小、工整而多重复的简单歌曲增编新的歌词,并能尝试独立地将新编的歌词填入曲调中唱出。

学会用不同的速度、力度和音色变化来表现歌曲的形象、内容和情感;喜欢自己歌唱，也喜欢在集体中歌唱，并能大胆地、独立地在集体面前表演。

大班：

能用正确的姿势、自然美好的声音歌唱，并能正确地表现歌曲的节奏、旋律和歌词（音域在 c1—c2 之间）；在没有伴奏的情况下，也能独立而完整地演唱，并初步学会领唱、齐唱、轮唱和简单的两声部合唱。

能用不同的速度、力度和音色变化来表现歌曲的形象、内容和情感；能注意到歌曲的字、词及乐句的变化，较恰当地表现不同性质、风格歌曲的意境；能够为熟悉而多重复的歌曲增编新的歌词，并能即兴地、独立地将新编的歌词填入曲调中唱出。

喜欢歌唱，能大胆地、独立地在集体面前进行歌唱表演，乐意在集体中尝试用不同的合作表演形式歌唱。

2. 韵律活动年龄阶段目标

小班：

能跟随音乐的节奏做简单的基本动作和模仿动作。

学会一些较简单的集体舞。

初步尝试和体验用动作、表情和姿态与他人交流的方法和乐趣；喜欢参加集体的韵律活动。

中班：

能跟随音乐的节奏做简单的基本动作、模仿动作和舞蹈动作。

学会一些基本的舞蹈动作和集体舞；能够在动作表演过程中学习使用一些简单的道具。

享受并体验用动作、表情和姿态与他人交流的方法和乐趣，初步体验用创造性的动作自发地随音乐自由舞蹈的乐趣；喜欢参加集体的韵律活动。

大班：

能跟随音乐的节奏较准确地做各种稍复杂的基本动作、模仿动作和舞蹈动作组合。

进一步丰富舞蹈动作语汇，在掌握一些基本的舞蹈动作和集体舞的基础上，学会一些含有创造性成分的稍复杂的舞蹈组合；能够在表演过程中学会选择并较熟悉地使用一些简单的道具。

喜欢参加集体的韵律活动，喜欢自发的随音乐自由舞蹈；能够积极体验用动作、表达和姿态与他人交流的方法和乐趣，并在合作表演的过程中尝试用创造性的动作大胆、主动地表现。

3. 奏乐活动年龄阶段目标

小班：

了解几种最常用打击乐器（如碰铃、串铃、铃鼓等）的演奏方法；初步学会看指挥开始和结束演奏。

能够为简单、短小的二拍子和四拍子的歌曲、乐曲伴奏；了解并遵守集体的打击乐演奏活动中的一些基本规则，如乐器取放的恰当位置等。

喜欢操作摆弄打击乐器，喜欢参加集体的奏乐活动。

中班：

进一步了解一些打击乐器（如木鱼、响板、沙球等）的演奏方法；进一步学会看指挥开始、结束和变化演奏。

能够用乐器为二拍子、三拍子、四拍子的歌曲和乐曲配不同的简单伴奏；能初步尝试部分地参与配器方案的讨论。

喜欢操弄打击乐器，喜欢参加集体的奏乐活动；能较自觉地遵守集体奏乐活动中的一些常规，养成爱护乐器的态度和习惯。

大班：

进一步了解更多打击乐器（如三角铁、双响筒、钹等）的演奏方法。

能部分地参与配器方案的设计；能正确地根据指挥的手势开始、结束和变化演奏；能在集体奏乐活动中有意识地注意在音色、音量和表情上与集体相协调。

喜欢并积极参与集体奏乐活动；能自觉地遵守集体奏乐活动中的一些常规，养成爱护乐器的态度和习惯。

4. 音乐欣赏活动年龄阶段目标

小班：

能初步感受性质鲜明、结构短小的歌曲或有标题的器乐曲的形象、内容和情感，并产生一定的外部动作反应。

能用嗓音、动作等方式来表达周围生活中的声音。

乐意参与集体的音乐欣赏活动，并积极尝试和体验音乐欣赏过程的快乐。

中班：

能感觉性质鲜明、结构短小的歌曲或器乐曲的形象、内容和情感，并产生一定的联想，用外部的动作加以反应。

能初步辨别进行曲、舞曲、摇篮曲等不同风格音乐的基本性质；初步学会运用不同的艺术表演形式（如文学、美术、韵律动作等）来表达对音乐的感受和理解。

乐意参与集体的音乐欣赏活动，并积极尝试和体验音乐欣赏过程的快乐；喜欢倾听周围生活中的各种声音，并能大胆地用自己喜欢的方式（嗓音、动作等）来表达。

大班：

能较准确地感受性质鲜明、结构适中的歌曲或器乐曲的形象、内容和情感，并产生一定的联想，用外部的动作加以反应；能进一步丰富并加深对进行曲、舞曲、摇篮曲等不同风格、性质音乐的认识。

喜欢倾听周围生活中的各种声音，并能用嗓音和动作表现等方式进行创造性的表达。

能主动、积极地参与集体的音乐欣赏活动，享受并体验音乐欣赏过程的快乐；

能够运用不同的艺术表演形式(如文学、美术、韵律动作等)来大胆表达对音乐的感受和理解。

(四) 学前儿童音乐教育单元目标

学前儿童音乐教育单元目标一般有两种:一种是指“时间单元”,记载某一时间段(如一学期)内所要达到的音乐教育目标;另一种是指“主题单元”,即在一组有关联的主题活动系列中所要达到的音乐教育目标。

案例分析

小班10月份的音乐教育目标

1. 学唱歌曲《袋鼠》《苹果》和《小小鸡》。

2. 进一步跟着歌曲的节奏均匀地做拍手等简单身体动作。

3. 复习歌曲《我爱我的幼儿园》和《找朋友》,为歌曲创编简单的表演动作;玩“找朋友”的游戏,体验交往的快乐。

4. 为歌曲《袋鼠》创编新的歌词,并在教师的帮助下将新的歌词填到歌曲中演唱,初步体验创造的快乐。

5. 认识碰铃和串铃,掌握碰铃和串铃的基本演奏方法。

6. 用碰铃和串铃为歌曲《苹果》和《小小鸡》按一拍一下的节奏伴奏。

7. 欣赏歌曲《走路》,初步感受歌曲的节奏和旋律特点,并尝试用自己感到舒服的身体动作来表现不同小动物的走路节奏。

小班主题活动《娃娃家》中的音乐教育目标

1. 学唱歌曲《爸爸妈妈好》,喜爱家和家庭成员,亲近父母和长辈,并通过找爸爸、妈妈的相片向他们问好,练习用自己的方式表述和表达。

2. 音乐欣赏《别吵,小宝宝睡了》。通过乐曲欣赏,体验并模仿小宝宝渐渐熟睡的姿势,萌发自主、积极的情感体验。

3. 学唱摇篮曲《布娃娃》。以儿歌和游戏的形式感受和理解歌词内容,并能积极、大胆地投入音乐活动。

(五) 学前儿童音乐教育活动目标

学前儿童音乐教育活动目标,即指通过参与某一具体的音乐教育活动所要达到的目标。在歌唱、韵律、奏乐、音乐欣赏等模块有具体的描述与案例分析,在此就不再阐述。

通过上述学前儿童音乐教育四个目标层次的分析,我们可以更好地思考如何把握各层次目标的内涵以及相互间的关系,从而推动学前儿童音乐教育目标的有效达成。

任务四　掌握学前儿童音乐教育活动案例的撰写格式

1. 活动名称

活动名称指本次活动的具体名称或主题，应介绍年龄班级、音乐活动内容和课题名称。如大班歌唱活动《小海军》。

2. 活动目标

活动目标是具体的，是完成幼儿园教育任务和总目标的基础。活动目标的制定需遵循以下要求：首先，活动目标涵盖情感与态度目标、认知目标、操作技能目标三个方面，可以分开写，亦可融合在一起概括地写。其次，活动目标的表述主体要一致，可以从教师的角度来陈述，也可从儿童的角度来陈述。再次，活动目标的设计要具体、明确、可操作性强，突出重点，符合幼儿的经验水平，避免过于笼统、概括和抽象，脱离实际。

例如，小班韵律活动《化蝶》的活动目标可以这样确定：

认知目标：初步感知乐句的起、止和呼吸。

操作技能目标：模仿教师和同伴，积累不同的花朵造型语汇，并尝试即兴做自己的花朵造型。

情感和态度目标：感受教师表达的爱抚，体验亲切、温暖的音乐情绪和人际关系。

3. 活动准备

活动准备是在音乐教育活动案例的设计过程中对于场地、空间座位、时间的安排，活动所需要的材料和辅助性的教具，以及相关知识经验的准备做出合理、细致的设计和安排。

4. 活动过程

活动过程主要体现目标的实现过程和步骤。一般包括开始、基本、结束三个部分，书写可详可略，一般来说，新教师应尽量写详案。

(1) 开始部分

教师可根据活动内容、情绪的需要，用音乐伴随儿童进入活动室，或用律动曲和舞步入活动室，如小鸟飞、小鸭走等。入活动室以后，通常做律动练习、发声练习或听音练习，既做了相应的基本训练，又调动了学前儿童的积极性，集中了注意力。

(2) 基本部分

这是音乐活动完成教学要求和任务的主要部分。这一部分可以安排 2～3 个环节，内容安排应丰富多样，既要防止内容单一，一唱或一跳到底，令学前儿童感到单调，又不要内容太多，超出了学前儿童的接受能力。一次音乐活动还要考虑内容的新旧搭配，注意难易适当。活动形式的安排要注意动静交替，使教学重难点突出，生动活泼。

(3) 结束部分

应该使音乐活动结束在兴致勃勃、井然有序的气氛中，引起学前儿童再次参与音乐活动的愿望。由于活动接近尾声，学前儿童的注意力容易分散，可以选择学前儿童喜爱的音乐游戏等形式重新唤起他们的活动兴趣，自然地结束活动。

5. 活动延伸

本次音乐活动的教学可以生成的有连续性的音乐活动、其他领域的活动、区域活动或者是家园合作等。

6. 活动反思

这一环节一般是在活动结束后完成，主要是教师对活动的反思和小结，为下一次合理地设计活动方案做准备。

除了以上几个基本要素以外，教师在设计活动方案时也可根据自己的需要和喜好增加其他内容，比如活动设计意图、活动重难点等。

案例分析

小班韵律活动《小老鼠上灯台》

活动名称：小老鼠上灯台

活动目标：

1. 感受乐曲旋律，学会随音乐的变化做出表现小老鼠的各种动作。
2. 大胆进行表演，体验游戏带来的快乐心情。

活动准备：

经验准备：幼儿事先熟悉歌曲。

物质准备：PPT、道具“灯台”、头饰若干。

活动过程：

一、开始部分

幼儿席地而坐，教师出示指偶“小老鼠”导入活动，引起幼儿的兴趣。

二、基本部分

(一) 用故事方式熟悉游戏内容

提问：

1. 故事里都有谁？
2. 鼠妈妈带着小老鼠干什么去？它们来到了什么地方？
3. 突然听到什么声音？小老鼠怎么样？

(二) 出示《小老鼠上灯台》PPT

教师启发引导幼儿模仿小老鼠动作，在音乐声中边唱边跳。

（三）教师带领幼儿做游戏

1. 教师：小朋友，看你们这么高兴，老师带你们来玩“小老鼠上灯台”的游戏好不好？

幼儿拍手叫好。

老师扮演鼠妈妈，小朋友扮演小老鼠，你们要听着音乐，跟着老师一起做动作，当听到猫的叫声，要赶快躲起来，不能动，动了就会被猫捉走。

2. 游戏开始(戴头饰)。

鼠妈妈的独白：宝贝们！我们已经饿了一天了，眼看着天已经黑下来了，妈妈带着你们去找东西吃。

音乐一响起 5—|3—|…

动作：双手五指并拢放在嘴前，模仿小老鼠的样子，在音乐中跟着妈妈东张西望，小心翼翼地窥探寻找食物，绕场一圈来到“灯台”旁，边唱歌边做动作。当听到“喵呜”一声时，小老鼠吓得赶快躲了起来，不能动弹。

音乐二响起 35 35| 3—|…

猫出场(教师扮演)围绕“灯台”走一圈或两圈，边做寻找动作边独白：肚子饿得咕咕叫，我得出来找只小老鼠当点心，东找找，西找找，一只老鼠没找到，哎！只好回家睡大觉。如发现某只老鼠在动，就一把捉走。游戏结束。

3. 师生一起重新再做游戏 1～2 遍。

三、结束部分

1. 教师小结：表扬鼓励小朋友们表演得真好，特别是听到猫的叫声时能赶快躲起来，没有一只小老鼠在动。

2. 音乐《老鼠爱小米》响起。

教师：小宝贝，快跟着妈妈一起去吃大米。

游戏规则：猫寻找小老鼠时，小老鼠不能动弹，如果被猫发现某只小老鼠动了，就会被猫捉走。

活动延伸：

将活动材料投放表演区，幼儿继续进行歌表演。

活动反思：

1. 趣味性是本次活动的最大特点，在整个活动过程中，幼儿始终沉浸在游戏的场景之中，充分体验了游戏带来的愉悦之情。

2. 小班的个别幼儿活动性较弱，表现力稍差些，在活动过程中，教师如能关注到每个幼儿，进行适当引导，教学效果将更全面均衡。

任务五　理解并运用学前儿童音乐教育的方法

学前儿童音乐教育的方法灵活而丰富多样，其中情境创设、示范模仿等，都是由音乐学科本身的特点以及学前儿童感知、理解音乐的特点所决定的。学前儿童音乐教育中的特殊方法主要有：

1. 情境创设法

情境创设法是为了帮助学前儿童更好地感受和理解音乐内容、思想情感而采用的创设相关情境的方法，常用故事、美工、多媒体、情境表演等手段。比如在《小树叶》的歌唱活动中，利用美工创设秋天树叶飘落的情境。

2. 示范模仿法

示范模仿法是为了帮助学前儿童学习歌唱、韵律、乐器知识和演奏，采用教师示范、儿童模仿的教学方法。这也是音乐教育常用的、基本的教学方法。

3. 节奏朗诵法

节奏朗诵法是在学习曲调之前，用有节奏地朗诵歌词的方式，来帮助学前儿童记忆歌词、掌握歌曲节奏的方法。

4. 直观提示法

直观提示法是使用图片、动作等多种直观手段帮助学前儿童理解音乐、学唱歌曲的教学方法。

5. 联想仿创法

联想仿创法是引导学前儿童根据音乐、歌曲、情境，通过联想、想象，富于创造性地表现和创造音乐的方法。比如听音乐想象故事、听音乐编动作、听音乐画图画、跟随音乐演奏乐器、创编新动作、创编新歌词等。

任务六　掌握学前儿童音乐教育的途径

一、幼儿园中的音乐教育

幼儿园中的音乐教育是以学前儿童为主体，以适合学前儿童的音乐为客体，通过教师设计和组织的多种形式的音乐活动使主、客体相互作用，以培养和发展儿童的音乐能力，促进儿童身心全面发展为主要过程的教育活动。幼儿园音乐教育活动的类型可分为专门性的音乐教育活动和渗透性的音乐教育活动两种。

（一）专门性的音乐教育活动

专门性的音乐教育活动是教师根据学前儿童音乐教育的目标和任务，有目的、有计划地安排专门的时间和空间场地，选择以音乐为主的活动内容和材料，组织儿童参加的集体活动。

（二）渗透性的音乐教育活动

渗透性的音乐教育活动是指除专门的音乐教育活动以外，随机、灵活地蕴含、渗透在学前儿童一日生活及其他教育活动之中的丰富多样的、“隐性”的音乐教育活动。

二、家庭中的音乐教育

家庭是学前儿童最早的音乐启蒙学校，家庭成员是儿童最早的音乐老师。家庭为学前儿童的音乐启蒙教育提供了最早的环境和渠道，如给学前儿童聆听优美的音乐旋律，让他们领略音乐作品的艺术美，使其情感受到潜移默化的感染和陶冶。古今中外，许多音乐大师都是在学前阶段接受了良好家庭音乐教育。所以，幼儿园要与家庭沟通，共同促进学前儿童的音乐发展。

三、社会中的音乐教育

社会中的音乐教育指幼儿园和家庭以外的社会其他机构和场所提供的早期儿童音乐教育形式，包括各种音乐训练班、儿童音乐表演团体、儿童音乐技能比赛等，也包括广播、电视的音乐节目。

来自社会的音乐教育内容灵活，活动方式多样，能达到幼儿园、家庭所不能达到的效果。如音乐欣赏，在幼儿园、家庭只能借助音乐录音、录像进行，而在社会的教育环境中，学前儿童可以亲临音乐会现场，直接感受音乐效果，更有利于开阔儿童的音乐视野。但社会音乐中的消极因素也会影响到儿童的身心健康。所以，我们要积极创造健康的社会音乐环境，丰富儿童的音乐生活，促进儿童健康、和谐地发展。

考点聚焦

★《指南》中学前儿童音乐教育

★ 学前儿童音乐教育的方法

★ 学前儿童音乐教育活动方案的撰写

国考链接

1. 幼儿园音乐教育的主要目标是(　　)。(模拟题)

A. 发展儿童的音乐技能

B. 培养儿童的音乐感受和表达能力

C. 丰富儿童的音乐知识

D. 发展儿童的逻辑思维能力

2. 下列不属于幼儿园艺术领域教育培养目标的是(　　)。(模拟题)

A. 能初步感受并喜爱环境、生活和艺术中的美

B. 喜欢参加艺术活动，并能大胆地表现自己的情感和体验

C. 能用自己喜欢的方式进行艺术表现活动

D. 能掌握较好的美术、音乐技能

3. 下列哪种不是学前儿童艺术教育的方法？（　　）（模拟题）

A. 引导儿童接触周围环境和生活中美好的人、事、物，丰富他们的感性经验和审美情趣，激发他们表现美、创造美的情趣

B. 要让每个儿童都得到美的熏陶和培养，对有艺术天赋的儿童要注意发展他们的艺术潜能

C. 让儿童多看、多听、多说、多练

D. 在支持、鼓励儿童积极参加各种艺术活动并大胆表现的同时，帮助他们提高表现的技能和能力

4. 阅读下列材料，回答问题。（模拟题）

在一个音乐活动中，教师播放钢琴曲《牧童短笛》，让幼儿两两扮演牧童与牛，并让他们自己寻找“笛子”的替代品进行表演。教师在幼儿熟悉对话性乐段的基础上让他们听音乐表现乐曲所表现的动作与表情。第一次孩子们的表演仅限于骑在牛背上走，于是教师及时地用问题做引导：“牧童非常爱牛，他带牛到河边除了骑着它，还会做什么？哪一段是讲述牛不听话，牧童生气？”第二次，幼儿的表现就丰富了许多：和牛说悄悄话，抚摸牛，围着牛跳舞、吹笛子等。幼儿尽兴地体验到了歌曲的内涵与快乐。

项目二
参考答案

问题：这则材料说明了什么道理？

思考与实训

思考：

1. 学前儿童音乐教育的内容是什么？

2. 如何理解学前儿童音乐教育活动的目标？

3. 举例说明学前儿童音乐教育的方法。

实训：

1. 收集不同内容的学前儿童音乐教育活动素材。

2. 在模拟试教中实践学前儿童音乐教育的方法。

项目三

学前儿童歌唱活动的设计与指导

学习目标

知识目标：理解学前儿童歌唱活动选材要点；理解学前儿童歌唱活动目标；理解图谱的含义、作用及设计原则等。

能力目标：根据儿童歌曲特点，绘制歌曲图谱及编排演唱形式；掌握学前儿童歌唱活动的设计思路与指导要点；学会撰写学前儿童歌唱活动方案。

情感目标：提升学前儿童歌唱活动设计与实施的有效性，具备协作精神与创新能力；增强文化自信，具备严谨的学风、扎实的专业素养，树立职业认同感和自豪感。

学习重难点

1. 理解学前儿童歌唱活动目标；掌握学前儿童歌唱活动选材要点。
2. 掌握学前儿童歌唱活动的教学方法。
3. 能根据学前儿童歌唱活动的设计思路，设计与实施学前儿童歌唱活动。

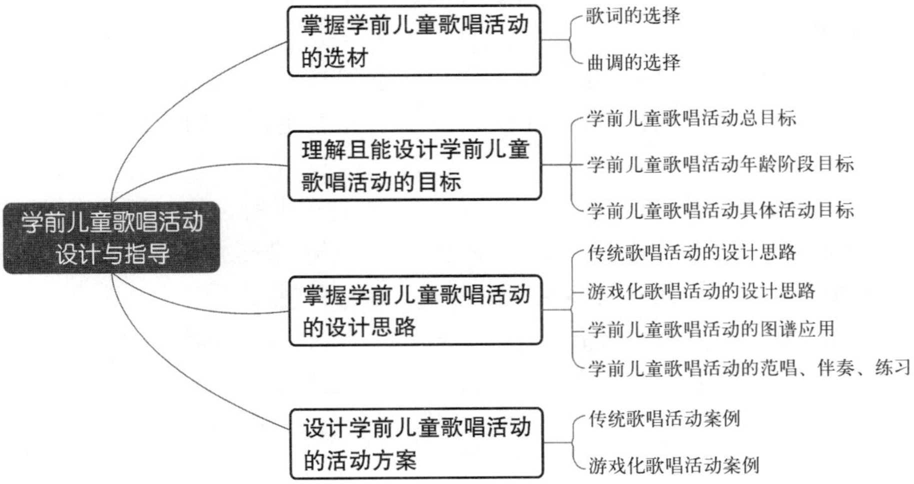

情境导入

茵茵是一名新教师，热爱音乐。课前，她精心挑选《请你唱个歌吧》，准备组织歌唱活动，觉得幼儿一定会很喜欢。

上课时，茵茵老师询问幼儿："杜鹃怎么叫？"小朋友七嘴八舌模拟着杜鹃的叫声。她范唱时幼儿听得很认真，但幼儿跟唱时旋律和歌词方面都很不准确。于是，她再次带领幼儿记忆歌词，但请个别幼儿复述时，还是一点没记住。平时比较调皮的小果还说："什么时候可以不唱了？"她生气地说："什么时候唱会什么时候不唱！"

为了增加活动的趣味性，茵茵老师还组织男孩女孩唱歌比赛，男孩子第一句唱得很响亮，第二句就没有声音了。女孩情况稍微好些。

茵茵老师用了哪些方法组织歌唱活动？哪些值得大家学习？哪些有待改进？

任务一　掌握学前儿童歌唱活动的选材

歌曲是学前儿童歌唱活动的主要内容，选择的歌曲决定了歌唱活动的目标、方法，也会对学前儿童其他领域的发展提供不同的支持。歌曲是词、曲结合的艺术作品，在选择歌唱材料时必须兼顾歌词和曲调两方面。

一、歌词的选择

微课

学前儿童歌唱材料的选择

（一）歌词内容应具有童趣并易于记忆和理解

由于学前儿童的生活经验有限，理解事物和语言的能力较低，所选歌词的内容首先应该贴近学前儿童生活，能够为学前儿童所理解。否则，很难引起学前儿童的兴趣和情感共鸣。

歌词的内容应该是学前儿童比较熟悉和喜爱的，如动物、植物、自然现象、交通工具、文具、玩具、身体部位以及学前儿童生活活动或熟悉的成人生活活动等。

音频资源

《谁饿了》

歌词结构应该简单和多重复。简单是指句子中所含的词汇较少，语法结构比较单纯；多重复是指句子与句子之间在长度、结构、节奏方面相同或相似，甚至在旋律、节奏和歌词方面有较多相同的地方。这样的歌词不但易于学前儿童理解、记忆，而且给学前儿童提供更多自由地编填歌词的机会。如歌曲《谁饿了》，就可以把大狗替换成其他动物，肉骨头替换为其爱吃的食物。

谁饿了

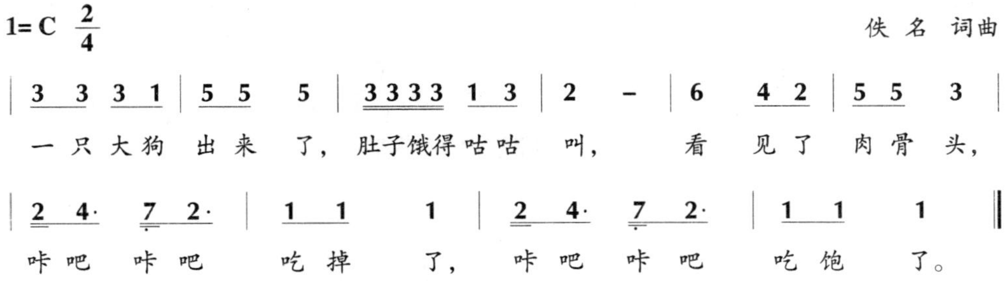

（二）歌词应富有形式美和内容美

学前儿童是单纯的，他们对于爱、美和自由的幻想具有天然的追求倾向。所选歌词在形式美方面，应该具有押韵或其他重复规律；在音乐美方面，应该使用象声词、衬词、感叹词、无意义音节等富于自由性、新颖性和情感性的材料；在内容美方面，多采用拟人、比喻、夸张、诙谐等富于幻想的表现手法，将童心、童趣和爱的情感注入歌曲所表现的事物或事件中，以便通过在情感上打动、吸引学前儿童，达到审美教育的目的。如歌曲《云》。

音频资源

《云》

云

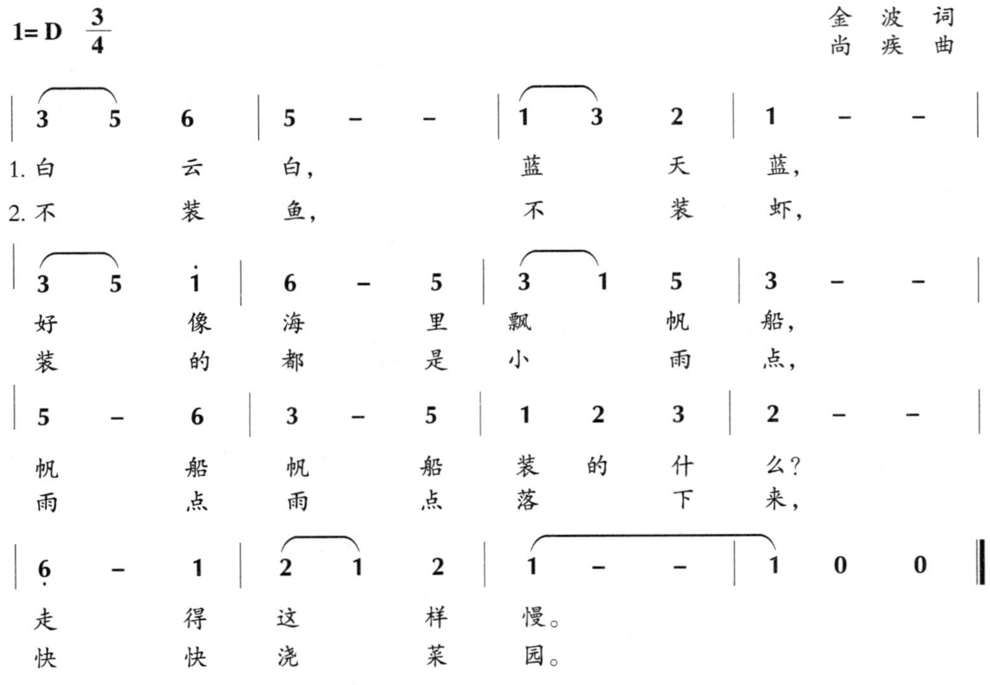

（三）歌词的形式与内容应适合于用动作表现

学前儿童的活动总体上是不分化的。无论是说话还是歌唱，都常常以动作相伴。而且学前儿童处在语言学习的早期阶段，以动作来辅助语言理解和表达，是学前儿童学习语言的心理需要。歌曲《头发 肩膀 膝盖 脚》歌词内容简单，特别适合动作表现，能够激发学前儿童探索身体各部位的兴趣，有利于游戏化活动的设计。因此，如果所选歌词比较适宜用动作表现，容易为学前儿童所接受和喜爱。这种边唱边做动作的方法不仅有利于学前儿童记忆歌词、发展节奏感和提高动作的协调性，而且能更好地帮助学前儿童表达情感。

音频资源

《头发 肩膀 膝盖 脚》

头发 肩膀 膝盖 脚

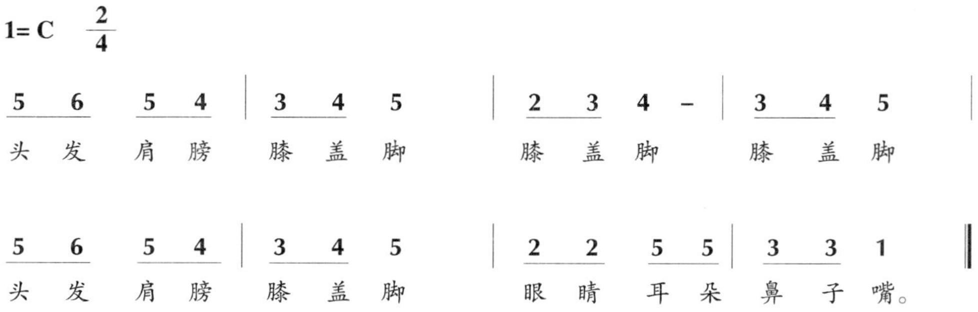

此外，在选择歌词时，要注意处理好学前儿童现实发展与未来发展之间的关系，既要照顾学前儿童现实的生活经验、兴趣爱好、语言理解和表达能力的发展水平，又要留心歌词所隐含的能促进学前儿童向更高水平发展的教育因素。如有些学前儿童暂时还不能够完全理解的歌词，如配上曲调后有节奏、有韵律、易于上口、易于记忆，便利于学前儿童愉快地接受和储存起来。以后，随着学前儿童经验的不断积累和深化，这些内容会随时被激活起来，结合到新经验中。不容易理解和暂时不能理解的歌词在逐步积累和消化的过程中，对学前儿童的语言、文化知识和思维能力的发展有着重要的意义。

二、曲调的选择

（一）音域较狭窄

学前儿童一般不宜唱过高或过低的音，年龄越大，可演唱的音域越宽，呈从中间到两边的发展趋势。只有在适合的音域内歌唱时，学前儿童才能唱出自然优美的声音，也才不容易“唱走音”。所以，在为学前儿童选择歌曲时，不应该选择音域过宽的作品。学前儿童唱歌时出现喊叫或走音的现象，多与歌曲音域不合适有关。

一般来说，各年龄阶段合适音域为：3～4 岁，d1—a1；4～5 岁，c1—b1；5～6 岁，c1—c2。总体上说，在集体活动中，所选歌曲的音域应当控制在上述范围之内，偶尔有个别音超出这个范围，只要不是长时值的音，不是停留在强拍上的音，出现次数不太多，还是可以的。

此外，还应注意选择歌曲的音域与调高的关系。教师应该根据上述音域范围为歌曲确定合适的调高。有些教师往往习惯于将音域在 3～5 度之内的歌曲全部定在 C 调上，这种处理时常是错误的。如歌曲《我爱我的幼儿园》，按照学前儿童音域发展从中间到两边的趋势，这首歌曲应当定调在D上更为合适，会让学前儿童感觉更加舒适。

音频资源
《我爱我的幼儿园》

我爱我的幼儿园

1= D $\frac{2}{4}$

佚　名　词曲

1　2	3　4	5　5	5　–	5　5	3　1	2　3	2　–
我　爱	我　的	幼　儿	园，	幼　儿	园　里	朋　友	多。
1　2	3　4	5　5	5　–	5　5	3　1	2　3	1　– ‖
又　唱	歌　来	又　跳	舞，	大　家	一　起	真　快	乐。

（二）节奏较简单

节奏在这里作广义解释，包含狭义的节奏时值的长短关系、节拍和速度。学前儿童一般不适合演唱过于复杂的节奏。为3～4岁的学前儿童选择歌曲，最好以二拍子和四拍子为主，偶尔也可以选择三拍子的歌曲。为4～6岁的学前儿童选择歌曲，除了一般以二拍子和四拍子的歌曲为主，还可以选择三拍子甚至六拍子的歌曲，也可选择含有少量十六分音符的节奏，附点节奏出现的次数也可以稍微多一点，还可以出现含有少量切分音的节奏。同时注意选择一些含有从弱拍开始的乐句歌曲，以便发展学前儿童对“弱起”节奏特殊趣味的敏感性。

学前儿童歌唱速度的发展也体现出“从中间到两边”的规律。用较快的速度或较慢的速度唱歌，对呼吸较浅的学前儿童来说是比较困难的。所以，在为4岁以前的学前儿童选择歌曲时，应采用比较中等的速度。4～5岁的学前儿童容易兴奋，除了适当选择比较轻快活泼、速度稍快的歌曲外，还可以选择一些安静柔美、速度稍慢的歌曲。5—6岁的学前儿童开始有一定的情感控制能力，控制发音器官、呼吸器官的能力也有了发展。所以，可以选择速度稍快一些或更慢一些的歌曲，也可以选择一些富有速度变化的歌曲，以适应学前儿童歌唱表现能力成长的需要。如歌曲《苹果》可以按照学前儿童不同年龄特点，改编成不同节奏类型，加强学前儿童节奏感的培养。

苹　果

1= C $\frac{4}{4}$ ♩=120

5　5　3　6	5　5　3　–	1　3　5　3	2　2　1　–
树　上　许　多	红　苹　果	一　个　一　个	摘　下　来。
5　5　3　6	5　5　3　–	1　3　5　3	2　2　1　– ‖
我　们　喜　欢	吃　苹　果，	身　体　健　康	多　快　乐。

苹 果

1= C $\frac{3}{4}$ ♩=120

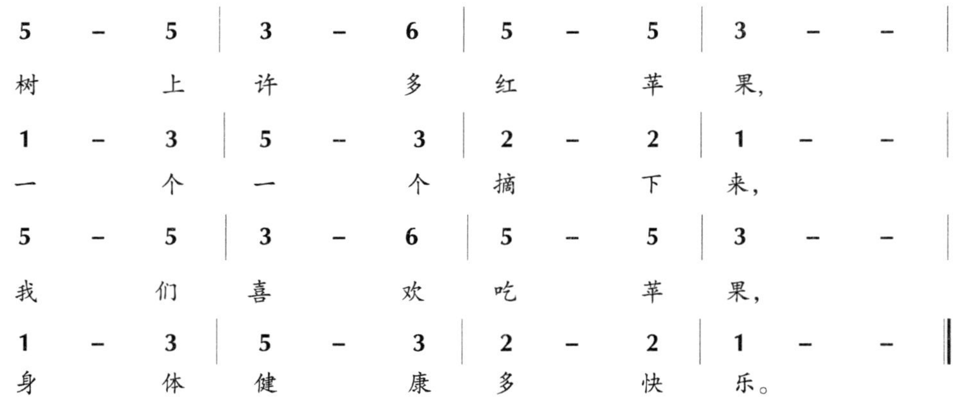

苹 果

1= C $\frac{4}{4}$ ♩=120

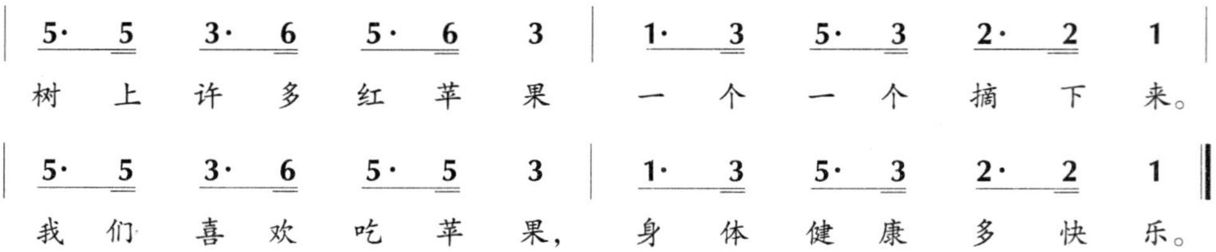

（三）旋律较平稳

学前儿童一般不适合唱旋律起伏太大的歌曲。三度音程由于比较贴近自然，是学前儿童唱起来比较舒适的音程。一般说来，他们比较容易掌握的是三度和三度以下的音程，同音重复包括在内。对小二度音程（即半音），4 岁前的学前儿童还不太容易唱准。所以，为 3～4 岁学前儿童选择歌曲，应注意多选以五声音阶为骨干的旋律。在四度以及四度以上的大音程中，学前儿童比较容易掌握的是四度、五度和八度音程。对六度和七度音程，即使是 6 岁及以上的学前儿童也不太容易唱准。因此，在为学前儿童选择歌曲时，宜多选择旋律比较平稳的歌曲。三度以上的跳进可以使旋律更加生动活泼，有一点跳进也可以使学前儿童逐步适应音程的跳进。总的原则是：跳进不宜过多，跨度不宜过大，特别不宜有连续的大音程跳进。

拓展阅读→

五声音阶

五声音阶，汉族古代音律。就是按五度的相生顺序，从宫音开始到羽音，依次为：宫—商—角—徵—羽；如按音高顺序排列，即为：1 2 3 5 6。唐代时使用“合、四、乙、尺、工”。

（四）结构短小工整

学前儿童适宜演唱比较短小的歌曲，乐句也不宜过长。为 4 岁前的学前儿童选择歌曲，以含 2～4 个乐句为宜，总长度一般在 8 小节左右。为 4 岁以上学前儿童选择歌曲可含有 6～8 个乐句，总长度可增至 16～20 小节。在中等速度情况下，二拍子或四拍子的歌曲一般以每句 4 拍为宜；三拍子歌曲一般以每句 6 拍为宜。5～6 岁的学前儿童在速度较快的情况下，偶尔也可以唱含稍长句子的歌曲。

短乐句如《哈巴狗》。

哈巴狗

音频资源

《哈巴狗》

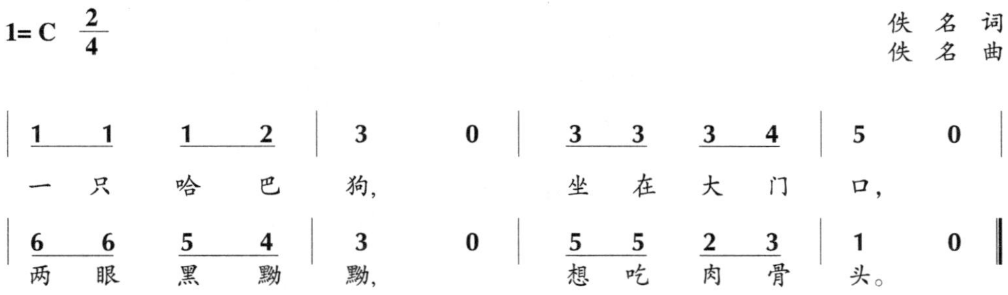

长乐句如《小放牛》。

小放牛

（小　调）

音频资源

《小放牛》

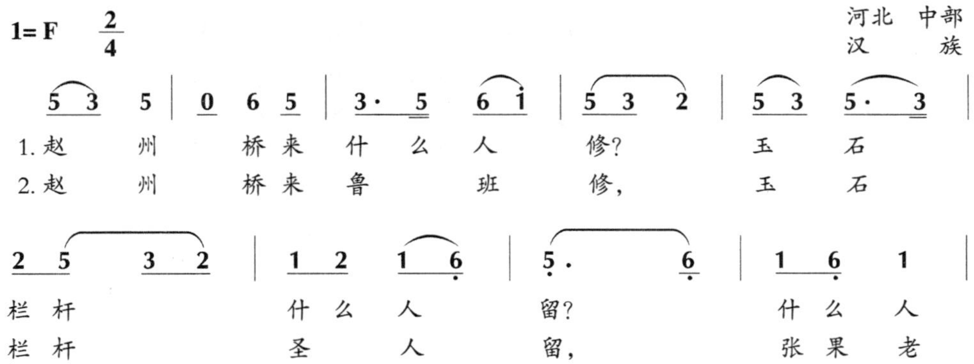

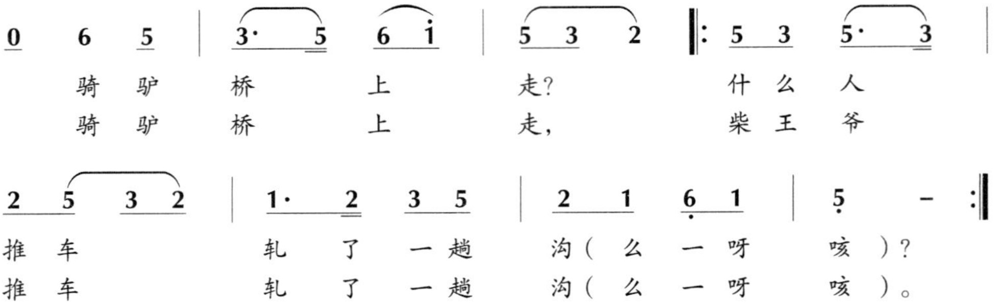

学前儿童适宜唱结构工整的歌曲。为4岁前的学前儿童选择歌曲,应是结构工整,即乐句与乐句之间在长度上是相等的,在节奏上是相同或相似的,且一般没有间奏、尾奏等附加成分。多数为一段体或一段体的分节歌。为5~6岁学前儿童选择歌曲,可以有间奏和尾奏,偶尔也可以唱一些不工整的乐句,但总体上应以工整为宜。偶尔也可以唱一些简单的两段体或三段体的歌曲,但总体上应以一段体为主。

(五)词曲关系较单纯

学前儿童一般不宜唱词曲关系过于复杂的歌曲。4岁前的学前儿童所唱的歌曲大多数应该是一个字对一个音的。4岁以上学前儿童可以逐步掌握一个字对两个音的词曲关系。5~6岁的学前儿童可以逐步适应一个字对多个音的词曲关系。但总的说来,为学前儿童所选的歌曲在词曲关系方面应该相对单纯为好,一字一音的关系应为主流。一字一音,如歌曲《在农场里》。

音频资源

《在农场里》

在农场里

1=D $\frac{2}{4}$

美国儿歌

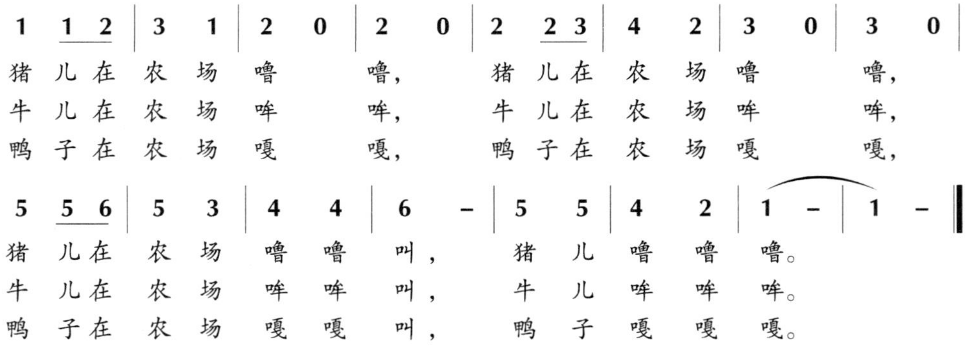

一字多音，如歌曲《柳树姑娘》。

柳树姑娘

音频资源

《柳树姑娘》

1=D $\frac{3}{4}$

罗晓航　词
夏晓红　曲

优美地

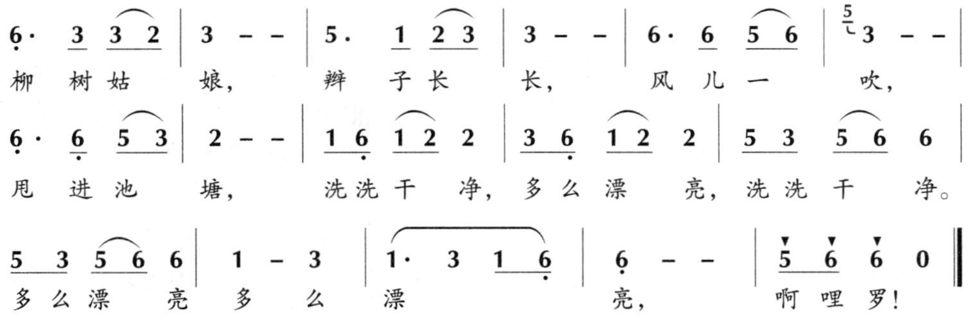

微课

学前儿童
歌唱活动目标

任务二　理解且能设计学前儿童歌唱活动的目标

学前儿童歌唱活动目标是按照学前儿童的歌唱能力，结合其运用音乐表达自己的情感需求而制定的。本任务我们将从总目标、年龄阶段目标以及具体活动目标三个方面进行学习。

一、学前儿童歌唱活动总目标

（一）认知目标

1. 能够感知、理解歌曲歌词和曲调所表现的内容、情感和意义，并能创造地进行歌唱表现。

2. 知道保护嗓子，应用适度的、美好的声音歌唱。

3. 知道合理利用歌唱的方式与他人交流。

4. 能够理解各种集体歌唱表演形式所需的合作协调要求，知道在集体歌唱活动中与他人协调。

（二）操作技能目标

1. 能够基本正确地再现歌曲歌词和曲调，能够较正确地咬字、吐字和呼吸。

2. 能够较自然地运用声音、表情，能够唱出适度、美好的声音。

3. 能够运用带有一定创造性的歌唱表现方式。

4. 能够在用歌唱的方式与他人交往时自然地运用脸部表情和身体动作表情。

5. 能够在集体歌唱活动中控制和调节自己唱出的声音，使之与他人协调。

（三）情感与态度目标

1. 能够体验并努力追求参与各种歌唱活动的快乐。
2. 能够体验并努力追求唱出美好声音的快乐。
3. 能够体验并努力追求与他人用歌唱的方式进行交流的快乐。
4. 能够体验并努力追求集体歌唱活动中声音和谐与情感默契的快乐。

二、学前儿童歌唱活动年龄阶段目标

学前儿童处于3～6岁年龄阶段，身体、心理各方面发展都比较迅速，这就导致了学前儿童在认知经验水平与歌唱能力方面存在着很大的差异。在学前教育阶段，需要教育者将教育目标按年龄阶段划分，争取学前儿童在此年龄阶段的末期能够达到该目标。

此外，由于学前儿童的个体差异和地区教育差异，必将存在有的学前儿童早已超出此年龄阶段的水平，而有些学前儿童会延后。这就要求教育者以接纳和引导的态度，推进每一名学前儿童的健康发展。

表3-1　学前儿童歌唱活动的年龄阶段目标

	3～4岁	4～5岁	5～6岁
1.	学习用正确的姿势、自然的声音歌唱，音域在d1—a1之间。	能用正确的姿势、自然的声音歌唱，音域在c1—b1之间。	能用正确的姿势、自然美好的声音歌唱，音域在c1—c2之间。
2.	学习一句一句地歌唱，吐字基本清楚，节奏基本正确，逐步做到唱准曲调。	能一句一句地歌唱，吐字清楚，节奏正确，逐步做到在有伴奏的情况下独立地唱准曲调。	基本能在没有伴奏的情况下独立地唱歌，并能正确地表现出熟悉歌曲的节奏、旋律和歌词。
3.	能使自己的歌词与琴声，或共同歌唱的其他人的歌声相一致，初步学会分小组接唱、对唱。	能使自己的歌声与琴声，或共同歌唱的其他人的歌声相一致，初步学会独立地接唱、对唱。	能够根据不同的合作歌唱要求控制、调节自己的歌声，初步学会领唱、齐唱、两声部轮唱、简单的两声部合唱等歌唱表演形式；在集体歌唱活动中能够产生初步的默契感。
4.	在有伴奏的情况下，能独立地、基本完整地演唱熟悉的歌曲。	学会在歌唱过程中等待和正确地表现歌曲的前奏、间奏和尾奏。	学习唱弱起的乐句，能较恰当地表现乐曲的起止、首句重音、词意重音和衬字、衬词。
5.	能初步理解和表现歌曲的形象、内容和情感。	学习用不同的速度、力度、音色变化来表现歌曲的形象、内容和情感，能唱出2/4拍和3/4拍歌曲的不同节拍感觉。	能用不同的速度、力度、音色变化来表现歌曲的形象、内容和情感，能唱出2/4拍和3/4拍的不同节拍感觉，初步学习用连贯的和顿、跳的唱法来表现歌曲的不同意境。

续　表

	3～4岁	4～5岁	5～6岁
6.	在教师的帮助下能够并喜欢为熟悉、短小、工整、多重复的简单歌曲增编新的歌词。	能够并喜欢为熟悉、短小、工整、多重复的简单歌曲增编新的歌词，并能较独立地将新编的歌词填入曲调唱出。	能够并喜欢为熟悉、短小、工整、多重复的简单歌曲增编新词，能基本独立地即兴编填新词并即兴唱出。
7.	喜欢自己唱歌，也喜欢和别人一起唱歌。	喜欢自己唱歌，喜欢在集体中唱歌，也喜欢独立在大家面前表演。	喜欢自己唱歌，喜欢在集体中歌唱，也喜欢单独表演和用不同的合作表演形式唱歌。
8.	知道不能长时间地大声唱歌。	知道不能在剧烈运动后唱歌。	知道不能在空气污浊、天气恶劣的情况下唱歌。

三、学前儿童歌唱活动具体活动目标

歌唱活动目标的作用在于使歌唱活动真正能够成为促进学前儿童全面、和谐发展的媒介，而不是单单指向歌唱能力的发展或学会唱更多的歌曲。

（一）目标的三个维度

歌唱活动的目标主要包括三个维度：知识与技能、过程与方法、情感态度与价值观。

1. 知识与技能——获得音乐知识与发展歌唱能力

歌唱活动作为一种需要一定专业知识和技能的活动，需要在目标中将其体现。同时，还要注意知识技能在歌曲中的作用和含义，吸引学前儿童学习。例如：歌曲《小树叶》中，两段需要用不同的方式演唱：低沉连续和节奏明显。那么目标就可以写为：尝试用悲伤低沉和勇敢坚定的声音分别演唱第一段和第二段，表达小树叶的不同心情。

音频资源

《小树叶》

小树叶

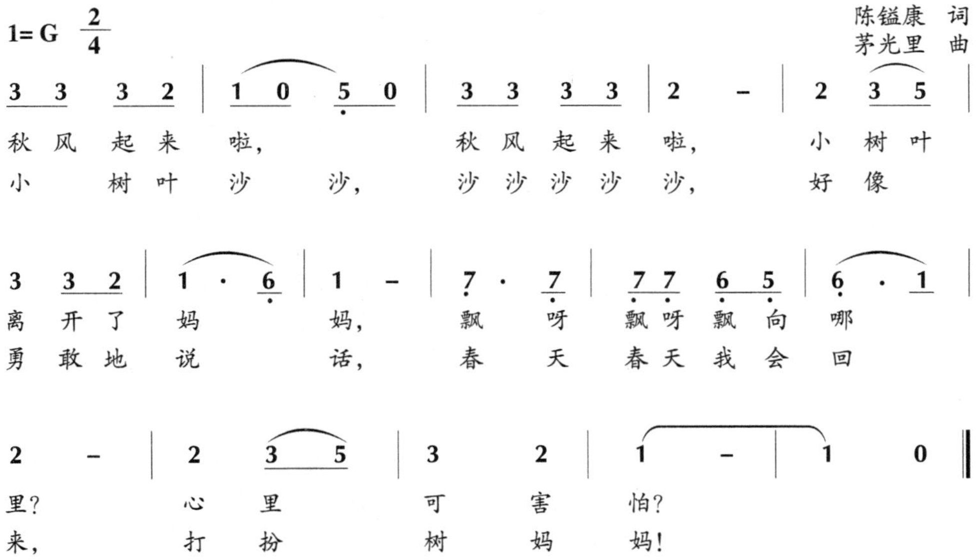

2. 过程与方法——获得学习技能、策略与发展学习品质

此维度目标一般可包括模仿、观察、记忆等。例如歌曲《小树叶》,通过观察树叶落下的情景,了解小树叶离开妈妈时候的悲伤情感。也可包括探索、研究、创造性地解决问题等,例如歌曲《小树叶》,尝试根据歌词的内容创编表演动作。

3. 情感态度与价值观——发展情感以及积极的个性、社会性品质

歌唱活动是一个综合性的活动。学前儿童歌唱活动能促进其情感体验、学习品质、社会交往、共同协作等方面发展。如许多学前儿童在歌唱时只顾自己大声唱,而和集体的声音不和谐,就可以提出"注意聆听他人唱歌,尽量保持与集体和谐"的目标;有的学前儿童在唱《你的眼睛里有个我》的时候,眼睛不看同伴而看着地面或其他地方,就可以提出"在唱'你的眼睛里有个我'的时候看着同伴眼睛唱歌和做动作,并体验其中的快乐。"

(二) 目标表述要求

为了使以上三个维度的目标得以落实,设计教学活动目标应当符合以下几个方面的要求:

(1) 目标准确。目标表述应做到清晰、准确、可检测,同时应注意不能够用活动过程或方法取而代之。

(2) 目标具体。在制定具体活动目标时围绕选取内容,应做到具有可操作性、可测性,避免表述笼统、概括和抽象。

(3) 注意主语一致。三维目标都需要从同一个角度进行表述,通常从学前儿童的角度,也就是发展目标。

(三) 范例分析与修改

小班歌唱活动《小动物叫》

小动物叫

1= C $\frac{2}{4}$

1	2	| 3	4	| 5	–	| 5	4	| 3	2	| 1	–	‖
小	猫	怎	样	叫,		喵	喵	喵	喵	喵。		
小	鸡	怎	样	叫,		叽	叽	叽	叽	叽。		
小	狗	怎	样	叫,		汪	汪	汪	汪	汪。		
小	鸭	怎	样	叫,		嘎	嘎	嘎	嘎	嘎。		

活动目标:

1. 熟悉歌曲旋律,引导学前儿童学会唱《小动物叫》。

2. 让学前儿童体验2/4拍节奏特点。

3. 培养学前儿童感受与同伴之间交流的快乐。

分析：

1. 这个活动目标共有三条，但没有按照三个维度要求撰写。目标1是知识与技能维度，目标2也属于知识与技能维度，目标3是情感态度与价值观维度。所以此目标缺少了过程与方法维度的目标，应该提出在怎样的过程中或者使用什么样的方法体验节奏特点。

2. 目标表述也存在较多问题。首先，知识与技能目标写得不够具体和清晰，“熟悉歌曲旋律，会唱歌曲”是“万金油”式的目标，适用于任何一个歌唱活动。其次，目标的表述主语也不一致，“熟悉歌曲旋律”的主语是学前儿童，“引导学前儿童学会唱《小动物叫》”的主语是教师。

修改后的活动目标：

1. 感受歌曲上行和下行音阶的旋律特点，在钢琴伴奏下能较准确地唱出2/4拍的强弱特点。

2. 能够迁移关于动物叫声的已有经验，创编歌词的后半段（小动物的叫声）。

3. 在接唱的过程中，体验与同伴之间交流的乐趣。

中班歌唱活动《好朋友》

音频资源

《好朋友》

好朋友

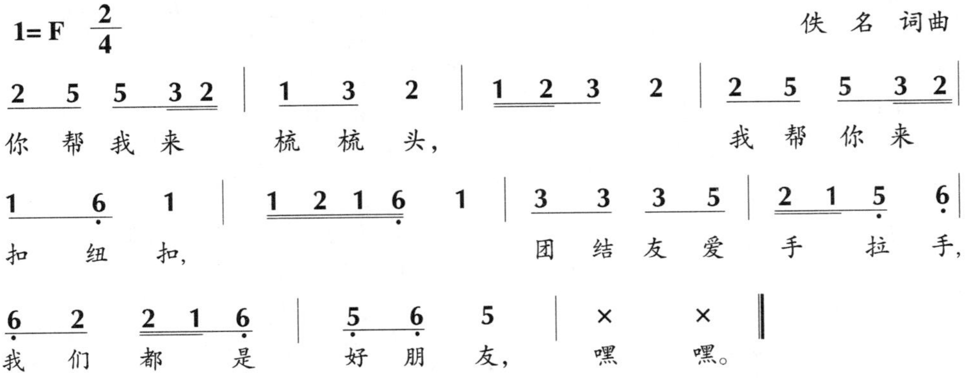

活动目标：

1. 记住歌曲名称，理解歌曲内容，学会跟唱歌曲。

2. 通过欣赏梳头、扣纽扣、拉手等动作，激发学前儿童学习动作的乐趣。

分析：

1. 这个活动目标只有两条，从表面上看就缺少一条目标。目标1是知识与技能维度目标，但过于宽泛。目标2看似是情感目标，但其实描述的是教学过程，不符合目标表述的一般标准。此目标缺少过程与方法、情感态度与价值观两个维度的目标。

2. 目标表述的问题较多。知识与技能目标表述过于宽泛，不能够具体到歌曲上来。目标2其实是对教学方法的表述，不是应达到的教学目标，且主语不清晰。

修改后的活动目标：

1. 理解歌词内容“团结友爱手拉手”，初步跟唱歌曲。

2. 通过观察教师或同伴示范，学会为同伴梳头和扣纽扣的动作。

3. 与同伴共同表演时愿意看着同伴的眼睛，懂得朋友之间需要互相帮助和关爱。

大班歌唱活动《胆小鬼》

音频资源

《胆小鬼》

胆小鬼

1= C $\frac{2}{4}$

周保平 词
孟卫东 曲

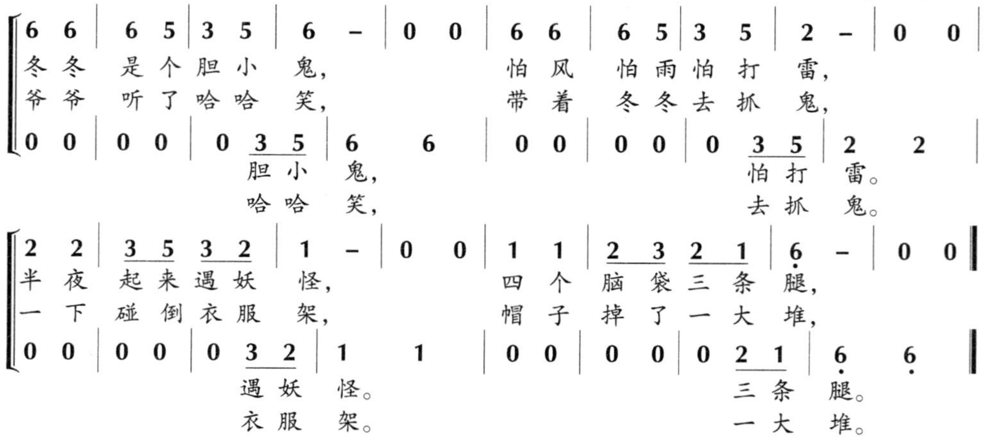

活动目标：

1. 熟悉歌曲的旋律和歌词，较准确地演唱衬词。

2. 在游戏中熟悉并记忆歌词。

3. 知道自己不是胆小鬼，做一个勇敢的人。

分析：

1. 三个维度目标齐全。目标1“较准确地演唱衬词”体现出来该活动独特的目的要求，体现了音乐学科的特点。目标2“在游戏中”是一种学前儿童学习的方法。目标3也突破了常见的“乐趣”、“喜欢”等的局限。

2. 目标2在游戏中熟悉和记忆歌词写得过于简略。目标3情感目标显得过于宽大。“做一个勇敢的人”是一个漫长的过程，在一个教育活动中不能够完成。

修改后的活动目标：

1. 熟悉歌曲的旋律和歌词，能较准确地演唱衬词。

2. 在游戏的帮助下记忆歌词，能准确说出有困难的部分并努力使用各种方法解决困难。

3. 游戏过程中能够控制自己的情绪，用语言“我不是胆小鬼”来表达对胆小鬼的否定情绪。

练一练

请分析以下目标并对其进行修改。

小班歌唱活动《小兔乖乖》

活动目标：

1. 了解《小兔乖乖》的故事情节。
2. 学会唱《小兔乖乖》的歌曲。
3. 体会分角色演唱歌曲的乐趣。

任务三　掌握学前儿童歌唱活动的设计思路

一、传统歌唱活动的设计思路

（一）导入设计

微课

学前儿童歌唱活动的导入方法

任何活动的导入环节能够起到两个作用：引起兴趣和引出主题。歌唱活动的导入环节要针对音乐歌曲本身的特点、活动目标、活动内容及学前儿童年龄特点、实际发展水平来设计。导入的方式非常多，教育者要根据实际情况和学前儿童兴趣、需要等灵活运用。

1. 谈话和问题导入

教师以谈话的方式导入歌唱活动，通过提一些学前儿童熟悉的问题，使他们产生亲切感和求知欲，从而把学前儿童的注意力吸引到音乐活动的内容与情境中去。例如歌曲《山谷回音真好听》，教师可以先问学前儿童：“什么叫回音？”等孩子们回答完之后，教师抛出主题：“今天我们就来听一首有关回音的歌。”简短而风趣的对话，能够激发学前儿童学习新歌的欲望，同时开阔他们的视野，为学习新歌奠定良好基础。

2. 实物、图片或视频导入

此导入方式更加直观形象，符合学前儿童具体形象思维的特点。用生动的视频或图画导入音乐活动，能给学前儿童强烈的视觉冲击，更好地培养学前儿童的观察力和想象力。通过图片、实物等直观形象导入，帮助学前儿童理解歌词含义、记忆歌词顺序等，解决学习困难。如学习新歌《拔萝卜》时，教师可以出示萝卜实物，引起学前儿童兴趣，然后再以问题“今天有谁来拔萝卜呢？”引导学前儿童注意倾听新歌。

3. 故事、情境导入

对学前儿童来说，故事始终有着很强的吸引力，精彩的故事最能引导学前儿童进入生动有趣的情境中，活跃学前儿童的思维，发展其想象。故事和情境导入一般适用于歌词含有相对完整的故事情节，有时间地点和环境的描述、情节发展和人物对话的歌曲。如为激发学前儿童学习歌曲《大鹿》的兴趣，教师可以将歌词中的故事绘声绘色地讲给学前儿童听，激发学前儿童学唱歌曲的热情。这里需要注意的是，故事一定要简短，不可过长，否则就会过多消耗学前儿童的注意力，对主体环节丧失兴趣。

大 鹿

4. 动作导入

动作导入一般与故事、情境导入相互依存。动作导入使得情境和故事更加生动和惟妙惟肖，更能引起学前儿童的兴趣。可以由教师单独表演动作，也可由教师带领学前儿童集体做动作。如在学习歌曲《小青蛙》时，就可以先带领学前儿童模仿小青蛙的动作和声音。再如，在学习歌曲《粉刷匠》时，教师可以用逼真的动作，伴随活泼的旋律，以哑剧表演的方式，让学前儿童猜教师在做什么。如此生动有趣的动作表演和模仿不仅会让学前儿童主动为教师喝彩，更会激发起他们跟着老师一起边表演边学唱的兴趣。

5. 谜语导入

谜语生动形象，是学前儿童喜闻乐见的一种语言游戏。用猜谜语的方式导入，不但有利于引起学前儿童的浓厚兴趣，同时也能锻炼学前儿童的思维能力。如在学习新歌《小雨沙沙》之前，教师可以先让孩子们猜一猜“千根线来万根线，颗颗珍珠线上串，看得见来摸得着，掉在地上却不见”这个谜语的谜底，让学前儿童鲜明、准确、形象地感知歌唱内容，增进对歌曲内容的理解。

6. 游戏导入

游戏导入的手法是最能够引起学前儿童兴趣的，但是在使用的时候要注意游戏要起到引出主题的作用。如《谁是小熊》的歌曲，可以用学前儿童玩过的“猜猜我是谁”的游戏做导入，然后引入歌曲，为之后的边游戏边唱歌做准备。

7. 歌词导入

歌词通常是学前儿童学唱歌曲的重点，有些歌词对于学前儿童来说不够具体形象，难以理解，可以通过难点前置的方法，先将歌词做出理解和梳理，以便学前儿童之后的学习。如歌曲《画妈妈》中，学前儿童的难点是第一段和第二段的第一句（“小蜡笔画呀画”和“好妈妈笑哈哈”）分不清楚，所以教师可以先将歌词梳理，并请学前儿童理解念诵歌词，再进行后续的活动。

8. 节奏导入

有些儿童歌曲节奏鲜明、内容紧凑、词曲朗朗上口。对于这种歌曲教师可以采用节奏导入的方式，先让学前儿童熟悉掌握歌曲节奏，如通过手拍节奏的方法学习歌曲的节奏，在此基础上再学习歌词，之后再引入旋律，完整演唱，如《勤快人和懒惰人》。

音频资源

《勤快人和懒惰人》

勤快人和懒惰人

1= C $\frac{2}{4}$

美国童话
汪爱丽　译配

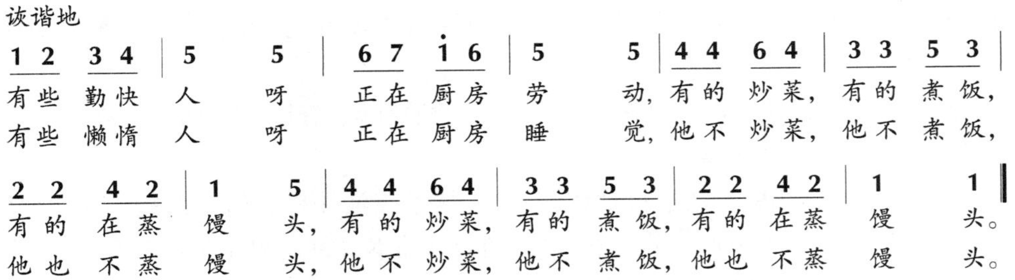

此外，还有表演导入、谈话导入等。需要注意的是，以上导入方式不一定都是单独使用的，需要根据实际情况灵活选择或组合使用。除以上策略外，教师还可以根据实际需要设计更具创意、更精彩的导入，关键是导入方式应始终与主题相得益彰，并适合学前儿童的年龄特点与发展水平。

（二）学唱歌曲

此环节包括欣赏歌曲、学习歌词、学唱歌曲三个方面。

1. 欣赏歌曲

在欣赏歌曲时要采用教师范唱的形式，教师通过清晰、规范的范唱让学前儿童对歌曲有初步的整体认知。

尽量避免使用音频资料，因为音频常常都有比较复杂的伴奏，且速度较快，会让学前儿童听辨不清歌词与旋律。只有教师适当速度的范唱，让学前儿童看清楚教师的口型，才能够让学前儿童听清楚歌词和旋律。

教师在范唱时尽量清唱，速度要慢一些，如需伴奏，则要突出主旋律，不能妨碍学前儿童听清曲调。

2. **学习歌词**

在学习歌词内容时，可以通过启发式提问、教具提示、节奏朗读等方式，帮助学前儿童记忆理解歌词内容，帮助学前儿童体验歌曲情感，熟悉、记忆歌词。具体方法有：

（1）直观教具法。即教师选用与歌曲内容相关的图谱、玩具、实物等直观教具，配合范唱或学前儿童的学唱。如歌曲《好妈妈》，形象的图谱可以提示、帮助学前儿童记住歌词。再如歌曲《小猫钓鱼》，可借助图片的直观提示作用，让儿童一边看图一边跟唱，不仅能很快地理解歌曲内容，记住歌词，还能通过观察图片了解歌曲的情绪。

（2）填充提问法。即教师说歌词的前半句，请学前儿童接着说后半句。这种方法只适合那些歌词整齐的歌曲。如歌曲《我爱我的小动物》，教师提出问题："我爱我的小猫，小猫怎样叫？"学前儿童回答小猫的叫声："喵喵喵，喵喵喵，喵喵喵喵喵。"

（3）逻辑提问法。即教师按照歌曲内容的逻辑关系组织提问。通过一问一答的方式，帮助学前儿童熟悉记忆。如歌曲《颠倒歌》，教师可以根据歌词顺序提问，如："谁在森林里称大王？谁没有力气呢？"如果儿童不知道，可以带领儿童再整体欣赏一遍歌曲。

（4）节奏朗诵法。即教师按照歌曲节奏朗诵歌词，有助于学前儿童在记忆歌词的同时掌握歌曲的节奏。

除此以外，常用的方法还有动作演示法、情景表演法等。值得一提的是，上述方法的应用都不是单一孤立的，教师可以结合歌曲本身特点和儿童学习特色，将上述方法组合使用，以便于儿童更快更好地理解与记忆歌词。

3. **学唱歌曲**

学唱歌曲常用的方法包括整体教唱和分句教唱两种形式。

（1）整体教唱

整体教唱是指教师完整地教唱，学前儿童完整地跟唱，它比较适合一些结构短小、内容紧凑、形象集中的歌曲。这种方法满足学前儿童完整欣赏歌曲的意愿，符合其审美流畅性，能激发儿童的音乐感受能力。但整体教唱对学前儿童的挑战也较大，所以教师必须选择合适的歌曲，歌词不能过长，歌曲旋律也要稍简单。通过情境或游戏，唤起并保持学前儿童学习的兴趣。

（2）分句教唱

分句教唱是指教师唱一句，学前儿童学一句。缺点在于对学前儿童审美流畅性的破坏，不能让学前儿童完整地欣赏歌曲，不易使其感受歌曲的完整性和要表达的艺术形象，很难激发学前儿童的积极思维、记忆和想象等。但是这种方法也有一定的适用性，针对较难的歌曲，或者针对某首歌曲中较难的乐句进行重点练习时，偶尔使用分句教唱法能够帮助学前儿童攻克难点，令其有更深刻的记忆，能较准确地把握歌词和乐句。

（三）创造性演唱

教师要多为学前儿童提供自由表现的机会，尊重学前儿童的想法，肯定和接纳他们独特的审美感受和表现方式，从而促进学前儿童多方面的发展。创造性演唱的形式有以下几种：

1. 创编歌词

学前儿童在自发性的歌唱中，会非常喜欢重复地演唱歌曲中他们认为特别有趣的部分，并会将一些滑稽有趣的词语填到歌曲中取代原有的歌词。在此启发下，我们利用学前儿童对此“创作”活动的热情，来培养学前儿童的创造意识与创造能力。

微课

学前儿童歌唱活动的创造性活动形式——创编歌词

学前儿童的歌词创编基本上是一种替换词的形式。所以供学前儿童创编的歌曲多选择旋律简单而重复的，歌词为学前儿童熟悉和理解的。替换的词语多为名词、动词或象声词，所替换和改变的成分随着年龄的增加而增加。如果遇到一些段落较多并且段落之间重复性较大的歌曲，可以选择教唱第一段，而其他段落则由学前儿童创编。

创编歌词之前，教师要做好学认知前儿童的经验准备，如歌曲《小动物叫》中，学前儿童要有对各种动物叫声的前期认知经验。在创编过程中，需要努力提高创编活动的参与“密度”，即在单位时间内有更多的人次参与创编。具体的做法可以为：在含有较多重复句子的歌曲中，为学前儿童编唱出需要替换的第一句歌词后，其他学前儿童就可以马上参与进来唱出其他重复的句子；或由个别学前儿童提出建议，然后用小组或者集体的形式进行完整创编，并将其展示。

2. 创编动作

边唱边做动作是学前儿童歌唱时最常见的现象，也是学前儿童年龄特点的集中体现，有一些歌曲歌词浅显、生动，对动作有很明确的提示或有很强的暗示性，可以引导学前儿童展开想象，为歌曲创编生动形象的动作。如歌曲《哈巴狗》，歌词浅显、生动，对动作有很强的暗示性，小班或中班学前儿童能根据歌词内容编出简单的表演动作——两手在头上做小狗耳朵，依歌曲节奏招手；蹲在小椅子边拍手；两手放在嘴边，做啃肉骨头的动作等。

3. 创编伴奏

在学前儿童基本学会歌曲后，教师可引导学前儿童用拍手、说白、乐器演奏等方式为歌曲伴奏。

4. 变换演唱形式

对于同一首歌曲，不同的演唱形式可以获得不同的歌唱体验，为学前儿童提供参与、表现和创造的机会。如歌曲《小星星》由齐唱的形式改为轮唱，则能够让学前儿童体验到不同歌唱形式的乐趣。

小星星

1=C $\frac{4}{4}$

一声部：1 1 5 5 | 6 6 5 – | 4 4 3 3 | 2 2 1 – | 5 5 4 4 | ……

一闪 一闪 亮 晶 晶， 满 天 都 是 小 星 星。 挂 在 天 上

二声部：0 0 0 0 | 1 1 5 5 | 6 6 5 – | 4 4 3 3 | 2 2 1 – | ……

一闪 一 闪 亮 晶 晶， 满 天 都 是 小 星 星。

拓展阅读→

歌唱活动的表演形式

微课

学前儿童歌唱活动的表演形式

歌唱活动的表演形式是指歌唱活动中参加者的人数、全体参加者的合作方式以及歌唱时所伴随的表演方式（如动作表演、乐器演奏等）的总和。学前儿童可以掌握的歌唱表演形式主要有独唱、齐唱、接唱、对唱、领唱齐唱、轮唱和合唱等。

1. 独唱

一个人独立地歌唱或独自歌唱。

2. 齐唱

两个或两个以上的人在一起整齐地演唱完全相同的曲调和歌词。

3. 接唱

包括个人对个人的接唱、个人对小组的接唱以及小组对小组的接唱。常见的形式是半句半句地接唱或一句一句地接唱。

4. 对唱

形式上与接唱类似，内容上更强调问答式的呼应。包括个人与个人、个人与小组（或集体）、小组与小组之间问答式的歌唱。

5. 领唱齐唱

个人或几个人演唱歌曲中比较主要的部分，集体演唱歌曲中配合的部分。

6. 轮唱

两个小组（声部）一先一后按一定间隔开始演唱同一首歌曲。

7. 合唱

合唱包括一个声部用哼鸣的方式演唱旋律，另一个声部按相同的节奏朗诵歌词；一个声唱歌词，另一个声部用相同的旋律唱衬词；一个声部唱歌词，另一个声部在第一个声部体或延长处用拟音演唱填充式的词曲；一个声部唱歌词，另一个声部演唱固定音型式的词曲或延长音；两个声部同时演唱两首相互和谐的歌曲。

二、游戏化歌唱活动的设计思路

"以游戏为基本活动形式"是课程要求，也是歌唱活动设计经历的一场变革。传统歌唱教学由于其重点在于让学前儿童再现歌词和曲调，教师在过程中难免会出现一些过于关注知识技能的倾向，很难做到真正的游戏化，许多游戏只能是作为新歌学会之后的调味剂。

游戏化歌唱活动的设计思路应当以学前儿童的全面发展为歌唱活动的目的。德智体美全面发展怎样在一个音乐活动中体现？只有借助游戏的魅力。游戏对于学前儿童的发展价值是全面而丰富的，也是学前儿童非常喜爱的并能够主动投入的活动。游戏不仅仅能够做到让学前儿童在"潜移默化"中熟悉、记住歌词和旋律，还能够让学前儿童获得更全面的发展。例如，小时候玩"丢手绢"游戏时，不仅学会了唱《丢手绢》这首歌，也提高了观察能力、反应能力和运动能力，获得了同伴间竞争、合作的经验；享受了赢得比赛的乐趣，感受了输掉比赛的失落等。

具体到游戏化歌唱活动的流程设计来说，设计思路有很多，并不固定。按照游戏介入活动的时机可分为在开始处进入的游戏、在中间插入的游戏和在结束处插入的游戏。

1. 从开始处进入的游戏

从开始进入的游戏一般都是贯穿始终的游戏。在没有任何教学程序与教学设计的情况下，在与同伴玩耍活动中学会歌曲。一代又一代的学前儿童在"丢手绢"的游戏中学会了《丢手绢》这首歌曲和这个游戏，又将它们一代又一代地传了下来。其实，全世界各民族的学前儿童也都有着类似的、自然的学习方法和学习过程。

这种方式是利用学前儿童的"无意注意"来熟悉歌曲的歌词和曲调。这种方式虽然看起来效率比较低，但是贵在能够在游戏中调动学前儿童的主动性。在静坐中学前儿童被动地聆听歌曲、记忆歌词，他们既没有兴趣，也不能够达到高效学习的目的。"游戏化"歌唱活动设计的一般思路是：

(1) 教师以故事、猜谜、图片等方式导入活动，让学前儿童了解跟歌曲相关的游戏的基本玩法。

(2) 教师边唱歌边带领学前儿童玩游戏。一般是伴随教师的范唱，带领学前儿童做简单的游戏动作，歌曲唱完后，某个或某些以某种方式与音乐的结束发生关系的人需要被"罚"做一些特别的事情。如追跑、表演或担任下一任单独游戏者。在此过程中，学前儿童一直在歌曲的伴随下做游戏，在几次游戏之后，学前儿童也很自然地跟随教师歌唱。

(3) 在活动的 4/5 处，安排反思环节。请学前儿童反思在游戏中所唱歌曲的内容，用理性方法复习歌曲。

这种方式中学前儿童进行了反复的游戏，虽然在过程中学会了唱歌，但获得游戏的快乐更重要。所以学前儿童可能在一个课时内并不能完全会唱歌，但在之后的复习活动甚至是学前儿童的自主活动时间里，都有机会和意愿多次游戏，多次练习，最终掌握歌曲。

歌唱活动《数豆豆》的设计就是借鉴了这种在玩的过程中顺带学习唱新歌的模式。教师边唱歌边和大家一起玩“装豆豆”和“数豆豆”的游戏。在多次的游戏中，学前儿童逐渐熟悉并且学会了歌曲。

音频资源

《数豆豆》

数豆豆

1= C $\frac{2}{4}$

佚　名　词曲

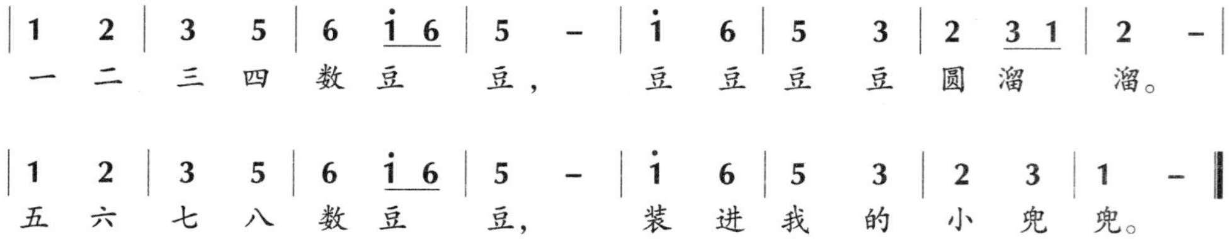

歌唱活动《头发 肩膀 膝盖 脚》的设计，借鉴了传统亲子游戏中身体部位指认、触摸和快速反应游戏的样式。并且游戏是有层次性的，学前儿童在不断进阶的游戏版本中听并且跟唱歌曲，最终不仅学会了歌曲，也获得了快速反应能力和对身体部位的了解。

（1）教师说哪个身体部位，学前儿童就触摸哪个身体部位。（没有固定规律）

（2）教师说哪个身体部位，学前儿童就触摸哪个身体部位。（按照歌词规律）

（3）教师唱哪个身体部位，学前儿童就触摸哪个身体部位。（自由变化速度，增加活动趣味和难度）

2. 从中间处插入的游戏

这种方式一般用于处理歌词较复杂的歌曲。有些游戏需要学前儿童在熟悉和理解歌词和旋律之后再进入游戏。值得注意的是，学前儿童只是初步熟悉了歌词和旋律，无法会唱、跟唱，希望学前儿童运用这种方式在游戏中练习歌唱并获得全面发展。此方式一般分为以下几个环节：

（1）导入

导入方式与一般活动无异，但要注意导入要与歌曲内容紧密联系，以便学前儿童在之后听辨和游戏中能有意识地聆听歌曲。尤其是歌词内容，要引导学前儿童关注，因为歌词内容一般与游戏相关，只有理解歌词内容才能够明确游戏规则。

（2）初步听辨歌曲

学前儿童静坐聆听教师范唱，教师在范唱前提出问题，从而引导学前儿童仔细聆听。目的是让学前儿童积极地了解歌曲内容，关注歌词和曲调。

（3）游戏中学习

学前儿童在上一环节中，已经对歌曲的内容有所了解，但没有达到会唱。此时，教师在歌词本身情景的基础上，创设游戏。学前儿童在此步骤中就同第一种方式一样，边游戏边聆听范唱，慢慢地跟唱。

(4) 反思

利用反思环节，帮助学前儿童梳理已经掌握的知识。其作用与第一种方式相同。

(5) 再游戏(放松)

在活动结尾处，需要以游戏形式组织学前儿童进行放松活动。如果学前儿童不是特别明显地违反游戏规则，也不需要对学前儿童进行提醒。

拓展阅读

游戏化歌唱活动中的反思环节

反思环节作为游戏化活动中特有的环节，有其独特的存在价值。反思环节的主要有两个方面的作用：

1. 巩固和纠正歌唱。游戏化的歌唱活动中，学前儿童在游戏中潜移默化学唱歌曲，学前儿童对自己掌握水平缺少认识，歌唱水平存在欠缺。此时，用理性的反思环节，帮助学前儿童回顾歌曲，有利于学前儿童巩固和纠正对歌曲的理解。

2. 提升自我评价和调控能力。反思环节不仅仅可以提高学前儿童的歌唱水平，更重要的是，在此过程中学前儿童对自己的行为进行反思，精确到自己哪一句会，哪一句不会；哪个词唱错了；哪部分唱的声音跟钢琴不一样等。这些都是学前儿童提高自我评价和进行自我调控的方式。

反思环节的时间位置：

将理性的反思环节放在活动的4/5处，既能够让学前儿童对歌曲熟悉，有可供反思的内容；也不会因为到了活动尾部，学前儿童注意分散而达不到反思的效果。

3. 在结束处插入的游戏

这种方式是大家已经比较熟悉的传统音乐游戏，真正被看作游戏的部分都是在歌曲的结束处插入的。比较适合不能够进行复杂游戏、年龄较小的学前儿童；或者是歌曲难度较大，需要学前儿童投入较多的主动注意和练习的情况。这种方式的好处在于学前儿童能够独立为游戏伴唱，游戏中也能够得到较大的放松。缺点在于学前儿童在之前(活动的4/5时间)属于理性地理解和记忆歌曲的时段，被动接受时间较长。这种方式一般可分为以下几个环节：

(1) 导入

多采用吸引学前儿童的图片、表演或者视频等，充分调动学前儿童兴趣，以吸引学前儿童进行后续的活动。

(2) 听辨歌词

此环节中，需要教师较多次的范唱，帮助学前儿童梳理歌词，以便学前儿童在之后的跟唱中更加从容地学习。但需要注意趣味性，可采取情景化的提问帮助学前儿童了解歌词。

(3) 跟唱

需要教师提醒学前儿童听清范唱,刚开始小声跟唱。

(4) 变化形式跟唱

为了增加学前儿童的兴趣,可以变化形式进行练习。比如男生女生比赛、大声唱小声唱、接唱、对唱,等等。

(5) 游戏

此处游戏环节的目的是为了帮助学前儿童获得放松,所以游戏的难度不应太大,规则应练习一遍之后就可以掌握。

如《秋天》在结束处玩扫落叶、烧枯叶的游戏,《堆雪人》在结束处玩冰雪融化的游戏;《袋鼠妈妈》《找小猫》《网小鱼》等,几乎都是在歌曲唱完后,安排大家已较熟悉的追—逃或寻找—躲藏的游戏情节。下面这些范例可能带给大家一些新思路。

《锄草》:在最后安排了"苗好"和"苗死"两种结局。要求学前儿童听教师或其他指定人员的朗诵和演唱,然后再做造型反应。

《蝈蝈蛐蛐》:在最后安排了"点兵点将"的游戏。被"大公鸡啄到"的学前儿童需要对"要不要当爱吹牛的人"的问题创造性地"表态"。

《五只猴子》:在活动快结束时,离开座位表演,教师用即时贴贴上摔出的"大包",最后还可以拨电话喊救护车。

《三只老虎》:最后可以假装妈妈打屁股,假装哭,假装说打得不疼,假装调皮地大笑。

拓展阅读→

歌唱活动中可以进行的游戏种类

目前在幼儿园歌唱活动中,智能游戏和体育游戏是运用比较多的游戏类型。许卓娅教授曾经将这些游戏进行了分类总结。

情境表演游戏(含局部运动的表演—手指游戏)

领袖模仿游戏(镜像　跟随　后像〔递增再现〕)

输赢竞争游戏(追捉　争物〔友〕　占位　比大　对攻)

控制游戏(造型　默唱　休止)

传递游戏(传物　传话　传位)

身体接触游戏(拍花掌)

队形变换游戏(换位　穿插　跳转)

猜谜游戏(猜谜对歌　猜领袖　猜音源　猜缺失物〔人〕)

玩影子、玩东西游戏(乐器、道具……)

三、学前儿童歌唱活动的图谱应用

在音乐学习过程中使用的图片(图标)等教具,目前大家已经习惯地称之为"图谱"。歌唱活动中的图谱是将抽象的歌词和旋律转化为具象的图画符号,从而把音乐材料简单化、形象化，增强直观效果，通过视觉印象帮助学前儿童进行听觉感知与理解。符合学前儿童形象思维占优势的学习特点，有利于学前儿童建立清晰、明确的概念，启发学前儿童在理解图谱的基础上掌握歌词、旋律、节奏等，调动学前儿童的学习兴趣，加深理解和记忆，从而提高歌唱活动质量。

（一）图谱的作用

微课

学前儿童歌唱活动中图谱的价值与意义

1. 图谱帮助学前儿童记忆歌词

在学前儿童歌唱活动中使用图谱，借助视听觉转换，帮助学前儿童理解和记忆歌词，帮助学前儿童更加从容地唱歌。儿童歌曲中的歌词已经比较简单和形象了，然而在很短的时间内记忆歌词，对于学前儿童比较困难。成人可以通过阅读歌词来帮助自己记忆，而无法阅读文字的学前儿童，则可以通过阅读图画的方式帮助记忆。

2. 帮助学前儿童感受旋律

图谱可以把抽象、无形的旋律转化为具体、有形的符号、色彩等要素，帮助学前儿童理解与记忆旋律。例如，可以通过对图片大小的设计体现音乐的音高与节奏的快慢；通过图片颜色的选用体现音乐的风格，热闹的音乐风格选用暖色，缓慢忧郁的音乐风格选用冷色；通过图片中线段以及图片上行下行方向体现音乐旋律的走向；通过线与点的结合体现音乐的延续与断顿；通过对图谱的有形的画面感知无形的音乐，促进学前儿童在音乐活动中的视听觉转化。

3. 帮助学前儿童进行比较异同、归纳、推理等

由于视觉的图形以及类似的符号比教师演唱而获得的听觉信息更具有稳定性，学前儿童可以从容、反复地观察、随时使用，所以教师使用这些教具的时候，可以从容地引导学前儿童对图形信息进行比较异同、归纳、推理等，如让学前儿童从图谱中观察两段歌词哪些部分是一样的，哪些部分是不同的；也可以让学前儿童从上一段歌词的图形中推测下一段相同部分的歌词是什么。

4. 帮助学前儿童进行想象和创造

同样由于图形及相类似的符号更加具有稳定性，所以教师可以提供有一些需要学前儿童自己创编的部分的图谱，学前儿童通过观察已有的图谱，然后依据自己的想象和创造，将自己的思想和创意转化为稳定的图形或符号等视觉信息，填入空白处。让自己和其他人能够看到其想象和创造的成果。

（二）图谱的分类

微课

学前儿童歌唱活动中图谱的设计

歌唱活动中图谱主要以呈现歌词为主，因为歌词相对于旋律来说更容易表现，并且也是学前儿童更加关注的方面。

歌唱活动的图谱种类是以呈现方式划分的，一般包括写实、象征、文字和符号等。

1. 写实类

写实是最常见，也是学前儿童最喜欢的呈现方式。一般是用具象的图画描述

音频资源
《买菜》

歌词中的形象。由于儿童歌曲的歌词多为具象的人物、动植物和生活物品等，所以相较于成人歌曲来说，是比较好用写实图画方式来表示。如歌曲《买菜》中，用各种具体形象的鸡蛋、青菜、鸡、鱼、萝卜、黄瓜、西红柿等图画将歌曲中所唱的内容都表现出来（见图 3－1），帮助学前儿童在观察图画的过程中了解和记忆歌词内容。

图 3－1 《买菜》图谱

2. **象征类**

音频资源
《小鸟小鸟》

象征的方式多用于描述旋律和节奏，常见于旋律特点比较明显的歌曲，用来帮助学前儿童了解音乐的节奏、结构和旋律走向等特点，可以用线条、形状等。如歌唱活动《小鸟小鸟》的图谱中，用跨度较大的波浪线代表旋律走向幅度较大，节奏较为舒缓的部分，用短小的波浪线代表音程跨度较小，但节奏较快的部分（见图 3－2）。

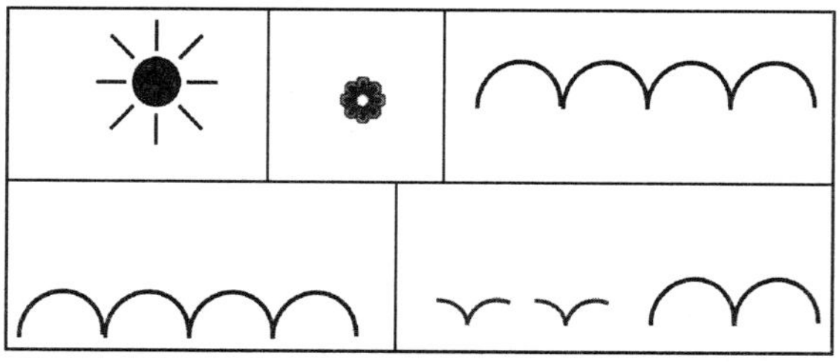

图 3－2 《小鸟小鸟》图谱

3. **符号类**

音频资源
《小海军》

这里所指的符号，一般都是具有某种特定意义的符号，是一种狭义的符号概念，如问号、感叹号、爱心符号、表情符号等，用来表示歌词。一方面，相对于写实的图片，符号更为简单易画，便于教师或学前儿童现场制作；另一方面，符号由于其抽象程度比写实的图谱要高，所以常用于中大班儿童，小班儿童可能会存在理解上的困难。例如《买菜》中的歌词“哎呀呀，哎呀呀”，再如《小海军》中的歌词“轰轰轰”就非常适合选用的特殊符号来表现（见图 3－3）。

图 3－3　《小海军》图谱

4. 文字类

音频资源

《我爱你》

一般在大班采用文字的设计方式。大班儿童对文字产生了兴趣，并有认识简单常用字的经验，可以使用文字来代替词图谱中很难用图像表达的词汇。一般一幅图谱中不能超过两处文字（不包括相同文字），否则会让学前儿童观察和使用图谱时产生较大的困扰，例如歌曲《我爱你》（见图 3－4）。

图 3－4　《我爱你》图谱

（三）图谱使用策略

微课

学前儿童歌唱活动中图谱的呈现方式和摆放形式

图谱使用策略是指图谱设计好之后，在教学过程中，教师灵活运用图谱，以达到更好教学目的的方法。一般只起到提示作用的图谱通常是在活动中一直保持完整地、按歌词顺序固定地摆放，但也可以通过增减部分图片、排序、留白和填空等方法使学前儿童更加主动地观察和使用图谱，从而进一步加深其对歌曲的印象。

1. **顺序摆放，增减图片**

音频资源

《春天和我捉迷藏》

当前，幼儿园歌唱活动的图谱布局多为顺序摆放的方式。顺序摆放是指按照歌词的前后顺序摆放，并完全按照乐句的划分做分行和分段。例如《春天和我捉迷藏》，就是完全按照歌词的顺序，每幅图代表一个词语，每行一句歌词。学前儿童看到图谱，就像成人看到歌谱一样清晰地知道每句的具体内容，一共有几句，哪两句是比较相似的，等等（见图 3－5）。

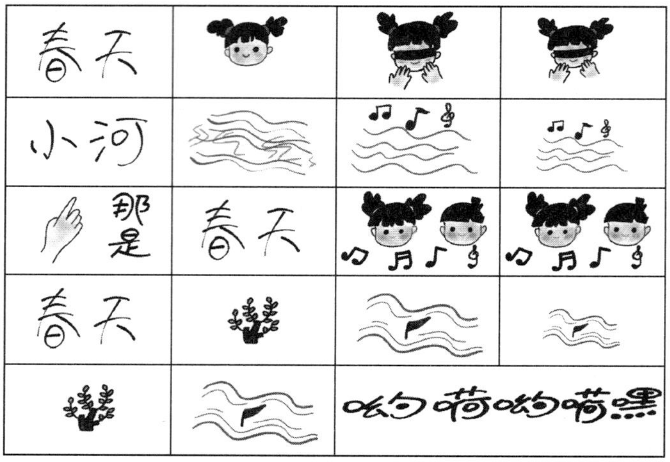

图 3－5 《春天和我捉迷藏》图谱

在实际运用中，教师可以根据学前儿童对于歌曲的掌握情况，逐步抽走一些图片，让学前儿童逐步脱离对图谱的依赖，从而越来越独立地歌唱，直至最后图谱全部撤离，学前儿童完全自主演唱。

2. **乱序摆放，排序图片**

这种策略是指教师提供图谱中所有单独的图片，学前儿童在听歌学歌的过程中尝试将图谱排序。这种方式给予学前儿童更大的参与空间，能够较好地调动学前儿童的积极性。排序的方式也可以是多样化的。可以提供可活动的图片，让学前儿童能够按照歌词顺序排列（如《春天里来》，见图 3－6）；也可以是让学前儿童用标记数字的方式对图画进行排序（如《都睡着了》，见图 3－7）。

视频资源

幼儿园课例

《春天里来》

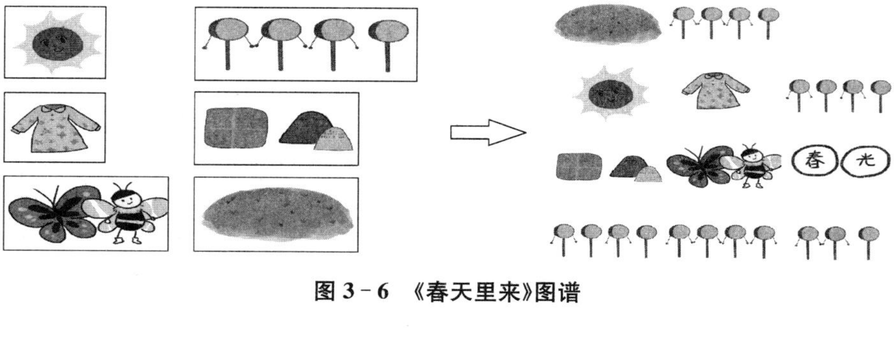

图 3－6 《春天里来》图谱

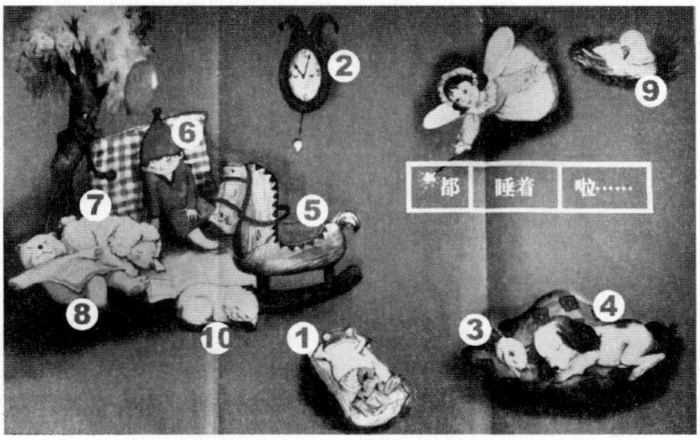

图 3-7　《都睡着了》图谱

音频资源

《都睡着了》

3. **教师留白，填空内容**

填空式布局多见于可创编歌词内容的歌曲，学前儿童可以通过在图谱指定区域填入不同的图片或符号来完成图谱，从而创编歌词。这种布局方式为学前儿童歌词创编提供了支持，适合有创编空间的歌曲。例如，歌曲《大公鸡》中的大公鸡就可以变为“小黄鸡”“战斗机”“肯德基”等（见图 3-8）。

视频资源

《大公鸡》

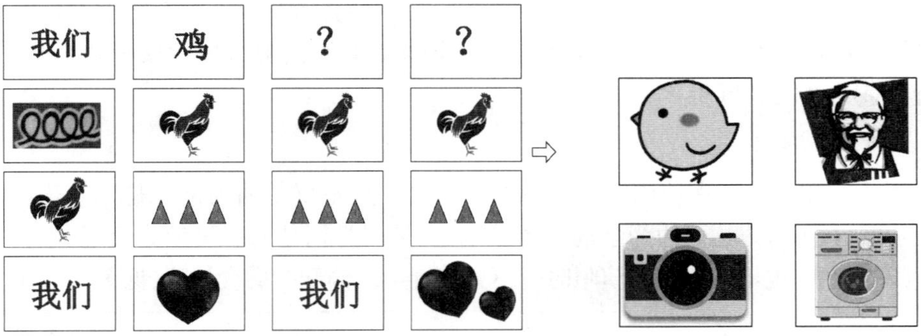

原图谱　　可替换的形象

图 3-8　《大公鸡》图谱

四、学前儿童歌唱活动的范唱、伴奏、练习

新歌教学中的范唱和练习是非常重要的学习环节。尤其是新手教师，组织歌唱活动之前一定要事先清晰地了解和熟悉相关原则，并在过程中稳定地执行。这些环节不是从头到尾一成不变的，而是根据学前儿童对于歌曲的熟悉程度逐渐变化的，达到支撑学前儿童学唱歌曲的目的。

（一）范唱

范唱是指教师为学前儿童提供歌唱的示范，学前儿童主要是通过聆听和模仿教师的示范来学会歌唱的。范唱首先要做到清晰、准确，起到示范的作用，还要做到能够鼓励和帮助学前儿童跟唱。范唱的层次如下（见图 3-9）：

第 7 遍后	教师音量放低，突出学前儿童	速度正常
第 5 遍后	鼓励学前儿童跟唱	刚开始跟唱，不加快速度
第 3、4 遍	范唱的同时不阻止学前儿童的主动跟唱	逐渐加快
第 3 遍	可轻声加入右手单旋律伴奏，钢琴声要弱，突出范唱	稍微加快
第 1、2 遍	清唱，不加伴奏，如怕走音，可请钢琴给前奏	低于正常速度

图 3－9　范唱的层次

注意：

1. 范唱时音量可以适当低一些，学前儿童可以听见即可，防止学前儿童受教师影响在歌唱时喊叫。

2. 如果从第 3 或 4 遍范唱时有少数学前儿童轻轻跟唱并在没有把握的地方自动停下倾听，教师可以不阻止。如果较多学前儿童自顾自地大声随便唱，教师需要提醒学前儿童注意倾听。

（二）伴奏

幼儿园歌唱活动多使用钢琴或者电子钢琴。这不仅是因为钢琴是比较普遍的键盘乐器，教师可以边弹边为学前儿童范唱；也是因为钢琴的音量较为合适，不会盖过教师的范唱，也不会在集体演唱时听不见伴奏声。伴奏的层次如下（见图 3－10）：

学前儿童较熟练（7 遍后）	加入左手伴奏，主要起到跟随的作用，恰当的伴奏型引导和支持学前儿童的情感体验和表达	速度逐渐加快至正常，音量保证全体学前儿童能听清
多数人跟唱（5 遍以后）	轻声单旋律伴奏，主要是支持学前儿童把握旋律，既要在学前儿童迟疑的时候引领，又要在学前儿童坚定的时候跟随	速度不变，音量稍大
开始有人跟唱（3 遍以后）	轻声单旋律伴奏，主要起到引领的作用，防止走音；注意千万不能影响其他学前儿童倾听范唱	速度稍慢，音量稍轻

图 3－10　伴奏的层次

注意：

1. 前奏要从容、稳定，起唱前要预留让学前儿童顺利进入歌唱的时间——“气口”，也就是我们通常说的“预备，齐”的感觉。

2. 慎用音频文件作为伴奏。音频文件一般速度较快，主旋律不清晰，且无法随时停下或减缓速度等待学前儿童，会让学前儿童感到焦虑。一般在学前儿童非常熟练地演唱歌曲之后才可以用音频文件作为伴奏。

（三）练习

练习是指学前儿童通过多次自身的尝试演唱，最终达到演唱熟练的程度。由于学前儿童的认知发展水平较低，学前儿童较难在一次歌唱活动中就做到熟练演唱。所以在练习中需要注意不要过分追求唱会，要保障学前儿童练习的合理性和趣味性。练习的层次如下(见图 3－11)：

第 5、6 遍练习后	可以边唱歌边做放松活动，对歌唱水平不做要求	歌唱速度跟随学前儿童
第 4 遍练习后	安排反思评价环节，帮助学前儿童找出随意跟唱所造成的不足，也能够发展学前儿童的自我反思能力	可一句一句地唱，也可部分单独唱
第 3 遍练习	鼓励学前儿童唱出声来，因为过于内敛的跟唱不利于学前儿童掌握歌曲	速度加快
第 1、2 遍练习	提醒学前儿童用中等偏轻的音量进行跟唱，这样能够保持警惕，不至于因为过度兴奋而走音	速度较慢

图 3－11　练习的层次

注意：

1. 一般倾听 5～6 遍、练习 5～6 遍是一个独立教学活动时间中学前儿童注意力维持的上限。因此，新教师千万不要为了追求正确、熟练而超过学前儿童的承受能力。

2. 在以学习新歌为主要内容时，活动最后一个 1/5 时间内(小班 3 分钟，中班 4 分钟、大班 5 分钟)比较适合做身体律动游戏。不再适宜进行讲解、讨论和练习。

任务四　设计学前儿童歌唱活动的活动方案

一、传统歌唱活动案例

传统歌唱活动的组织形式已经在幼儿园的音乐教学中流传了多年，是比较稳妥的一种组织形式。以下将举例说明传统歌唱活动的应用。

中班歌唱活动《在农场里》

活动目标：

1. 感受歌曲活泼、欢快的特点，知道农场里的动物名称。
2. 学会演唱歌曲，分角色进行歌曲表演；根据熟悉的动物形象，进行歌词的仿编。

3. 积极参与活动，体验与同伴合作歌唱的乐趣。

活动准备：

经验准备：学前儿童已认识农场里的多种动物。

物质准备：小猪、小牛、小鸭头饰若干；农场、小羊、小鸡的图片；Flash《在农场里》；音频《在农场里》。

活动过程：

1. 谈话导入，激发学前儿童的参与兴趣

观看农场图片，讲述农场里的小动物及叫声。

教师提问：这是什么地方？农场里都有谁呀？你能学一学农场里的小动物是怎样叫的吗？

环节分析：

本活动的导入属于谈话和问题导入，通过迁移学前儿童已有经验，引出话题，引起兴趣。

2. 教师范唱歌曲，学前儿童初步熟悉歌曲旋律及歌词内容

(1) 教师清唱第一遍，请个别学前儿童讲述。

教师讲述：农场里的小动物可开心了，它们唱起了好听的歌。

你听到歌曲里唱了些什么？

(2) 教师钢琴伴奏，范唱歌曲第二遍，理清歌词的动物形象顺序及叫声的节奏。

(3) 教师播放 Flash《在农场里》，感受旋律特点，再次熟悉歌曲内容。

教师提问：在农场里这首歌曲听上去怎么样？我们应该用什么样的声音演唱歌曲？

环节分析：

此环节主要涉及教师的范唱，并通过提问让学前儿童梳理歌词，熟悉旋律。学前儿童主要倾听范唱，教师通过问题进行梳理，尤其对动物叫声的节奏也进行了重点理清。并通过动画的方式帮助学前儿童感受农场里的氛围，体会歌曲的情绪情感。

3. 学唱歌曲，佩戴头饰进行分角色表演唱

(1) 学前儿童第一遍练习演唱。

教师讲述：让我们和农场里的小动物一起唱歌吧。

(2) 学前儿童根据喜欢的动物头饰形象，分角色进行歌曲演唱（此处练习可以进行 2 遍左右，让学前儿童自由做动物模仿动作）。

教师提问：说一说，你扮演的是谁？当歌曲唱到谁时，谁就来唱歌。

环节分析：

此环节结合角色扮演来进行歌曲的学唱，充分调动了学前儿童的积极性，并且结合动物模仿动作，也能够帮助学前儿童加深对歌词的记忆。

4. 仿编歌词，学前儿童集体学唱新歌曲

教师提问：农场里除了小猪，小牛、小鸭，还有很多小动物呢，请你选一种你喜欢的小动物和他的叫声编到这首歌曲里来唱一唱，好吗？

环节分析：

此环节是创造性演唱的环节。学前儿童通过替换掉部分歌词，而获得创编歌曲的成就感。不仅能够帮助学前儿童再次熟悉歌曲，也是锻炼学前儿童创造性思维的良好途径。

5. 听音乐离开"农场"

教师讲述：小朋友们，刚才我们唱了很多小动物，也玩了很久的动物表演，让我们和小动物们说再见，休息吧！

环节分析：

此环节是结束环节。结束环节不宜拖沓，起到总结活动或者引导活动延伸的作用。

活动延伸：

1. 区域活动：表演区中继续进行歌词的仿编及歌表演。
2. 家园合作：回家了解更多的动物特征及其生活习性。

大班歌唱活动《垃圾分类要记清》

无锡市荡口中心幼儿园　赵锦

设计意图：

随着"环保小卫士"这一主题活动的深入，孩子们对如何保护环境已经有了一些了解。幼儿经常会说道："我们不能乱扔垃圾"，"不乱摘花草树木"……但是日常生活中，孩子们对如何进行垃圾分类还不清楚，尤其是对四种垃圾桶分别放什么垃圾还不是很明确。针对这些情况，我们根据大班幼儿的学习特点，利用朗朗上口的儿歌，把红色是放有害垃圾、绿色是放厨余垃圾、蓝色是放可回收垃圾、黑色是放其他垃圾这一垃圾分类的内容融入歌曲中，较好地激发了幼儿的学习兴趣，增强幼儿进行垃圾分类的意识，懂得如何保从身边的小事做起来护环境。

活动目标：

1. 熟悉歌曲轻快的旋律特征，理解歌词内容。
2. 学唱歌曲，唱准切分音。

3. 知道垃圾回收要分类，具有初步的环保意识。

活动准备：

经验准备：了解基本的垃圾分类的知识。

物质准备：音乐、钢琴、图片、PPT课件等。

活动过程：

一、图片导入，激发兴趣

1. 教师提问：孩子们，你们会排队吗？今天老师给你们带来了几位朋友，它们也会排队，这是谁呀？（垃圾桶）

有几只？它们有什么不一样？它们是怎么排队的？（教师指着图谱说“绿蓝红黑排好队”）

2. 教师小结：那你知道不同颜色的垃圾桶都是放什么垃圾吗？

环节分析：

引导幼儿通过观察图片，调动幼儿原有的生活经验，了解四种不同颜色的垃圾桶的功能。

二、学唱歌曲

1. 教师清唱歌曲。

教师提问：到底是不是像你们说的这样呢？我们来听听环保小卫士是怎么说的吧。

请你竖起小耳朵仔细听，每个颜色的垃圾桶都是放什么垃圾？

2. 根据幼儿的回答出示图片。

教师提问：你听到了什么？不同颜色的垃圾桶放什么垃圾呢？

3. 教师边弹琴边唱歌。

教师提问：什么是厨余垃圾？它放在什么颜色的垃圾桶里呢？我们再来听一听。

4. 幼儿听伴奏念一遍。

教师小结：原来绿色是放厨余垃圾，蓝色是可回收垃圾，红色是有害垃圾，黑色是其他垃圾。我们跟着节奏一起来念一念吧。

5. 教师帮助幼儿掌握切分音的唱法，教师通过图片、手势等方法突破难点。

教师讲述：你们真棒，都能跟着音乐有节奏地念，现在环保小卫士想请我们一起来唱一唱。

6. 幼儿学唱2～3遍。

教师根据孩子的情况，有针对性地提要求，指着图片唱。

教师讲述：唱歌的时候应该怎么样的？坐半张椅子试试看，把你的背挺起来。歌声真好听，真像一位神气的环保小卫士。

环节分析：

第二环节，学唱歌曲，感受歌曲中切分音的节奏型，并唱准切分音，感受环保歌曲的有趣。

三、分组演唱歌曲

1. 第一遍老师和幼儿一起演唱。

2. 第二遍幼儿演唱。

3. 变换演唱方法。

教师讲述：刚才我们小朋友唱的都很好，这里有四个标记，请你来选一个颜色的垃圾桶，站在它的后面，来跟大家介绍一下你的垃圾桶是放什么垃圾的好吗？要用好听的声音唱出来哦。都好了吗？第一句、第二句我们一起唱。

4. 看情况交换。

你还想去唱唱哪个垃圾桶呢？

环节分析：

第三环节，在分组介绍演唱中，学会演唱的方法。唱准歌曲，巩固对四种垃圾桶不同功能的认识。

四、结束活动

教师总结：今天我们学会了一首好听的歌，还学会了垃圾分类的方法，让我们把这首歌唱给其他小朋友听，一起去做环保小卫士吧。

环节分析：

此环节是自然结束。结束环节不宜拖沓，起到总结活动或者引导活动延伸的作用。

活动延伸：

生活活动中能按类别进行正确的垃圾分类。

垃圾分类要记清

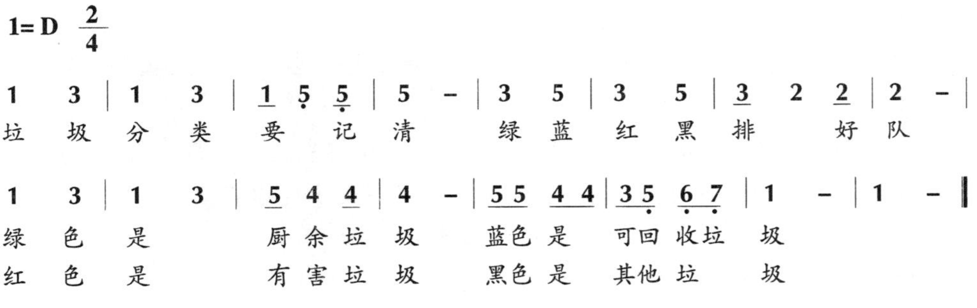

二、游戏化歌唱活动案例

当下幼儿园歌唱活动越来越倾向于游戏化设计和组织的方式，作为准教师，更应该掌握这种游戏化设计的方法。以下将举例说明游戏化设计在小班、中班和大班的应用。

音频资源
《袋鼠妈妈》

小班歌唱活动《袋鼠妈妈》（从结尾进入的游戏）

袋鼠妈妈

1= C $\frac{2}{4}$

吴 诚 词
张晓东 曲

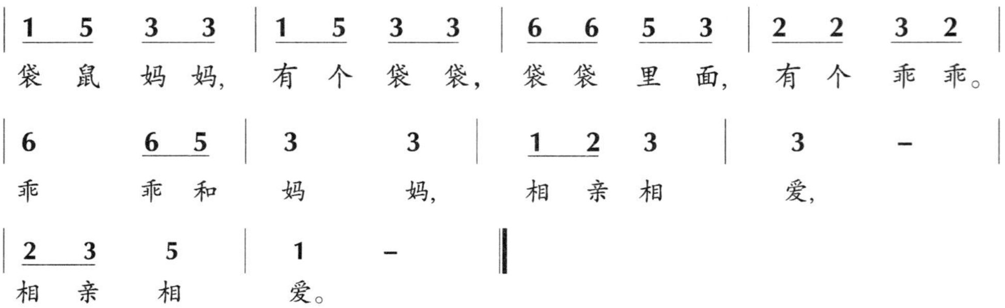

这是一个与传统教学较为相近的歌唱游戏化活动，是在歌曲结尾处进行游戏的。但与传统教学不同的是，此活动采取边做动作边学习歌曲的方式，而不是像传统教学中学前儿童完全学会歌曲之后在复习歌曲中再加入带动作的演唱。

主要流程为：导入—听辨歌词—边做动作边学歌曲—游戏。

活动目标：

1. 熟悉歌曲、记忆歌词，能够合乐做出两拍一次的袋鼠跳。

2. 通过观察模仿教师和其他幼儿的示范，能够听辨和记忆歌词并做出表示相亲相爱的动作。

3. 通过角色扮演游戏（扮演袋鼠妈妈），体验母亲与孩子之间相亲相爱的情感。

活动准备：

经验准备：幼儿基本了解袋鼠。

物质准备：一条围裙、一个小袋鼠布偶、一段袋鼠跳视频、一个大灰狼头饰。

活动过程：

一、通过“袋鼠妈妈找宝宝”的情境，帮助幼儿了解袋鼠妈妈的特点

教师讲述：小朋友！我是袋鼠妈妈，我的宝宝不见了！你们看到它了吗？

我们袋鼠妈妈的口袋呀，就是专门用来装小宝宝的哦！

现在，袋鼠妈妈带着宝宝出去玩咯！

环节分析：

本导入环节不仅需要引起学前儿童的兴趣，也要帮助学前儿童回忆自己以往关于袋鼠的经验，以促进其之后对歌词的听辨和理解。

二、听辨歌词环节

1. 教师不带动作清唱，引导幼儿初步熟悉歌词

教师提问：歌词里唱的是袋鼠妈妈有个什么呢？请小朋友们仔细听！

是谁和谁相亲相爱呢？相亲相爱唱了几次呢？

2. 边做动作边学歌曲

教师提问：现在，我们都来当袋鼠妈妈吧！当袋鼠妈妈是要认真学习本领的哦！请你们仔细看，我做了什么动作？

(1) 教师边清唱边做动作示范：1、2 句双手在大腿上两拍一次齐跳，3、4 句尾声抱着宝宝在怀里轻轻摇。

(2) 学前儿童跟随教师学做动作，鼓励学前儿童跟唱。

教师讲述：好多袋鼠妈妈都能边唱歌边做动作了！表扬×××，在摇宝宝的时候轻轻的，歌声也轻轻的，好温柔呀！来，我们学学她！

(3) 观看视频，重点学习袋鼠跳。

教师讲述：袋鼠妈妈是双脚一下一下地跳！

环节分析：

如果单纯地进行机械的教唱，学前儿童很难保持兴趣。此环节结合角色扮演来进行歌曲的学唱，充分调动了学前儿童的积极性，并且结合动物模仿动作，也能够帮助学前儿童加深对歌词的记忆。

三、“大灰狼来了”游戏，增强活动趣味，帮助幼儿学唱歌曲

1. 教师描述游戏情境及规则，引导幼儿理解游戏

(1) 教师提问：咱们带上自己的宝宝一起去森林里玩吧！要是遇到了大灰狼我们应该怎么办呢？

(2) 教师讲述：我们就抱紧宝宝变石头(不要动)，这样，大灰狼就找不到我们啦！

2. 教师带领幼儿进行游戏

(1) 教师带领幼儿在森林里边唱歌边做表演动作。

(2) 歌曲结束的时候，配班老师头戴大灰狼头饰出现。教师提醒学前儿童不要动。

(3) 教师评价：各位袋鼠妈妈表现得真棒！没有让大灰狼得逞，我们都是合格的袋鼠妈妈！

环节分析：

本游戏环节采取的是小班儿童最喜欢的制动游戏的形式。前面歌唱部分，学前儿童对后面的游戏抱有期待，所以能够维持兴趣及注意。但又因为前面的歌唱部分，学前儿童不需要遵从复杂的游戏规则，所以游戏没有成为学前儿童的负担。这种游戏更加符合小班阶段学前儿童的年龄特点。

活动延伸：

表演区利用头饰继续游戏。

中班歌唱活动《谁是小熊》
（从开始进入的游戏）

从开始进入的游戏一般都是能够持续到结尾的，《谁是小熊》就是这样一个歌唱活动。这个游戏是一个传统音乐游戏，传统的教法是让学前儿童完全学会歌曲之后再进行游戏，游戏化的新教法是让学前儿童直接在游戏的过程中潜移默化地学习歌曲。

主要流程是：导入—游戏—游戏升级—反思—结束

而歌曲的学习只是在游戏的背后，与游戏同时平行进行的。

音频资源
《谁是小熊》

谁是小熊

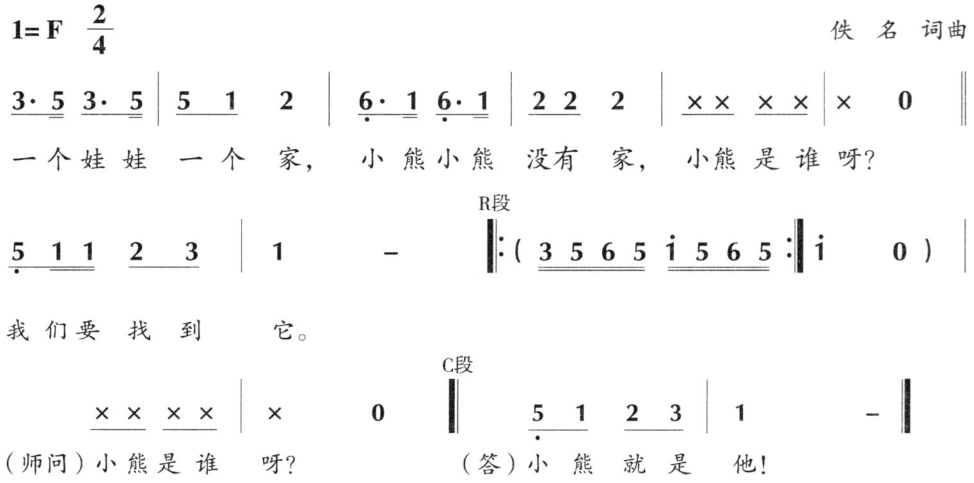

一、用问题引导幼儿听辨歌词

教师讲述：今天，老师带来了一首歌，名字叫作《谁是小熊》。那么，到底谁是小熊呢？待会儿我们一起玩一个游戏，游戏结束以后，我们就知道了！

> **环节分析：**
> 此活动的导入非常简洁，一个问题就能够引出“谁是小熊”的主题，也能够充分调动学前儿童想要一探究竟的兴趣。

二、学习游戏规则，初步进行游戏

1. 教师范唱第1遍，同时带领幼儿做表演动作

（1）教师讲述：我们需要用歌声和动作来找到小熊哦，跟我一起吧！

（2）歌曲的主部唱完之后，教师用手势指导幼儿起立。

教师讲述：现在请大家轻轻起立，站到小椅子后面，像我这样转过来（教师带头转向逆时针方向），鼻子对着前面小朋友的后脑勺，听××老师的琴声，轻轻按照节奏开始走步。

（3）教师带领幼儿行走，在行进过程中抽掉一张椅子，音乐结束。

教师讲述：现在请大家快一点找一个小椅子坐下来！

教师戴上预先准备好的面具，然后面对幼儿指着自己问：这次谁是小熊呀？

三、幼儿正式参与游戏

1. 教师提醒幼儿仔细听音乐停止的时间，及时抢椅子

教师讲述：这次我一定要仔细听音乐，音乐一停我就开始抢椅子，一定争取不再当小熊了！

2. 教师范唱第2遍同时带领幼儿做动作

(1) 音乐声停，教师带头抢到椅子坐下，最终没有抢到椅子的幼儿站在中间，教师为其戴上预先准备好的面具(只遮住额头)。用双臂环抱住他，然后问全体幼儿：小熊是谁呀？

(2) 教师引导众幼儿一起唱结束句："小熊就是他！"

(3) 连续玩2～3遍，参与歌唱的幼儿越来越多。

3. 根据音乐的即兴变化随时改变行走的速度

(1) 教师讲述：这次××老师弹的音乐会发生变化。我们在围着椅子绕圈的时候，要仔细听音乐。音乐快，我们就——慢慢走。音乐慢，我们就——慢慢走。

(2) 幼儿根据琴声的快慢跟随教师尝试不同速度地绕圈。

(3) 幼儿再次游戏(有快慢)，连续玩2～3遍。

环节分析：

本游戏是传统的抢椅子游戏。游戏非常具有趣味性，学前儿童能玩较多次数而不觉得厌烦。在多次玩游戏的过程中，虽然教师没有主动让学前儿童参与歌唱，但学前儿童为了满足游戏情节的需要，不由自主地会跟唱。到后期，教师可以适当压低声音，这时候学前儿童就会为了维持住游戏情境，自然而然地就较大声地唱出来了。

4. 加入"猜谁不见了"的游戏

(1) 请幼儿(上一个小熊)坐在圆圈中间，蒙住眼睛，让其猜测藏起来的小熊是谁。

(2) 幼儿唱完"小熊就是他"之后，教师让没有抢到椅子的幼儿躲藏到某个地方。帮助猜测的幼儿取下面具。

(3) 教师请这名幼儿猜测，并鼓励其他幼儿提示"小熊"的特点，如男孩女孩、衣服发饰等，直到猜测者说出其名字为止。

(4) 连续玩2～4遍。(这个时候大部分幼儿都应学会歌曲了)

环节分析：

游戏是否升级需要看学前儿童当时的水平。由于这个班的学前儿童经常玩类似的音乐游戏，教师为了增加挑战性，并帮助学前儿童熟悉同伴，发展其社会性，所以加上了"听声猜人"的游戏。学前儿童在这两个环节的游戏中，一遍一遍地歌唱、游戏。最终绝大多数孩子都会潜移默化地学会这首歌的大半部分。

5. 反思、评价、结束

(1) 请配班老师扮演小熊，小熊想知道大家有没有学会这首歌曲。

教师提问：现在小熊特别想知道我们有没有学会这首新歌呢？你们会吗？她不相信我们！我们唱给她听听！这次我不唱，看看你们真的会不会。

环节分析：

本环节是反思环节。由游戏贯穿的活动常常存在一个问题，学前儿童搞不清楚自己会不会唱。由于一直有教师的示范陪伴，并且学前儿童的精力很大一部分在游戏中，所以学唱的速度就会慢一些，具体学唱的效果，学前儿童也没有关注到。所以一般在中大班增加反思环节，让学前儿童思考并验证自己到底有没有会唱一首歌。

四、结束

教师讲述：今天我们又玩了游戏又学会了新歌！我们一起来谢谢小熊！

活动延伸：

表演改编游戏规则，继续演唱歌曲。

大班歌唱活动《数字歌》（从中间进入的游戏）

从中间进入的游戏结合了传统和游戏化两者的优点，既能够做到让学前儿童利用有意注意听辨歌曲，还做到了在游戏中学习，适合于有一定难度，但歌词较适合于用游戏表现的歌曲。

此类活动类型主要包括几个部分：导入—初步听辨歌词—游戏中学习—反思—再游戏的过程。

活动目标：

1. 熟悉旋律，初步学唱歌曲，能在钢琴的带领下唱准音阶。

2. 通过观察教师和同伴示范明确游戏“大的数追小的数”的规则；在多次游戏中熟悉“站在谁后面，谁就大起来”的数学概念。

3. 在快速反应的竞技游戏中，尝试克服失利产生的消极情绪，了解并接受不可能每个人都能轮到玩追跑游戏的事实。

活动准备：

经验准备：认识数字 0～9，知道两位的整数(如 10、40)比一位数(1、4)要大。

物质准备：

1. 椅子摆圆圈，学前儿童人数 18 人。

2. 黑板上写好 1～9 数字。

3. 数字卡片 0～9 塑封胸牌两套(后面贴有未撕开的双面胶)，放在椅背的口袋中；手腕花 18 个，学前儿童提前戴在右手手腕。

活动过程：

一、问题导入，引起幼儿兴趣

教师提问：听，嘀咯嘀咯嘀咯嘀咯嘀咯嘀咯嘀，数字小小孩赶着马车来啦！听听看，都有哪些数字，他们来自哪里？

环节分析：

从中间进入游戏的模式，在导入部分主要还是要引导学前儿童关注歌词。本歌曲歌词部分较为复杂，所以更应该关注歌词。

二、教师清唱，引导幼儿初步熟悉歌词及旋律

1. 教师清唱第一遍，引导幼儿听辨歌词

教师提问：有哪些数字？他们来自哪里？

0有什么本领？歌里怎么说的，我们再来听听看。

2. 教师清唱第二遍，引导幼儿进一步理解记忆歌词

(1) 问题引导幼儿回忆歌词。

教师提问：0有什么本领？歌里怎么说的？

(2) 出示图片，帮助学前儿童理解“站在谁后面，谁就大起来”的意义。

教师讲述：0真的有这个本领吗？我们来看一看。

环节分析：

本环节的主要任务是厘清歌词。但此歌曲中有一部分的歌词是需要学前儿童理解的：站在谁后面，谁就大起来。所以教师采取了图片的方式帮助学前儿童理解歌词背后的数学知识。

三、进入游戏，教师带领幼儿学习游戏规则并进行游戏

1. 教师带领幼儿练习游戏动作

(1) 教师介绍游戏情境与规则。

教师讲述：欢迎来到数字国，我是数字“0”，数字国的国王。刚才你们听到的就是我们数字国的国歌。现在请你们把数字牌挂在脖子上。

教师讲述：我们数字国是一个非常民主的国家，我就是通过比赛当上国王的。现在我的任期已满，我们要选下一个国王喽！比赛的流程包括三个步骤：打招呼—选人—追跑比赛。

(2) 学习游戏动作。

教师讲述：首先，比赛的第一步：打招呼。国王要先和你们这些候选者打招呼：先祈祷，后握手，请候选者们跟着国王学习我们数字国问候的礼节！

2. 教师演示游戏，引导幼儿发现游戏规则

(1) 教师讲述：既然你们都会数字国的问候礼节了，那国王就要进行第二步选人了。看看，国王是怎么和候选者们打招呼的。

(2) 教师在圈内行进，第一句祈祷并向前走，第二句和面对的候选者握手，并

通过问题引导学前儿童发现规则。

教师提问：我是怎么跟你们打招呼的？（边祈祷边沿着手腕花的方向走到下一个候选者的面前，然后和面对的候选者握手，接着又怎么样？继续边祈祷边走到下一个候选者面前，然后再和面对的候选者握手）

教师提问：国歌唱完的时候，我选中了谁？我把他变怎么样了？（我是 0，会把他变大）变成多少了？

(3) 那他就是我下一任国王？没有那么容易，我们还有第三步：追跑比赛。

教师讲述：在唱完谁就大起来的"来"字的同时，变大的那个数字，谁(7)要从圈外去追原来和他一样大的数字 7，追一圈回到座位。赢的那个人才是新国王呢！

3. 教师当国王 0，进行游戏一次，引导幼儿说出比赛结果

教师提问：谁赢了？(9)为什么？（他没有被抓到）。我要把王冠转交给你。恭喜你，你是我们的新国王啦！大家说：国王万岁！

4. 教师带领一名幼儿游戏一次，所有幼儿巩固游戏规则

(1) 教师带领幼儿游戏。

教师讲述：我尊敬的国王殿下，请允许我陪你一起去找下一任国王好吗？（请配班教师坐在空位上当 9）。

(2) 游戏结束，教师请幼儿说出"新国王"。

教师提问：这次谁赢了？恭喜你！你现在是我的新国王了！

5. 幼儿独自游戏 1 次

环节分析：

在游戏中学习是此类活动中最为重要的一个环节。由于前面对歌词已经有了一定程度的了解，所以在游戏中，学前儿童慢慢地就愿意自己为自己的游戏唱歌。教师也可以用语言的方式鼓励学前儿童跟唱，如：如果你的国歌唱得很好听，可能选到你的机会就更大一些哦！由于本游戏比较复杂，需要教师慢慢退位，而不是示范完之后就直接让学前儿童自己游戏。

四、反思歌词

教师提问：数字国的子民们，你们会唱我们的国歌了吗？

不会唱怎么办？（请老国王唱）

环节分析：

对于大班儿童来说，一般能够在教师的提醒下，认识到自己并没有完全学会演唱歌曲，甚至能够知道自己哪一句不会唱。在这个过程中，不仅对歌曲进行了学习，也让学前儿童的反思评价能力得到了锻炼。

五、幼儿独自游戏 2 次

教师观察幼儿的歌唱水平，以便下次复习。不强调严格遵守规则。

活动延伸：

变换数字游戏规则，在表演区继续游戏。

大班歌唱活动《小熊过桥》

执教学生：刘瑞琦

设计意图：

视频资源

幼儿园课例《小熊过桥》

《小熊过桥》是一首C大调的歌曲。歌曲采用拟人化、叙事化的手法，运用活泼、跳跃的旋律，描述了小熊过桥时从害怕到勇敢的心理变化，故事内容生动有趣，幼儿易于接受。《纲要》中指出："幼儿园品德教育应以情感教育和培养良好行为习惯为主，注意潜移默化的影响，并贯穿于幼儿生活及各项活动之中"。大班一些幼儿在遇到困难时会胆怯容易放弃，此歌曲给人以遇到困难不要害怕，要积极面对、勇敢前行的启示，恰恰符合幼儿期品德教育的需求。另外，活动中采用翻图游戏、图谱、过桥体验等游戏化的手段，让幼儿在愉快轻松的氛围中用语气变化、表情、动作等方式学会演唱与表演歌曲，充分发挥了大班幼儿自主、探究、合作性学习的效果。

活动目标：

1. 通过翻图游戏、图谱等方式，感受歌曲旋律特征，理解记忆歌词内容。
2. 能用不同的语气、表情、动作等对歌曲进行演唱与表演。
3. 感受勇敢面对困难的积极情感。

活动准备：

经验准备：幼儿已有节奏练习的基础。

物质准备：《小熊过桥》课件、互动翻图游戏课件、幼儿操作图谱三组。

环境准备：幼儿的板凳呈半圆形摆放，黑板、钢琴一侧，三张桌子置于后方用于摆放图谱。

活动过程：

一、故事导入，引发好奇

故事：小熊今天出门的时候发现了一座很窄的小木桥，它轻轻地踩上去发现这座小桥在摇摇摇，它走了几步可怎么也走不稳，也站不牢，它又走了几步到了桥上的时候心乱跳，它着急地喊：妈妈！妈妈！快快来！快把我抱过桥。

1. 简单回顾故事内容，幼儿初步感受歌词。

教师提问：小朋友们，小熊发现了什么？这座桥怎么了？小熊走到桥上的时候做了什么事情？

小结：小熊发现小木桥，摇摇摇，走不稳，站不牢，心乱跳，心里有点害怕。

2. 通过呼喊的方式，"妈妈！妈妈！快快来！"幼儿初步感受害怕的情绪。

二、借助翻图游戏寻找小熊，利用无意注意激发幼儿兴趣，学唱歌曲第一段

1. 营造游戏情境：小熊害怕过桥，它藏起来了。

教师讲述：小熊还是很害怕，不敢过桥，它现在躲到了这些石头、小花、小草后面，我们一起把它找出来，帮助它过桥吧。

2. 出示排列好的小草、石头、小花的图片，教师介绍游戏规则。

教师讲述：我们来玩“点兵点将”找小熊的游戏，我会边唱边点，第一段唱完，点到谁，谁就有机会去找小熊。幼儿选择并翻转图片一张，看看小熊是否在。

3. 教师按节奏朗诵歌词内容，利用无意注意的方式，让幼儿对歌词有记忆印象。

4. 教师范唱歌曲，幼儿感受歌曲的旋律及歌词特征。

5. 幼儿自由跟唱歌曲，教师启发幼儿用害怕的语气演唱歌曲。

教师提问：小熊在桥上是什么样的心情？小熊害怕、紧张的时候声音是怎么样的？喊妈妈的时候呢？我们应该怎么唱？

6. 教师鼓励幼儿用不同的表情、动作来表演唱。

教师提问：害怕的小熊是什么样子的？它的表情是什么样的？它的动作是什么样的？

三、借助摆放图谱，采用小组合作方式，学唱歌曲第二段

1. 教师启发幼儿大胆猜测小熊害怕后的事情，范唱歌曲后引导幼儿思考。

教师提问：小熊后面又发生了事情？你们想一想。

刚才老师的歌曲里唱了什么？和你们猜到的结果是一样的吗？

2. 幼儿自由分组操作摆图，了解歌词的内容及顺序。

要求：4 个幼儿为一组，根据教师歌唱内容，幼儿一起将图片的顺序摆一摆，一个格子放一张图片。

注意：幼儿摆图期间，教师范唱歌曲 2～3 遍。

3. 小组派幼儿代表介绍图谱摆放顺序，说一说摆放的理由，教师鼓励幼儿用歌曲的话回答。

4. 教师演唱，请幼儿倾听歌曲，检查小组的答案与歌词内容是否一致，并集体进行修正。

5. 幼儿根据图谱的内容完整演唱歌曲第二段。

6. 教师鼓励幼儿用不同的语气、表情、动作来表演唱。

教师提问：小熊过了桥，心情是什么样子的？它的表情是什么样的？它的动作是什么样的？我们要用什么样的声音演唱？

四、通过椅子搭桥游戏，幼儿体验过桥的情感，完整演唱歌曲，活动结束

要求：幼儿利用座椅，自由拼搭成小桥的样式。

今天玩得开心吗？还可以用更多的方法建造出不同的桥，我们一起去户外玩玩吧。

活动延伸：

区域活动：美工区绘制《小熊过桥》连环画；表演区表演《小熊过桥》故事或者音乐剧。

家园合作：亲子表演，和妈妈一起表演歌曲《小熊过桥》；科学探索，与父母一起搜集和实验桥的基础知识。

活动评价：

1. 活动目标

从知识技能、过程方法和情感态度三个方面阐述，活动目标的制定合理、清晰、操作性强，符合《3—6 岁儿童学习与发展指南》中大班年龄段“艺术欣赏时常常用表情、动作、语言等方式表达自己的理解”的目标内涵。

2. 活动内容与方法

活动内容选材符合《幼儿园教育指导纲要(试行)》的要求和幼儿身心发展的需求,活动过程遵循幼儿园音乐教育原则,采用了示范法、游戏法、图谱法、表演法、探究式等教学方法。

3. 教师行为

在讲解、交流过程中,语言简明清晰,语速适中,活动具有游戏化的情境,语言充满趣味性和启发性;歌曲范唱熟练,节奏清晰、动作创编引导准确、到位;能有效抓住幼儿的注意力,每个环节的收放合理,主次分明,时间把握准确,各个环节的衔接流畅;能主动为幼儿创设机会与条件,给予幼儿思考与表现的空间。

4. 幼儿状态

幼儿是活动的主体,整个活动中幼儿保持着一个较高的兴趣度与参与度;在活动动静交替、环环相扣、层层深入的设计中,幼儿基本掌握了歌曲的演唱与表演,感受与表现音乐的能力得到了锻炼。

5. 活动特色

活动设计有想法、有创意,敢于打破传统歌唱活动中教师教唱、幼儿模仿的模式,运用游戏化的手段让幼儿在轻松愉快的氛围中学会歌唱,吸引了幼儿的好奇心;具有表演性质的语气、表情、动作的创编设计,激发了幼儿的创造性。活动中教师还善于抓住机会与幼儿进行归纳、反思等互动。

活动反思:

1. 借助游戏情境,促进幼儿主动探索与快乐学唱

游戏是幼儿的基本活动。活动中,我用游戏化的手段帮助幼儿了解歌曲旋律和歌词内容,突出活动重点。首先,营造小熊害怕过桥,躲藏起来的游戏情境,用互动翻图课件寻找小熊,幼儿在无意注意中倾听歌曲,形成听觉表象,为第一段学唱打下基础。其次,第二段的学习,用图谱排序,幼儿操作探索、合作学习、反思陈述,变被动接受为主动学习。最后,借由自主拼搭椅子过桥的情境,自然过渡结束。整个活动中,幼儿体验到和“玩”一样的感觉,快乐地投身于活动之中,在唱唱、跳跳、玩玩的过程中去感受、理解音乐。

2. 创设适宜的师幼互动,鼓励幼儿的表达与表现

《指南》中指出,艺术是人类感受美、表现美和创造美的重要形式,也是表达自己对周围世界的认识和情绪态度的特有方式。活动中,我努力为幼儿创造充分的机会和条件,让他们成为主动、自由的学习主体。活动难点在于启发、引导和鼓励幼儿用不同的语气、表情、动作来学唱,这三种不同程度的表现方式,给予幼儿大胆表现的机会,活动过程循序渐进、层层深入,加深了幼儿对于歌曲形象、内容和情感的理解,突破活动难点。

3. 渗透相关领域活动,关注幼儿学习品质的养成

在点兵点将的游戏环节,我范唱歌曲时并没有提出记忆歌词的要求,但幼儿在好奇心、好胜心驱使下认真倾听、理解歌词;在翻图找小熊时,幼儿敢于选择、猜测,清楚表述自己的想法,也渗透了序数概念,而后归纳出小花、小草后面藏有小熊,发

展了逻辑推理能力；在摆图排序时，幼儿愿意将自己摆图的方法介绍给集体，并能够接纳与自己不同的意见等，这是合作、分享的学习品质的体现。结束环节，利用"过桥"游戏锻炼了幼儿平衡能力，亲身参与增强了勇敢的情感体验。总之，这个活动将语言、科学、健康领域的内容有机地渗透到音乐教育之中。

4. 注意个别差异，提高幼儿创造性表现水平

大班幼儿在艺术表现与创造方面存在差异。在活动中我适当指导，同时鼓励和引导能力稍弱的幼儿同样保持持久的活动积极性。

考点聚焦

★ 学前儿童歌唱活动的方法

★ 学前儿童歌唱活动方案的撰写

国考链接

一、选择题

1. 教师在组织幼儿园中班活动时，合理的做法是（　　）。（2018 年上真题）

A. 要求学前儿童用胸腹式联合呼吸法歌唱

B. 鼓励学前儿童用最响亮的声音唱歌

C. 鼓励学前儿童唱八度以上音乐的歌曲

D. 要求学前儿童用自然声音歌唱

2. 学前儿童歌唱活动的表演形式中，两个或两个以上的人在一起整齐地演唱完全相同的曲调和歌词属于（　　）。（模拟题）

A. 合唱　　B. 轮唱

C. 齐唱　　D. 领唱齐唱

二、面试真题

1. 歌曲《做游戏》

内容：弹唱歌曲、音乐律动展示

做游戏

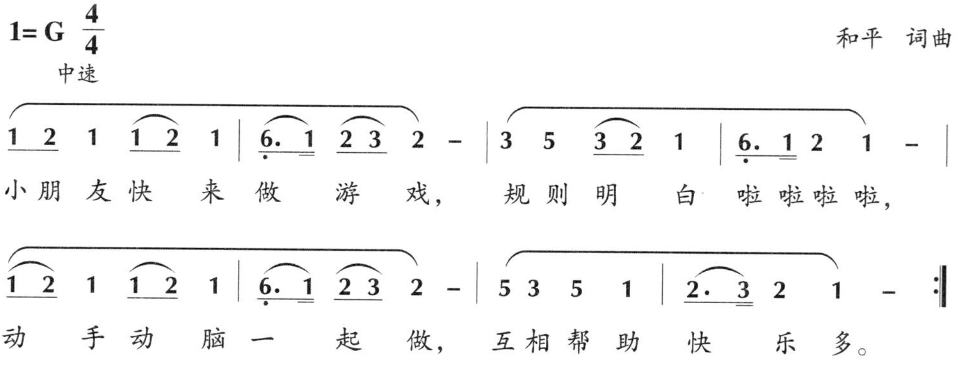

基本要求：

(1) 弹唱歌曲

完整、流畅地弹奏，节奏准确。

有表情地歌唱，吐字清晰，准确把握音高。

(2) 音乐律动展示

根据歌曲音乐的节奏，创编相应的肢体动作，边哼唱边打拍子，把握音乐节拍的强弱；表情自然，肢体动作与音乐节奏相符贴切；有一定创意。

(3) 请在 10 分钟内完成上述任务。

2. 歌曲配画《小鸟把我夸》面试(真题)

内容：歌曲配插图

基本要求：

(1) 为歌曲配插图，所配插图与歌词内容相符，便于学前儿童理解，造型生动、富有童趣。

(2) 回答问题：如何利用你的作品帮助中班学前儿童学唱歌曲？

小鸟把我夸

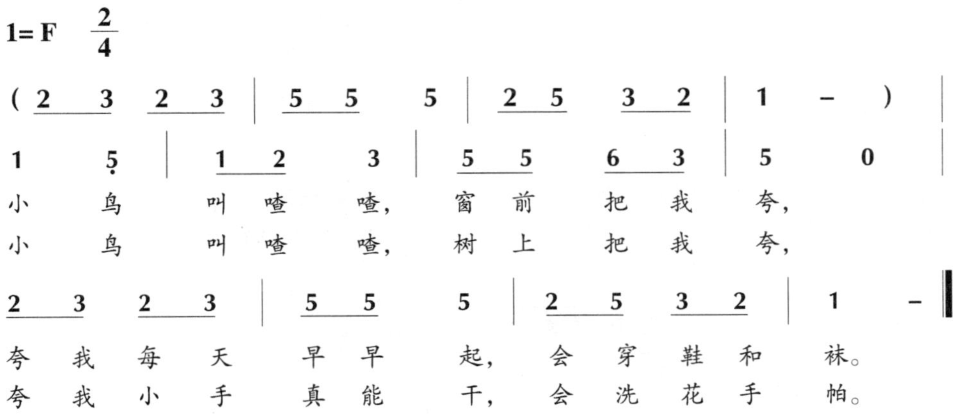

项目三

参考答案

思考与实训

思考：

1. 歌唱活动的传统化组织形式与游戏化组织形式有什么区别与联系？

2. 反思环节是怎样提高学前儿童自我评价能力的？

实训：

1. 根据歌曲《春天里来》尝试利用“幼儿园音乐活动设计软件”设计并绘制图谱，要求每句一幅图，形象具体，方便理解，能起到帮助学前儿童记忆歌词的作用。

2. 根据歌曲《小雨点的歌》，采取从中间插入游戏的方式，设计游戏化歌唱活动方案并组织实施。

项目四

学前儿童韵律活动的设计与指导

学习目标

知识目标：了解韵律活动的含义；识记学前儿童韵律活动材料选择的要点。

能力目标：掌握学前儿童韵律活动目标，能够为不同年龄班幼儿选择合适的韵律活动内容，并尝试按照流程设计韵律活动。

情感目标：对设计学前儿童韵律活动产生兴趣，有一定的想法；在选材中多选择各种风格不同的乐曲，增强文化包容性；通过活动案例的赏析与撰写，不断进行反思，具有创新性思维。

学习重难点

1. 理解学前儿童韵律活动目标，掌握学前儿童韵律活动选材要点。
2. 能根据学前儿童韵律活动的设计思路，设计与实施学前儿童韵律活动。

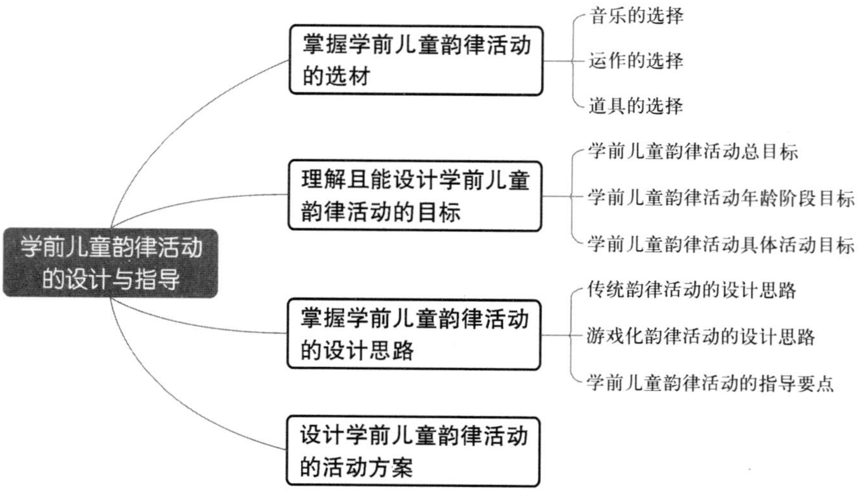

情境导入

婷婷是一位新教师，在组织韵律活动时，她先请小朋友听音乐，在听音乐的过程中，有个别小朋友随着音乐摇晃身体、手舞足蹈，婷婷老师为了防止幼儿注意力分散，立马制止了小朋友，并说："认真听歌词！别晃来晃去！"听完一遍音乐后，婷婷老师带着小朋友一句一句地做动作，经过多遍的集体练习后，小朋友们已能整齐地做动作，婷婷老师很满意。

你赞同婷婷老师的做法吗？有哪些做法有待改进？

任务一　掌握学前儿童韵律活动的选材

音乐是韵律活动的灵魂，动听的音乐、活泼的节奏对儿童具有强烈的感染力和吸引力。在幼儿园韵律活动中，要为学前儿童提供轻松、活泼、愉快的音乐环境，让儿童通过做有规律的身体动作、表情来感受音乐、理解音乐、表现音乐，从而进一步提高学习音乐的兴趣，进行音乐素质培养。因此，需要为学前儿童身心健康的发展提供必要的外部条件。

微课

学前儿童韵律活动材料的选择

一、音乐的选择

（一）音乐选择的总要求

1. 旋律优美，富有节奏特点，音乐形象鲜明

旋律优美、动听是吸引学前儿童加入韵律活动的因素之一。美妙的音乐能自然地激发儿童参与和表现欲望，引发他们积极地用动作来表现音乐的旋律和情绪情感。此外，选择不同节奏、不同性质和风格的音乐，能大大地丰富儿童对音乐节奏的感受和体验，帮助儿童理解音乐和动作之间的关系，以根据音乐的不同节奏来变换动作，提高对动作的反应能力。此外，由于学前儿童的知识、生活经验和音乐经验有限，为其选择韵律活动的音乐时应注意音乐形象的生动、鲜明和有趣，应有助于儿童用动作、游戏加以表现。为儿童选择的音乐还要注意音乐的速度，以每分钟 120～130 拍为宜。如《划船》，这首儿歌是西班牙民歌，旋律简单且优美流畅，节奏型比较简单，出现了八分音符、四分音符、二分音符，歌词内容形象鲜明，学前儿童比较熟悉。

音频资源

《划船》

划 船

1= F $\frac{2}{4}$

2. 结构工整，节奏清晰

结构规整，旋律在重复的基础上具有发展余地；内容比较简单，节拍、节奏清晰。一般可采用重复性一段体音乐作品（如 AAAA）、两段体及其变化音乐作品（如 AB、ABAB、AABB）、三段体音乐作品（如 ABA 或 ABA'或 ABC）、回旋曲（如 ABACABA）。如韵律活动中常用的乐曲《单簧管波尔卡》，其结构为回旋曲（ABACA），还有变奏曲以及组合（如 ABCDEFG）。

音频资源

《单簧管波尔卡》

单簧管波尔卡

1= C $\frac{2}{4}$ （波）普罗斯卡 曲

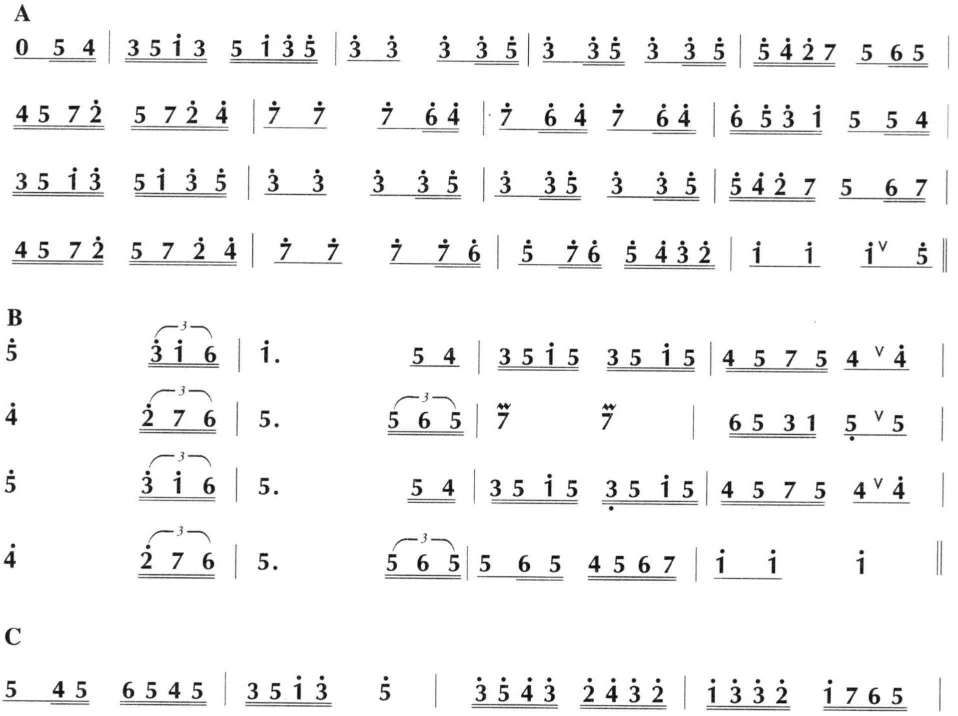

3. **乐曲情绪感染力强**

音乐要选择学前儿童喜欢的、平时哼唱的音乐，也可以是儿童耳熟能详的生活中的音乐。如《健康歌》，很多儿童都会唱，节奏欢快，歌词内容具有亲和力，适合动作表演。再如生活中带儿童午后散步的乐曲《秋叶》《可爱的太阳》等，也可作为韵律活动的素材。因为这些素材来源于儿童的生活及周围熟悉的环境，更容易被学前儿童喜欢和理解。

音频资源

《健康歌》
《秋叶》
《可爱的太阳》

（二）音乐选择的年龄要求

随着儿童年龄的增长，喜爱的音乐风格和样式也在不断变化。在学前儿童韵律活动中，一般选择音乐节奏鲜明的乐曲，这样可以较好地让学前儿童掌握节奏的规律和强弱拍。

为 3～4 岁儿童选择音乐，一般以速度缓慢、轻松愉快、柔和温暖、曲调便于哼唱、重复性较强的音乐为主；风格上较随意，可多选经典音乐作品，逐步加大儿童歌曲和中国风格音乐的比例。如小班律动《刷牙歌》，儿童在音乐的伴奏下，根据音乐的性质、节拍、速度等变化，模仿和学会刷牙的基本律动，“挤牙膏端起水，张开小嘴，左刷刷右刷刷，上刷刷下刷刷，里刷刷外刷刷”，在欢快的音乐情绪中体验刷牙的乐趣。

音频资源

《刷牙歌》

为 4～5 岁儿童选择音乐，可在音乐风格上扩大选择范围，特别是在中班后期，可以有意识逐步加入具有明显民族个性的、不同风格的中国音乐作为韵律活动的音乐。或在活动中改换不同性质的音乐，使学前儿童逐步能按音乐节奏、节拍的特点，速度、力度的变化做出相应的动作。如《牧童短笛》，该作品为 ABA 结构，A 段休闲，B 段欢快。为了引起儿童的兴趣，选择游戏的方式进行，让孩子们联系原有生活经验，将生活劳作时的动作进行舞蹈化，自然而然儿童就成了律动的创编者，整个活动就显得较为轻松。

音频资源

《牧童短笛》

为 5～6 岁儿童选择音乐，素材选择范围可适当扩大或不予限制，可以选择具有明显地域特色、民族个性的异国风格的音乐作品以及情绪健康向上、刺激适度的少量成人音乐等。如中国成人舞蹈音乐《红绸舞》的片段、中国轻音乐《赶花会》、外国轻音乐《特快列车波尔卡》《口哨与小狗》、外国芭蕾舞曲片段《西班牙斗牛舞》……这类音乐结构清晰，便于根据韵律活动的需要节选和重组，其中有些甚至可以直接拿来使用。

音频资源

《红绸舞》《赶花会》
《特快列车波尔卡》
《口哨与小狗》
《西班牙斗牛舞》

此外，在了解基本的儿歌和民族音乐外，还可以关注一些中外的民间舞蹈音乐。这类音乐一般都十分朴素、单纯、优美，且具有良好的舞蹈性。如我国安徽的花鼓灯音乐、东北的二人转音乐以及各种少数民族的舞蹈音乐等；再如根据俄罗斯民间舞曲创作的轻音乐小品《我和小蚊子跳舞》，就十分适合选作小班的韵律活动音乐。另外还可以关注一些少儿或成人歌曲，比如通过大众传媒特别是电视，已经对儿童形成弥漫性影响且健康向上又具有潜在教育价值的那部分作品，如“小荷尖尖”舞蹈大赛歌曲《小鬼当家》《Let me try》、电影《黄飞鸿》的主题歌《男儿当自强》等。

视频资源

《我和小蚊子跳舞》

二、动作的选择

皮亚杰认知发展理论指出，动作是学龄前儿童的思维工具，也是学前儿童表达和再现音乐的一种最直接最自然的手段。因此，适合的动作设计与创编是有效开展学前儿童韵律活动的关键要素之一。

在为学前儿童选择动作时，主要考虑的是儿童的兴趣和能力。因此，教师要注意动作的难度和类别。学前儿童的能力限制了其动作质量，所以儿童做不出很难、质量很高的律动动作。学前儿童的年龄也导致了其认知的概括性，所以限制了儿童动作的发展。比如老鹰、燕子、大雁等，儿童都会概括性地认为都是鸟，鸟是飞翔的，一般就会做出飞翔的简单动作，而不会具体到哪种鸟，怎样飞，除了飞还能干什么。所以，学前儿童韵律活动中的律动动作都比较简单。

（一）基本要求

学前儿童的动作能力是有限的，选择韵律活动的动作时，要基于学前儿童动作水平的发展规律：

其一，从大的整体动作到细小的精细动作，即从整个身体动作或上、下肢的大动作逐步发展到手腕、手指的精细动作。

其二，从不移动动作到移动动作，再到移动与不移动二者相结合的动作。

其三，从单纯动作到复合动作，即在熟练单纯动作的基础上再配合其他动作一起做。

因此，在韵律活动动作的选择和安排中应体现循序渐进的原则，尽量从单纯的、不移动的、大肌肉的分解动作入手，逐渐进入移动的复合动作及小肌肉精细动作的学习。对于小班儿童，韵律动作宜以不移动的、单纯的、上肢或下肢动作开始，逐步进入上下肢联合的移动动作。小班儿童一般比较容易接受连续重复的动作，且动作的变换一般在段落之间进行，偶尔可以在乐句之间进行。对于中大班儿童，可以较多地选择移动动作、复合动作，也可以学习手腕、手指、脚腕、肩膀、膝盖等部位的比较精细的动作。随着儿童记忆和反应能力的提高，动作变换可以较多地在乐句之间进行，甚至偶尔可以在乐句之内进行。此外，对动作的速度和力度的要求也要逐步提高。为小班儿童选择的动作可以是中等速度的，而且以恰当速度的音乐与之相配；到了中班，儿童控制动作的能力增强，则可以在韵律动作中培养他们用动作反映不同乐段的速度和力度的变化。如在学习侧点步手腕转动时，应在分别学会侧点步和手腕转动之后再进行复合动作的学习。当儿童结伴做动作时，需要注意相互之间的配合，在为各年龄班儿童选择结伴韵律活动时，必须考虑个体是否已经掌握了单独做动作的基础。

微课

学前儿童韵律活动动作设计

（二）动作类型

学前儿童韵律活动所采用的动作可分为基本动作、模仿动作和舞蹈动作。

1. 基本动作

基本动作是指学前儿童在听到音乐时，理解音乐元素后反射出来的一般动作。

如垂直的节奏反应：拍手、点头、屈膝、晃手、倾头、耸胯、跺脚等，或者听到高音后站高，听到低音后蹲下去，听到重音后重重地踏脚，听到轻快的旋律做跑跳步或吸跳步等。不同年龄段儿童的基本动作要求应有所不同。3岁左右的儿童，能在教师的引导下听音乐做简单的拍手、点头、倾头、晃手等基本动作；4岁左右的儿童能在听到音乐后做出垂直的节奏反应，并在教师的引导下体现音乐的变化，如听到重音重重地跺脚、听到轻音轻轻地拍手等；5岁左右的儿童能根据音乐的节奏进行简单动作或单一的复合动作的表现。

2. 模仿动作

模仿动作是儿童对待特定事物的外在形态和运动状态感受和体验后的再现。可分为：

（1）模仿动物的动作：鸟飞、鱼游、兔跳等；

（2）模仿日常生活的动作：刷牙、洗脸、穿衣、梳头等；

（3）模仿幼儿游戏中的动作：拍皮球、跷跷板、踢球、跳绳等；

（4）模仿自然界的现象：花开、小树成长、刮风下雨等；

（5）模仿成人的劳动或活动：开车、做饭、摘果子、采茶等。

模仿动作是学前儿童韵律活动的主要学习内容，也是儿童最感兴趣、最易接受的学习内容之一。由于不同年龄段的儿童在观察和了解周围事物时的视角、关注点也是有差异的，因此他们模仿的动作需要和生活中的经验匹配，和他们的兴趣点进行匹配。3岁左右的儿童主要是对动物形态特征的模仿；4岁左右儿童在动物模仿的基础上增加自然景物形态的模仿和日常生活动作的模仿；5岁左右儿童的生活经验日益丰富，只要是与其经验相关的形态或联想动作都可以做一些模仿和学习。

3. 舞蹈动作

舞蹈动作是人类在从事舞蹈活动的几千年中，经过多年的演化和进步而积累下来的艺术表演动作。学前儿童舞蹈动作的学习主要通过模仿：一是在幼儿园中从教师或其他幼儿处习得；二是从社区文化活动的现场或从大众传媒中习得。学前儿童学习的舞蹈动作主要是一些基本舞步。如3～4岁儿童学习小碎步、小跑步；4～5岁儿童学习蹦跳步、垫步、踵趾小跑步、侧点步；5～6岁儿童学习进退步、溜冰步、交替步、跑跳步、跑马步、秧歌十字步等。此外，一些简单的上肢动作，如两臂的摆动和划圈也在学习的范围之内。一般中班安排学习“手腕转动”，大班安排学习“提压腕”。但是整个学前期，儿童很少会专门学习臂和手的舞蹈动作。

拓展阅读→

律动组合动作

律动组合是按照一首结构相对完整的乐曲组织起来的韵律动作组合。儿童在感受和表现时可以通过以下几种类型来进行学习和理解。

1. 非主题的身体节奏动作组合

组合中动作无特别意义，注重动作节奏，儿童在表现过程中只是根据音乐中的元素进行非主题的节奏动作反应。不同年龄段的儿童完成的组合动作复杂程度有差异。3岁左右的儿童可以做简单的AB、ABC循环结构模式的律动组合，并且在动作设计上以单一动作为主；4岁左右的儿童可以做AB、ABBA、ABCD的结构模式，动作设计中可以增加其他部位的复合性表现，比如表情、声音等；5岁左右的儿童可以做AX或XB等主体动作加变换创造想象的自主动作，与此同时，动作难度可以更复杂，增加上下肢的复合型动作。

2. 有主题的模仿动作组合

注重模仿动作的组织结构，更注重对模仿对象的表现。表现来源于儿童对主体情感的理解。儿童在展现过程中除了单纯地做动作表现，教师还应根据音乐作品的主题引导儿童进行情感理解与表现，动作的表现内容就是主题本身所要描述的故事情境。如大班韵律活动《春天花会开》，描述种子发芽—出土—生长—开花的过程，其动作就不是单纯的循环重复的结构动作呈现模式，而是一个在春天里花儿盛开的流程图了，这种模式比较符合儿童的兴趣特点。在内容设计上小年龄段儿童的主题情节更简单易懂、时长更短、动作更简单；大年龄段儿童的主题情节更丰富，乐段略长，动作较复杂一些。

3. 舞蹈动作组合

呈现方式主要是将舞蹈的基本动作用组合的方式连接起来。可以有简单情节的表演组合舞，也可以有结构较自由、松散的自娱舞，还可以是以队形变化、舞伴交流为主的集体舞组合。这种呈现方式在5岁左右儿童的韵律活动中出现比较多。

（三）动作选择的年龄特点

韵律活动的动作设计，要依据音乐结构组织动作。韵律活动动作数量要与音乐结构配置量相匹配；动作的重复与变化要具有规律性和可辨认性；动作变化的频率要适当。

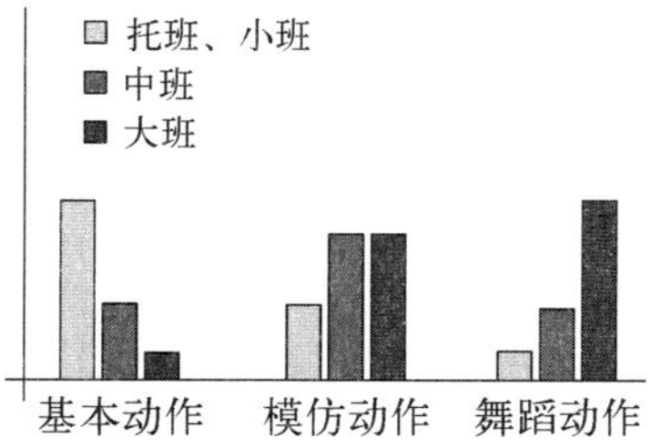

图4-1　小班、中班、大班的三种动作的比例

小班："以一般生活动作为主"，注意逐步增加简单"模仿动作"的比例。无论是坐姿做动作还是站姿做动作，起初手、脚不宜同时动，在动作熟悉后可过渡到手、脚同时做动作。如拍手、点头，开始只是让儿童坐在椅子上，只用手做动作，然后过渡到边走边拍手的上下肢配合做动作。简单的舞蹈动作学习在小班中后期可根据儿童的反应能力逐步添加。

中班：一方面要注意加大"模仿动作"的比例，要注意动作的精细度、准确度；另一方面要逐渐添加一些难度较大的简单舞蹈动作，比例也应逐步增加。

大班：应加强动作的探索与创编能力培养。教师要留给儿童自由探索的时间和空间，鼓励儿童尝试，并组织儿童进行交流，帮助儿童分析整理，培养儿童的想象力。

案例分析

韵律活动《化蝶》

《化蝶》是音乐剧《梁祝》中经典的一段音乐，整首曲子共分为四个乐句，旋律舒缓优美，加之蝴蝶、花是幼儿熟悉且喜欢的事物。因此，该音乐适合结合幼儿的动作发展水平及年龄特点设计韵律活动。如教师可通过问题“你是什么样的花？你的花开在哪？”引导幼儿进行韵律活动，小班幼儿通常会站在原地利用双手模仿花开的样子（见图 4－2）；中班幼儿会将花开在身体的不同部位，如开在屁股上、开在膝盖上、开在头上、开在肩膀上等（见图 4－3）；大班幼儿会模仿不同花的形态，如大蒜的“直”、花茎的“弯”，还会模仿花的生长状态，如花和叶子的“枯萎”等（见图 4－4）。

音频资源

《化蝶》

图 4－2　小班：开各种各样的花

开在鞋子上　　开在屁股上　　开在膝盖上

图 4－3　中班：花儿开在……（身体某一部位）

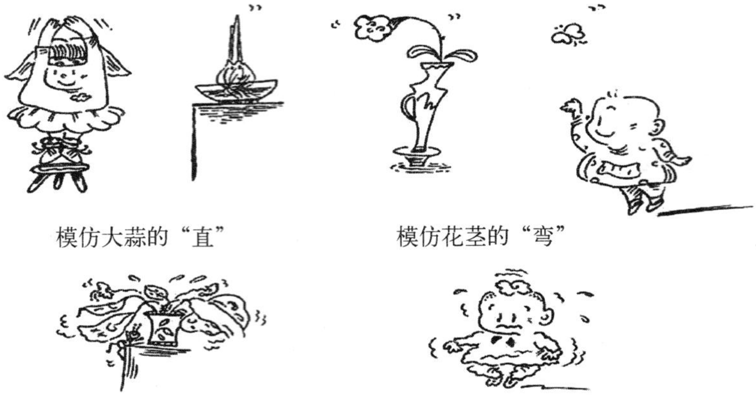

模仿大蒜的“直”　　模仿花茎的“弯”

模仿花和叶子的“枯萎”

图 4－4　大班：开各种各样的花和叶子

微课

学前儿童韵律活动动作的难度设计

（四）动作难度设计的影响因素

1.“动作模型”的规模

模型包含的拍数越多，动作规模越大，难度越高。例如：歌曲《大西瓜》总共 1 段、4 句、16 拍。而歌曲《匹诺曹要做真孩子》总共 2 段、15 句、112 拍。第二首歌曲的规模是第一首歌曲的 7 倍，因此第二首歌曲动作规模更大，动作难度更高。

2. 动作的种类及繁复程度

（1）在一个模型里，包含不同动作的种类越多，难度越高。例如：歌曲《大西瓜》中总共包含 2 个手掌做出的动作：西瓜和嘴巴。模型是 16 拍音乐中西瓜和嘴巴的均匀交替。而歌曲《斗牛乐》低级版中第一段总共包含 4 个动作：拍手、拍腿、做牛角、顶牛，模型是 16 拍中 4 个动作均匀交替，每个动作连续重复 4 次。显然后者对记忆和反应的挑战更高。

（2）在一个模型里，动作的繁复程度越高，难度越高。例如：在《斗牛乐》顶牛动作中，可以原地做上肢的动作；可以向前走与对面的同伴交换位置；也可以与对面的同伴一起旋转交换位置再接 180 度向后跳转寻找新舞伴。这三个动作显然是“不移动的上肢动作”最容易，“直线向前行走移动换位置”的动作较难，“旋转换位置并接向后 180 度跳转寻找新舞伴”的动作最难。

3. 动作的速率

（1）每一个动作的绝对时值越短，难度也就越大。例如：《大西瓜》中不同难度版本由低到高依次为：1 拍做一次动作和半拍做一次动作。

（2）动作转换的频率（即动作重复做几拍后转换）越高，难度越大。例如：《大西瓜》中不同难度版本由低到高依次为：重复 8 次转换；重复 4 次转换；重复 2 次转换；重复 1 次转换。

《斗牛乐》低级版本中，前 8 拍拍手 4 次，拍腿 4 次。中级版本中，第一段虽然同样总共包含 4 个动作：拍手、拍腿、做牛角、顶牛，但前 8 拍是拍手 2 次、拍腿 2

次，再拍手2次、拍腿2次，即将前面的动作重复1次，转换频率比低级版快了1倍。高级版本中，前8拍是拍手2次、拍腿2次，再拍手2次，再与同伴拍手2次。不但转换频率比低级版快了1倍，而且还增加了一个与同伴拍手2次的动作。显然三个版本的难度是依次递增的。

4. 遗传与文化

从遗传角度上看，走、跑、跳三个动作，由于跑跳需要蹬地腾空和控制身体下落的速度与重心，跳比跑需要更高地腾空和更好地控制重心，自然难度是依次递增的，这显然与人的生理发展轨迹，即与遗传因素的决定性有关。

从文化角度上看，同样是耸肩膀、前后左右平移脖颈、转动眼珠、翻转手腕等动作，新疆维吾尔族的儿童比汉族儿童掌握得好得多。这显然是因为在他们的生活中，有更多机会自然模仿成人的特定舞蹈动作和日常生活中的情感表达动作。

三、道具的选择

在学前儿童的韵律活动中，道具一般只在少数、特殊的情况下才被选用。在选择中要注意以下几点：

（1）道具的选择要有助于增强活动的趣味性、有效性，促进对动作和音乐的表现，能帮助学前儿童展开一定的想象和联想，如儿童对事物的专注力持续时间较短，为保持其对韵律活动的兴趣，教师可选择适当实用型小教具，即选择儿童熟悉的生活用品做教具。如韵律活动《洗手帕》，可用儿童自带的小手帕作为教具等。

（2）韵律活动中常常碰到棘手的问题，如儿童的动作方向感差、空间方位感弱、动作与音乐合拍性差等。选择一些巧妙、简单的小教具会取得较好的效果。例如，在需要分辨左右的韵律活动中，可在儿童的手腕或脚腕上戴上象征性的教具（手腕花、手带、小纸贴等），教师在活动中只需要提醒儿童，就可帮助其辨别方向；或者在地面上贴圆圈或某种标志等。

（3）道具的选择要安全、无毒，方便儿童操作，道具的外形要求有一定的美感，不宜粗制滥造，也不宜过于讲究逼真，从而给学前儿童想象的空间。可以自己制作，但要牢固、实用，以免在活动过程中碰坏，造成不必要的活动障碍。另外，道具不宜过大、过重，且使用规则不宜太复杂。

微课

学前儿童韵律活动的目标

任务二　理解且能设计学前儿童韵律活动的目标

韵律活动的目标设计需要考虑学前儿童动作的发展和动作的合乐性，同时也要兼顾学前儿童发展的整体性。本任务将从总目标、年龄阶段目标以及具体活动目标三个方面进行学习。

一、学前儿童韵律活动总目标

（一）认知目标

1. 能够感知、理解韵律动作与音乐的关系，及所表现的内容、情感和意义，并尝试运用创造性的动作、语言和表情进行表现和表达，知道如何使自己的动作与音乐相协调。

2. 能够感知、理解韵律活动中简单道具的使用，并用其表现活动意义。

3. 能够理解在活动中合理占用空间的意义，知道如何运用空间进行创造性的动作表现，并在活动中做到主动与他人一起合理使用空间。

4. 能够理解各种韵律活动形式所需的交往、合作要求，知道如何在韵律活动中与他人交往、合作。

（二）操作技能目标

1. 能够比较自如地运用和控制自己的身体，较协调地做出各种韵律动作，并能够自如地运用自己的身体动作进行再现性和创造性表现。

2. 能够运用简单的道具，并能够创造性地选择、制作和使用道具。

3. 能用简单的舞蹈动作表现自己的情绪或自然界的情景。

4. 能够在合作性的韵律活动中运用动作、表情与他人交往、合作。

5. 能用身体动作或可敲打的物品敲打节拍和基本节奏。

（三）情感与态度目标

1. 喜欢参加韵律活动，积极体验参与各种韵律活动的快乐。

2. 喜欢探索、运用道具和空间知识，并为探索和能创造性地使用感到满足。

3. 积极用身体动作和表情探索、表达自己对音乐的理解，在与他人合作的动作表演活动中获得交往、合作的快乐。

二、学前儿童韵律活动年龄阶段目标

学前儿童韵律活动的年龄阶段目标是根据学前儿童韵律活动总目标而制定的，是针对小、中、大班儿童韵律发展能力所确立的中短期发展目标。由于年龄目标是总目标结合学前儿童年龄特点制订的，既体现了不同年龄阶段的儿童在发展水平上的差异，又体现了各年龄阶段学前儿童发展的连续性，因此对实践具有重要的指导意义。

表 4－1　学前儿童韵律活动的年龄阶段目标

	3～4 岁	4～5 岁	5～6 岁
1.	基本上能按照音乐的节奏做上肢或下肢的简单基本动作和模仿动作。	随着音乐的节奏做简单的上下肢联合的基本动作、模仿动作和舞蹈动作。	较为准确地按音乐的节奏做各种稍复杂的基本动作、模仿动作和舞蹈动作组合。

续　表

	3～4 岁	4～5 岁	5～6 岁
2.	基本上能随音乐变化改变动作，包括变换曲调或在曲调不变的情况下明显地改变力度、速度等。	随着音乐变化改变动作，包括变换曲调或在曲调不变的情况下改变力度、速度、节拍等。	随着音乐的变化较迅速地改变动作的力度、速度等。
3.	初步学习用手、脚等简单身体动作表现歌曲或乐曲的前奏、乐段的开始和结束部分，以及有关的形象、内容、情感。	学习用手、脚及其他简单身体动作表现歌曲或乐曲的前奏、间奏、尾奏，乐段、乐句的开始和结束部分，以及有关的形象、内容、情感。	进一步学习用各种简单的身体动作组合表现歌曲或乐曲的前奏、间奏、尾奏，乐段、乐句的起止和重复变化，以及有关的形象、内容、情感。
4.	积累一些简单的模仿动作和基本动作，学会一些简单的集体舞。	进一步积累一些稍复杂的模仿动作，学些基本的舞蹈动作和集体舞，初步了解一些创编韵律动作组合的规律。	进一步丰富舞蹈动作语汇，了解创编韵律动作组合的规律，学会跳一些含有创造性成分的稍复杂的集体舞。
5.	初步了解道具在韵律动作表演中的作用，喜欢在动作表演活动中使用简单的道具。	进一步了解各种不同道具的特点，能够在动作表演中比较熟练地使用一些简单的道具。	了解更多的不同道具在不同动作表演中的作用，喜欢带有创造性地为不同的韵律活动选择不同的道具，并能较熟练地使用这些道具。
6.	在没有队形规定的情况下能够自己选择便于活动的空间，在空间中移动时不与他人碰撞。	在没有合作要求的情况下，能够根据现有空间情况随时调节自己的活动；在有合作要求的情况下，能够同时兼顾合作伙伴和其他人的状况来调节自己的活动。	努力使用已掌握的空间知识带有创造性地进行动作表演，能够在有更多人参加的合作表演中较好地解决空间分配问题。
7.	愿意参加由教师发起的韵律活动。	喜欢自发地随歌曲、乐曲自由舞蹈，也喜欢参加由教师发起的各种韵律活动。	喜欢自发地随歌曲、乐曲自由舞蹈，积极参加由教师或其他学前儿童发起的创造性韵律活动。

三、学前儿童韵律活动具体活动目标

（一）目标的三个维度

韵律活动的具体活动目标主要包括三个维度：认知目标、能力目标、情感目标。

认知维度主要包括感知乐曲（歌曲）的旋律特点，如活泼欢快、悠扬舒缓等；了解乐段结构，如 ABA、AABB、ABAC 等；对音乐的前奏、尾奏、间奏的正确把握。

能力维度主要包括用基本动作、模仿动作和舞蹈动作表现乐曲中的形象、内容、情感；创编动作，如集体舞的队形，走法。

情感维度主要可以包括感受乐曲本身情感；韵律活动中合作游戏的社会性（合作、竞争、情感交流）。

（二）范例分析与修改

小班韵律活动《和艾玛捉迷藏》

音频资源

《夸大妄想》

夸大妄想

1= D $\frac{4}{4}$　　　　加藤达也　曲

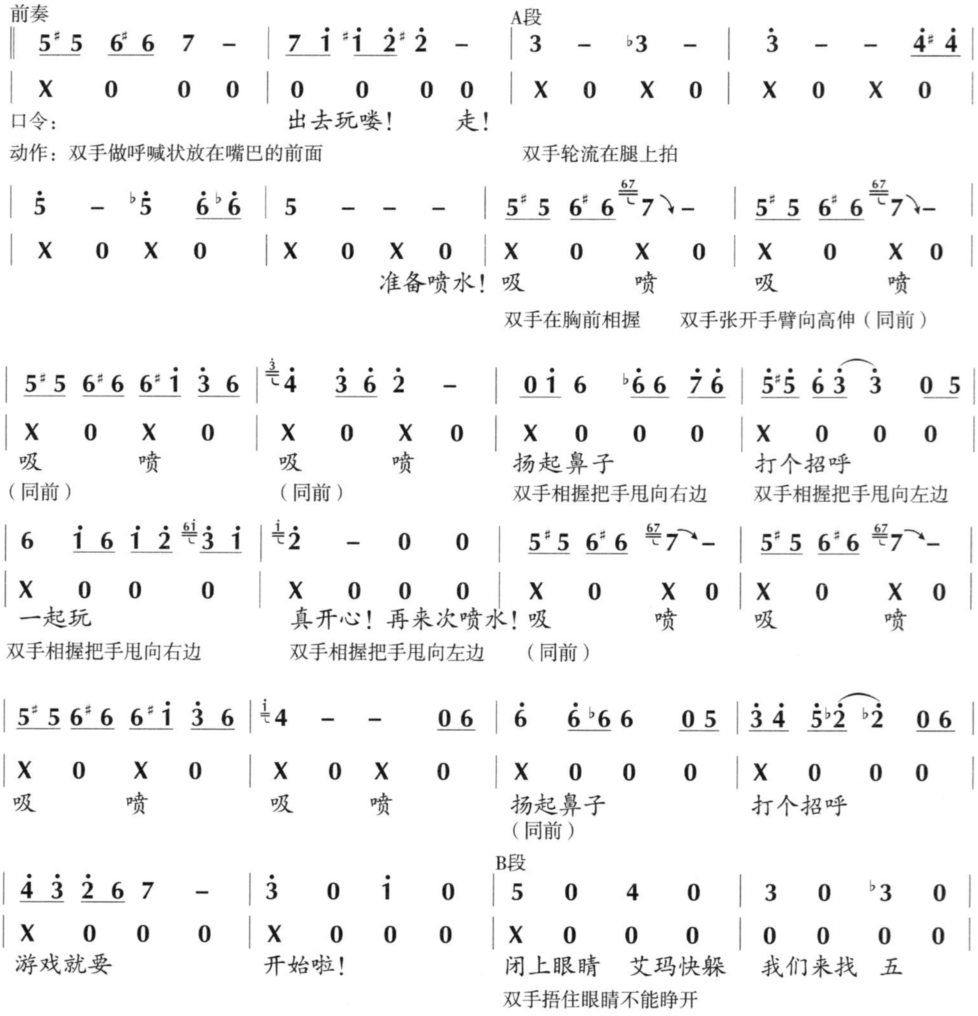

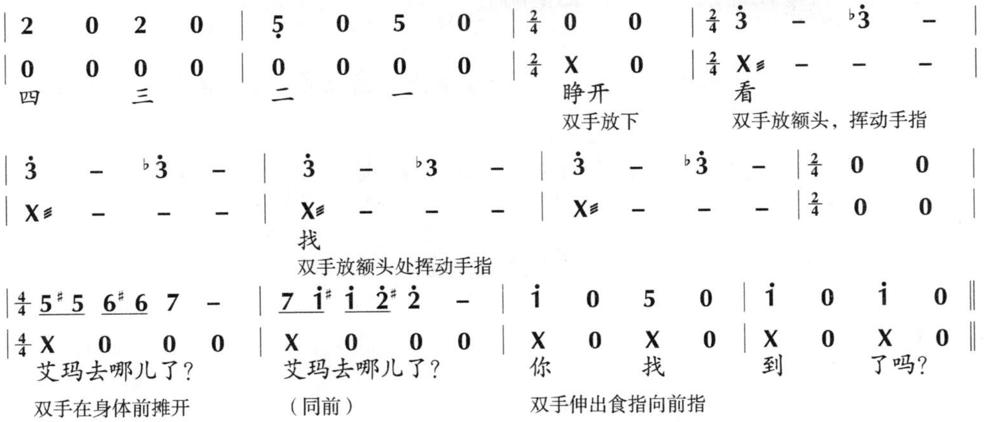

活动目标：

1. 感知乐曲旋律，知道大象可以做的动作，如走、喷水等。

2. 让幼儿愿意参加活动。

分析：

1. 目标1的表述主体是幼儿，目标2的表述主体是教师，未遵循目标撰写表述主体一致的原则。

2. 目标2的表述过于宽泛，适用于大多数的韵律活动，未遵循目标撰写具体可操作的原则。

3. 没有按照三个维度要求撰写。目标1是认知目标，目标2是情感目标，缺少能力目标。

修改后的活动目标：

1. 初步感知乐曲的旋律，知道大象可以做的动作，如走、喷水等。

2. 能创编出向不同方向喷水的动作，完整游戏。

3. 尽量控制自己，愿意遵守捉迷藏不偷看的游戏规则。

中班韵律活动《垫步》

活动目标：

1. 初步学会垫步。

2. 通过学习，感觉两拍子的音乐。

3. 培养幼儿对音乐的节奏感。

分析：

目标中的前两个主语是幼儿，而第三个主语却是教师。另外，三个目标都是针对音乐知识、技能的。这与“要让幼儿在音乐活动中获得全面和谐发展的整体经验”原则不符。再者，第三条目标过于抽象，不便操作、检查和评价。

修改后的活动目标：

1. 用脚的垫动来感受两拍子的音乐。

2. 能够创造性地做出不同的上身动作，并在垫步的每遍音乐中尽量保持上身姿态。

3. 结伴舞蹈时能够迅速结伴，并能够注视同伴的眼睛，与同伴愉快共舞。

大班韵律活动《兔子开火车》

兔子跳跳跳

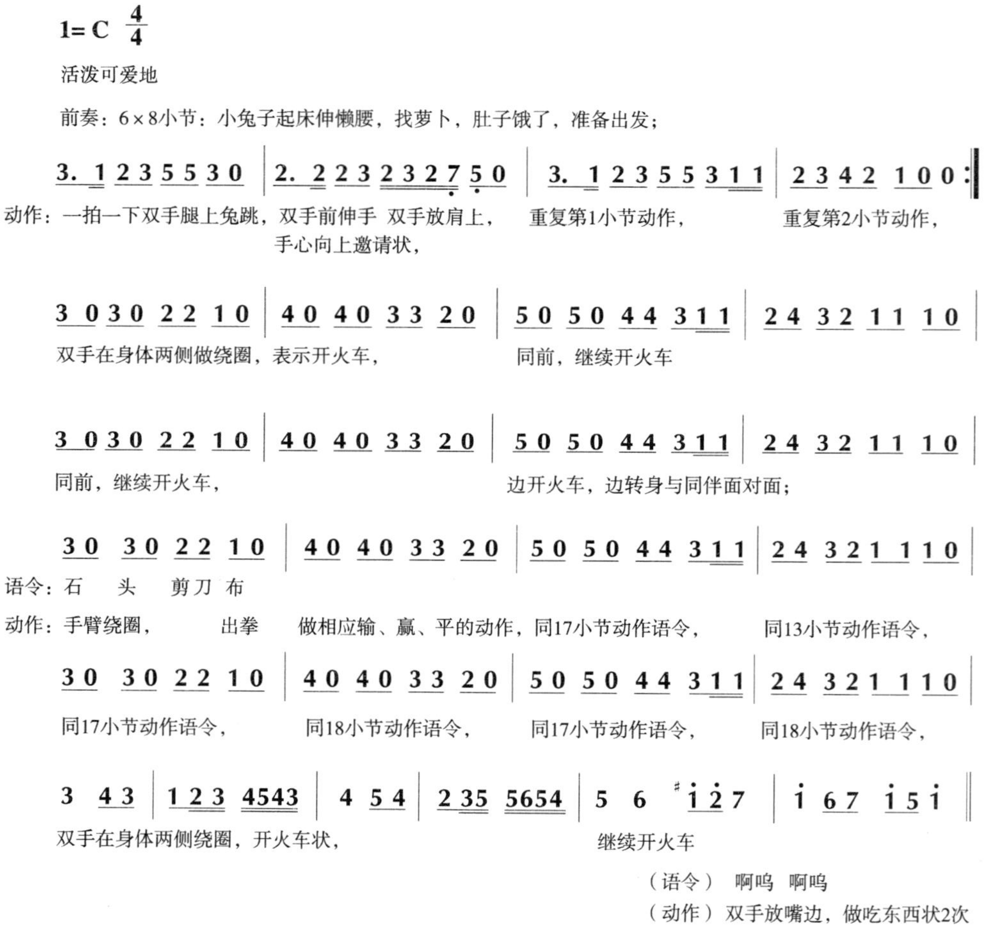

活动目标：

1. 感受歌曲旋律，在《兔子开火车》的音乐中玩游戏。
2. 创编输、赢和同样大小的动作。
3. 享受竞赛游戏带来的成就感。

分析：

目标三个维度齐全且表述主语一致。目标1“感受歌曲旋律”是认知目标，但可以表述得再具体化，“玩游戏”不能够成为目标。目标2是技能目标，写了需要创编的具体动作。目标3是情感目标，除了竞赛成功的成就感，还可加入竞赛失败的情绪调节能力。

修改后的活动目标：

1. 感受乐曲活泼欢快的情绪，知道乐曲是 ABAC 的结构。

2. 创编输、赢和同样大小的动作，自主建构完整的游戏结构，和准音乐节拍玩猜拳的游戏。

3. 享受竞赛游戏带来的成就感、刺激感和愉悦感，自主调节猜拳输掉后的消极情绪。

练一练

请你分析以下目标并对其进行修改。

大班韵律活动《野蜂飞舞》

活动目标：

1. 感受歌曲的旋律。

2. 在教师的示范下，能够跟着老师做动作。

3. 培养幼儿对音乐的节奏感。

任务三　掌握学前儿童韵律活动的设计思路

一、传统韵律活动的设计思路

微课

学前儿童韵律活动的导入方法

（一）导入设计

在韵律活动导入时，教师可采用从回忆和观察导入、从故事导入、从音乐欣赏导入、从动作创编导入、从游戏导入等形式。

1. 从回忆和观察导入的韵律活动

学前儿童可以回忆或观察事物的外部特征或者运动状态，从而创造性地表现活动内容。比如小班律动《网小鱼》，教师组织幼儿回忆或者观察小鱼游的姿态和动作。儿童在充分感知后听着音乐，自由跟随音乐进行小鱼游的律动表演。在这个过程中，教师可以请个别儿童进行表演，引导儿童相互观察、相互学习，教师提炼出踮脚走的动作要领，儿童在音乐中练习踮脚，并用手臂自由模仿小鱼游的动作要领。

2. 从故事开始的韵律活动

绘本蕴藏着教育契机，教师将绘本故事中的闪光点或者趣味点和音乐结合在一起，常常会生成有趣的韵律活动。例如，大班韵律活动《倒霉的狐狸》中，教师可以选取绘本《母鸡萝丝去散步》中母鸡机智地躲避狐狸跟踪这个情节作为第一课时的重点，引导儿童自主创编狐狸在跟踪母鸡时候遇到的各种倒霉事情。在第二个课时中，教师可以选取故事中不同倒霉事情的有趣情节作为重点，引导儿童自主选择不同声效的物品为狐狸与母鸡配音。

3. 从音乐欣赏开始的韵律活动

音频资源

《瑞典狂想曲》

对于音乐结构比较复杂的韵律活动，教师引导儿童完整欣赏乐曲，了解乐曲的不同结构、不同乐段，从而按不同的乐句做出相应动作。比如大班韵律活动《矮人和玉米》，选取《瑞典狂想曲》的一部分供儿童欣赏。教师引导儿童完整欣赏乐曲，感受乐曲 ABA 的结构，然后分段欣赏。在欣赏 A 段时，明确乐曲中“小玉米长出来”的地方，四对小朋友分角色表演 A 段音乐。在熟悉 B 段音乐时，教师邀请儿童一起舞蹈，进行结伴游戏。最后儿童分角色两两结伴进行完整游戏。

4. 从动作创编开始的韵律活动

音频资源

《拥军秧歌》

不同年龄阶段的儿童可以选择不同的内容，尤其在培养儿童即兴舞蹈表现和创编能力上，要特别注意由易到难。在儿童掌握一定动作技巧后，可以发展儿童的动作创编兴趣和动作创编的能力。比如在大班韵律活动《拥军秧歌》中，教师播放音乐，儿童在音乐中自由探讨秧歌的十字步以及甩动绸带或者纸带的动作，然后请儿童交流总结创编中出现的规律，将儿童提议的动作组合带到音乐中去，与儿童一起练习。

5. 从游戏开始的韵律活动

玩游戏是儿童的天性，游戏也是儿童最基本的活动。实践表明：学前儿童对自己感兴趣的游戏连续玩上若干遍，仍然兴趣盎然。这符合儿童的生理、心理特点，因此将音乐和游戏融为一体是可行的教学手段。比如在大班韵律活动《滑稽娃娃》中，教师带领儿童玩“木头人”的游戏，在游戏中引入《小约翰和鞋子们》的故事。然后听音乐初步理解音乐的结构，在熟悉乐曲结构的基础上学习基本身体律动。紧接着儿童创编各种鞋子的造型进行完整游戏。最后儿童分角色进行游戏，一名儿童扮演滑稽娃娃小约翰，其余儿童扮演小鞋子。A 段音乐时，小约翰按照节奏用各种滑稽的方式走路，小鞋子悄悄地跟在后面。B 段音乐时，当约翰回头看时，小鞋子赶紧蹲下变成石头造型不能动。当约翰说“我要一双新鞋子”的时候，就去捕捉小鞋子。小鞋子听到约翰的叫声才能跑回鞋柜里。

（二）熟悉音乐

1. 用身体动作帮助儿童感知音乐

拍腿、叉腰、踏脚、摇动、敲打、走、跑、跳等是学前儿童日常生活中经常使用且易于掌握的动作，反复使用这些简单的动作来配合音乐做律动有利于儿童熟悉音乐、掌握音乐节奏。同时，也可以用些与韵律活动有关的其他动作，如在《有趣的竹竿舞》中，用左右手臂带动手交替上举的动作来让儿童感知音乐节奏，在“腰鼓舞”中可以用手指当作鼓槌，跟着音乐节奏敲打身体的各个部位，这样的方式既有趣，又能帮助儿童很好地掌握音乐的节奏。

2. 借助多媒体技术帮助儿童感知音乐

多媒体技术以其鲜艳的色彩、多变的动态画面、声音的配合，有效地吸引儿童的注意力，从而提高他们的兴趣。运用多种现代手段，对信息进行加工处理、显示与再现，虚拟、仿真与动画技术的应用，可以使一些在普通条件下无法实现或无法观察到的过程与现象生动而形象地显示出来，这样就增强了儿童对音乐的理解。

3. 借助文学来帮助儿童感知音乐

音乐的旋律是有结构和变化的，教师要有意识地引导儿童将音乐的结构与文学的情节进行匹配。这种融合能够帮助儿童理解、掌握音乐的形象和其表达的情绪，促进儿童内心的想象、联想活动，获得整体审美经验。如韵律活动《皇帝的新衣》中，教师借助这个儿童熟悉而又喜欢的童话故事进行活动设计。教师所选的音乐作品的结构为 ABA′式，其中 A 段和 A′段为相近旋律，A 段表现皇帝穿新衣，B 段表现大臣奉承皇帝，A 段表现游行场面。借助文学作品，儿童很快就辨认出音乐的乐段，并在表演中自然地去模仿不同人物的表情和动作。

（三）创编动作

从广义的定义来说，幼儿园所有伴随音乐进行的身体艺术表现活动，都应该是富有创造性的韵律活动。从狭义的定义来说，这里特指以发展儿童的创造性为主要教育教学目标的韵律活动。具体分为三类：创编动作、创编动作组合、提出其他创造性意见或建议。

1. 创编动作

与此有关的方法主要有“自由的即兴表演”和“有引导的动作创编”两种。

(1) 自由的即兴表演，是指用新颖、富有个性化的动作即兴随乐表演。可以表现整段音乐，也可以仅在某个乐段或乐句中自由表演，其他乐段、乐句则完成规定的统一动作，如创造性合作表演——《雾》。具体步骤为：

① 教师有感情地朗诵一首小诗：雾/慢慢地落下来了/轻轻地盖在猫咪的爪子上/在雾里/小河睡了/小桥睡了/小鸟睡了/小树睡了/大地也睡了/雾/慢慢地升起来了/轻轻地离开大地/阳光里/小树醒了/小鸟醒了/小桥醒了/小河醒了/猫咪的爪子也醒了。

② 教师请一部分儿童自由结伴，想象自己是小桥、小河、小鸟、小树，以及其他各种相依相伴的事物并造型，另一部分儿童想象自己是雾，从天上轻轻地、慢慢地飘落，温柔地“盖”在小河上、小桥上。

③ 教师播放一首像“雾”一样轻柔、飘逸、充满温情的音乐，让儿童随乐即兴合作表演。

④ 教师组织儿童分组随乐表演，并相互观摩。选择其中特别独特的即兴创作动作进行集体的模仿学习。

(2) 有引导的动作创编

教师首先向儿童提供某一种或几种改变原有动作的思路，然后再通过分析自己或儿童提供的范例来逐步引导全体儿童学习怎样更好地进行动作创编，如中班律动《手腕转动》。具体步骤为：

① 教师带领儿童一起随音乐复习手腕转动（翻手腕花）的动作。

② 教师提问：“手腕除了在身体前面转动，还可以在哪里转动呢？”启发儿童从不同的方位转动手腕。

③ 如果儿童将几个方位的手腕转动都创编出后再也想不出新的动作时，教师可以提供一个新的范例，如拍一下手再转一下手腕，引导儿童讨论教师的动作有什么变化，以此启发儿童在原有动作的基础上，采取增加某个动作的思路来进行创编。改变原有动作的思路有多种，就《手腕转动》来说，可以有以下思路：保持运动方式，变化姿态，如不同姿态上的手腕花；保持姿态，变化节奏，如快节奏地转或慢节奏地转；保持姿态和运动方式，变化空间水平状态，如跪式、立式等；可以有移位和不移位的手腕转动方式；可以有个人的和结伴的手腕转动方式；可以做对称的手腕转动动作。

当然，一个独立的创造性韵律活动学习时间总是有限的。教师不可能也没有必要一次性倾尽自己已经掌握的所有思路，给儿童灌输过多的“营养”。在创造性韵律活动中，教师应该遵循的一个原则是：适度地把握创编的时间和创编的数量，以此保证儿童能在活动中获得舒适愉快的学习体验（儿童不感到过度疲劳和厌烦）。

2. 创编动作组合

（1）按情节创编

按情节创编是指教师首先向儿童提供将要表现的故事情节，然后再引导儿童学习如何用相应的动作来表现这些情节，如小班《小鸡出壳》的韵律活动。

音频资源

《小鸡出壳》

小鸡出壳

1= ♭E $\frac{2}{4}$

王庭 词

李嘉评 曲

具体步骤为：

① 教师向儿童讲述故事情节：鸡妈妈生了许多鸡蛋，小鸡们躲在蛋壳里睡着了。过了几天，小鸡醒了，它们揉揉眼睛，伸伸懒腰，终于顶破蛋壳，钻了出来。饿了几天的小鸡跟着妈妈在草地上边走边学找食吃。

② 引导儿童探索小鸡在鸡蛋里睡觉的模仿动作，并随教师哼唱的乐曲合拍地练习。

③ 采用上述同样的方法引导儿童依次探索小鸡揉眼、破壳而出、边走边找食吃等模仿动作，并随教师哼唱的乐曲合拍地练习。

④ 跟随教师哼唱的乐曲，完整地用上述动作表现小鸡出壳的情节。

⑤ 跟随录音音乐完整地表演。

(2) 按音乐创编

按音乐创编是指教师首先引导儿童感知体验音乐的结构与情感，然后再引导儿童学习如何用相应的动作来表现这些结构与情感，如中班韵律活动《蝴蝶找花》。

蝴蝶找花

童　友　词
汪　玲　曲

1=D $\frac{6}{8}$

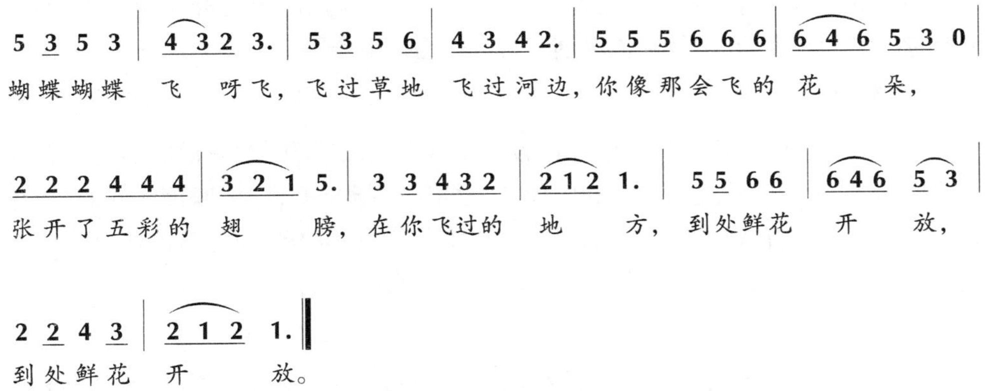

具体步骤为：

① 教师组织儿童倾听音乐，感受音乐优美抒情的旋律。

② 教师带领儿童一起随音乐按乐句画弧线，表示乐句的长短。

③ 引导儿童创编蝴蝶飞舞的动作，并在每句末尾处摆出蝴蝶静止的造型动作。

④ 出示盆花(或纸花)，鼓励儿童按乐句边飞舞边找花，并在句末处摆造型，以此体会乐句感。变化盆花的位置，让儿童感受：音乐长短不变时，距离远就要快移动，距离近就要慢移动。

3. 提出其他创造性意见或建议

提出其他创造性意见或建议一般都渗透在各个韵律活动之中，不会作为单独的韵律活动来安排。与此相关的方法主要有：

(1) 给儿童对学习中的程序或方法问题提出意见或建议的机会；

(2) 给儿童对韵律活动的队形变化或人际交流方式提出意见或建议的机会；

(3) 给儿童分组、角色分配、道具使用等有关问题提出意见或建议的机会。

微课

学前儿童集体舞的内涵及动作设计

(四) 集体舞设计

韵律活动表现形式分为独舞式、双人舞或三人舞式、群舞式(集体舞)。独舞式是一个人独立做带舞蹈性的韵律活动，或在众人一起表演的情况下与他人的动作不同。双人舞或三人舞式是指由两人或三人组合，相互配合做韵律动作。

集体舞是一种集体娱乐的歌舞形式，参加人数不限，但要求成双结对，一般应在短小歌曲或音乐伴奏下进行，学前儿童在规定的位置、队形上做简单的统一、相互配合或自由即兴的舞蹈动作，是一种强调在队形变化中进行人际交流的舞蹈类型。集体舞具有娱乐性、群众性、参与性特点。学前儿童在简单的动作练习、丰富的队形变化中进行情感的、体态的、非语言的交流，从而获得运动和交流的快乐。

集体舞一般按照队形划分，主要有自由空间集体舞、圆圈集体舞、线条状集体舞三大类。自由空间集体舞也称散点；圆圈集体舞分为单圈舞、双圈舞和三圈舞；线条状集体舞包括直线、曲线、多线。

集体舞的创编有其独特之处，除了编动作外，还涉及队形与舞伴交流的问题，因此有一定的难度，在进行集体舞创编时应遵循以下步骤：

1. 确定内容

集体舞内容的确定有时根据形式的需要，有时根据音乐的情况而定，所以往往与选择形式、选择音乐交织在一起。但首先要明确指导思想，是偏游戏性的，还是偏友谊性的；是在自娱中巩固已学的知识和技能，还是培养学前儿童的集体合作意识。总之，集体舞的内容要在具体意愿的指导下确定。

2. 选择音乐

儿童歌曲和乐曲都可以作为集体舞的音乐材料。在选择音乐时，应首先考虑音乐是否简短形象、舞蹈性强，在舞蹈过程中是否能进行交流与合作，这是由集体舞反复进行、交换伙伴、富有动感的特点决定的。其次，要与集体舞的内容、类型契合，情绪以轻松愉快为主，节奏明快，旋律流畅，歌词朗朗上口，这样便于儿童记忆和变换动作，如《洋娃娃和小熊跳舞》是一首轻快活泼、生动形象的儿童歌曲，主要节奏型充满动感，歌曲的名字清楚地传达了交流与合作的信息。有些音乐经过奇思妙想也能挖掘出集体舞的潜在因素，如《Do Re Mi》，七人在单圈上分别做由低到高的舞姿造型，代表“1—7”七个音符，巧妙地提出了即兴合作的要求，错落有致的舞姿造型增强了歌曲的舞蹈性，具有较强的视觉冲击力，可谓匠心独运、别出心裁。显然，选择集体舞音乐，关键是要善于挖掘其中适合集体舞的潜在因素，使音乐符合舞蹈的要求。

音频资源

《Do Re Mi》

3. **选择类型**

集体舞的类型丰富多样，有自由队形、圆圈舞、链状舞、行列舞等，不同的类型具有不同的目的和效果。因此，在编舞之前，首先要明确内容和形式，集体舞的形式与内容是紧密相连的。在选定音乐后，就要考虑用何种方式表演，包含两种角色形象的音乐比较适合跳双圈舞，如《洋娃娃和小熊跳舞》；按歌词提示或旋律特点确定表演方式，如《兔子舞》中最后一句“请你也来跳跳”，明确提示跳邀请舞比较合适；按学前儿童的年龄特点选择表演方式，小班以邀请舞居多，中班可加入单圈舞，双圈舞比较适合大班。

4. **设计动作**

音乐内容、风格及旋律的特点是创编集体舞的重要依据。集体舞强调交流性，对互相交流、合作的能力提出要求，动作简单且多反复，以训练基本舞步与模拟动作为主，上肢动作变化相对较少，如“踵趾邀请舞”是以一换一的方式进行的，前三句邀请者在中间反复做踵趾后踢步，双手交替叉腰和拍手，最后一句与舞伴一起做踵趾后踢步“邀请式”和拍手，最后两拍互换位置。这个舞蹈主要练习踵趾步和后踢步，在相互邀请中完成合作与交流，体现了集体舞动作多反复、重交流等特点。为了给儿童一定的想象与创造空间，有时可让他们即兴编配相互合作与交流的动作，自主选择基本舞步，儿童沉浸在自由想象中倍感兴奋，其乐无穷。

5. **队形位置的变化安排**

学习集体舞的最终目标是促进学前儿童之间的交流。因此，与其他舞蹈形式的队形变化不同，集体舞中的队形变化是为了提供更多的人际交流机会，增进儿童之间的交流。小班儿童跳集体舞时，一开始可以没有队形，散点跳，也可以进行单圈集体舞，以邀请舞居多，学会以后再提高难度。中班下学期开始，可以进行双圈集体舞。大班儿童跳双圈舞较多，形式上纵队舞、链状舞都可以，没有统一的规定，在某一环节掌握较好的情况下可以加大难度。

在队形变化的基础上，对音乐、动作的要求可降到最低。设计时要注意音乐、动作的结构是简单的、多重复的，变化的频率不要太快，切忌动作过多、复杂，如一会儿顺时针转圈，一会儿逆时针转圈，由于儿童对变化的队形要有一个表象的、思考的环节，因此队形变化的方向要一致。

在创编集体舞时要注意符合以下基本要求：

（1）内容和形式符合学前儿童的身心发展水平；

（2）音乐结构规整，便于整齐变化动作；

（3）动作简单，多重复，变化频率不要太快；

（4）情绪活泼，娱乐性强，交流性强。

拓展阅读→

圆圈集体舞

一、知识点

1. 概念

圆圈集体舞是幼儿集体舞中最常用的类型，参与者手挽手围成圆圈，做简单的律动动作或相互交流的动作。

2. 常见形式

圆圈舞的形式非常多，有单圈舞、双圈舞、三圈舞。

(1) 单圈舞是参加者站成单圈，可面向圈里或面向圈上，面向圈上时可同一方向(逆时针或顺时针)站，也可相邻的人两两相对。

(2) 双圈舞是参加者站成双圈，可面向圈里或面向圈上，面向圈上时可同一方向(逆时针或顺时针)站，也可里圈和外圈的人相对。

(3) 三圈舞是参加者站成三圈，可面向圈里或面向圈上(逆时针或顺时针)站。

二、技能点

1. 交往模式的运用

世界不同文化背景的集体舞蹈已经在结交和交换舞伴方面积累了丰富的经验，下面介绍几种常见儿童圆圈舞的交往模式，即舞伴交换、交流的方式。

(1) 单圈舞常见的交往模式：两人拉手—交换位置—分别向后转；两人拉手—向各自的前方走，S形左右交替。

(2) 双圈舞常见的交往模式：里圈不动，外圈向右移动一个人的位置(或相反)里圈不动，外圈从下一个里圈朋友身后绕过，再与其面对面(也可相反)；里圈不动，外圈S型绕过一个人的位置，与第三个里圈朋友面对面；里、外圈斜对的舞伴握手、转身，内圈变外圈，外圈变内圈。

(3) 三圈舞常见的交往模式：中圈儿童向前移动一个人的位置，内圈、外圈儿童向前移动一个人的位置。

2. 创编圆圈集体舞的一般步骤

(1) 确定内容和形式。在创编之前，首先要明确主题和形式，主题要符合音乐的内容，形式要鲜明，不要第一段单圈，第二段又变成其他队形。通常情况下，根据学前儿童的年龄特点，小班以单圈舞居多，双圈舞和三圈舞比较适合大一些的儿童。

(2) 选择音乐。儿童歌曲和乐曲都可作为圆圈集体舞的音乐材料。音乐形象要鲜明，结构要尽量规整，乐段要多重复，便于反复进行。

(3) 设计动作。音乐内容、风格及旋律的特点是创编集体舞的重要依据，集体舞强调交流性，对互相交流和合作能力提出要求，因此在设计动作时要考虑两点：一是创编符合音乐形象的动作，多以律动动作为主，简单且多反复；二是设计换朋友的方式，选择的交往模式要同音乐节奏吻合，尽量多留出节奏和朋友互动，这样可以使儿童之间充分交流，常用的互动方式有握手、打招呼、拥抱以及表情等。

二、游戏化韵律活动的设计思路

（一）总流程

微课

学前儿童韵律活动的设计总流程

一般情况下，设计学前儿童韵律活动方案时应该遵循以下循序渐进的总流程：故事—动作—音乐—其他。

学前儿童根据自己的生活经验识别事物的意义或价值，动作是他们认识事物和表达对事物认识的最主要和最重要的媒介。在意义—动机、行动—认识等基础性问题基本解决之后，创造性的表达和表达技能的历练和提升，才可能成为儿童主动追求的目标。在展开这样总的设计流程时，一般可以遵循以下基本操作步骤和方法（见图 4－5）：

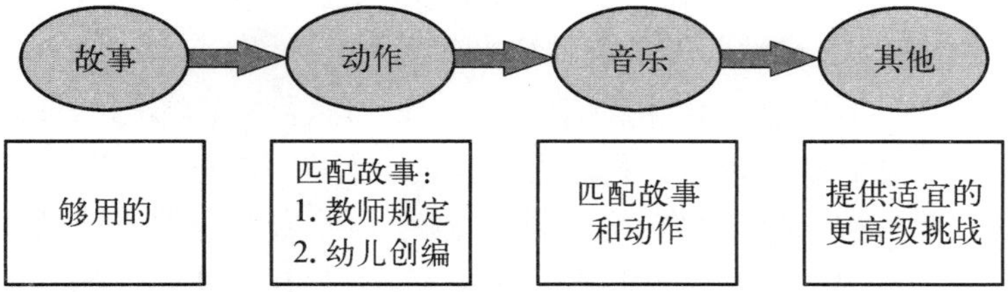

图 4－5　游戏化韵律活动流程

1. 为音乐配相应故事

一般情况下，故事内容应该仅仅包含必须要表现的情节，尽量避免繁复的装饰，必要时可为突出“亮点”情节，添加少量情绪性渲染。一般应当在 30 秒至 1 分钟之间把故事讲完。必要的时候，如配着游戏的音乐来讲故事或用与幼儿互动的方式共同来讲述故事，也可以适当将“故事时间”增加到 2～3 分钟。一般情况下，“故事时间”加上“动作时间”一共需要的总时间，应该被控制在活动全程的 1/5 时间段以内。也就是说，小班不超过 3 分钟，中班不超过 5 分钟，大班不超过 6 分钟。如果导入的时间过长，占用了主要内容学习的时间，还没有等到进入主题，学前儿童就已经开始疲劳了。

讲故事的时候，教师需要声情并茂，适当运用面部表情以及形体动作，必要时还需做适当的移动。这样不但能够更好地激发学前儿童的参与兴趣，而且还能够更好地帮助儿童理解和记忆将要表演的故事情节。

2. 为故事配相应动作

在引导学前儿童为故事的相应情节编配动作时，教师一定要注意：第一次用来帮助感知应用的表演动作一定要尽可能简单——简单到该年龄儿童基本可以轻松自如地跟随教师正确表演，不会感到有负担，而且一般应该取坐姿的上肢动作。由于音乐对于儿童是基本陌生的，感知的过程中本身就会产生比较重的认知负担，如果故事以及动作的认知任务没有能够充分完成好，已经遗留下了一定的认知和技能负担，感知音乐的负担就会加码，审美体验和享受的流畅性就会大打折扣，儿童的学习兴趣也就被大打折扣了。取坐姿的上肢动作，能够在做到简单易操作的前提下，充分保证儿童情绪和注意力的稳定性，避免发生儿童过度兴奋不能自制的状况，也能够避免因教师抑制儿童的过度兴奋而引发师幼关系紧张的状况。

该步骤中编配的新动作，既可以采用教师规定的动作，也可以采用儿童创造的相应动作，还可以采用教师和儿童共同创造的动作。引导儿童参与创编时，一般有了一个可用的动作，便不宜再征求另外的建议，以免耗费过多时间。

3. 跟随音乐完整做动作

该步骤一般应该是教师直接带领全体儿童跟随音乐做动作。学前儿童在此步骤中仅仅只是模仿教师做动作。一般情况下，这种随乐模仿动作练习需要进行2～3 次。如果超过 4 次儿童还不能够做到比较独立、流畅地完成，即说明很可能是动作设计难度过大，或教师的示范讲解出现问题。

一般情况下，动作设计和模仿感知练习应该是跟随整首音乐的，即跟随整首音乐做动作，感知、熟悉整首音乐。我们把这样的设计称为“先分层”，而且步骤 3 所实施的仅仅是第一层，又可称为“初始层”。这个初始层非常类似绘画的人最初用铅笔在画纸上勾勒出的基本形象框架。进入步骤 4 以后才能够开始将形象逐步丰满清晰起来。这样既不会影响音乐、故事、动作集成的整体审美流畅性，保障儿童的审美愉悦感，又可以在整体反应习惯建立的基础上，避免在步骤 4 的各种新的游戏表演要素增加进来之后，造成音乐、故事、动作之间的衔接困难。

4. 其他

在学前儿童能够通过努力逐步达成活动目标范围内，逐步提升动作表演的难度，增加人际合作或竞争，根据模仿习得的框架进行创造性表达，加入乐器、道具的使用，进行队形变化、环境创设等更具创意的活动。

这个步骤应该由许多更细小的步骤组成。特别需要提醒的是，每个细小的步骤中，一般只能增加一个新的活动目标，如果是多段体音乐，通常新内容可能只增加在其中的某一段中，我们把这种设计称为“后分段”。而且这时候教师一般都需要根据新增内容的难易来决定：是单独将增加了新难度的段落提取出来专门学习后再完整练习，还是直接加入整体内容进行练习。如果是前者，我们通常将之称为“难点前置”。另外，如果需要难点前置，教师还需要考虑，这个难点是前置到本次活动之前，还是本次活动的开始，还是本次活动的中间，即直接安排在步骤 3 后面。有些难度大一点的内容，或儿童经验不足的内容，可能会在整体表现的过程中出现“障碍”，影响儿童审美体验的流畅性，造成愉悦体验的损失。在儿童精力比较充沛、注意力比较集中的时间段内重点解决了这个问题，便可能更好地保障后续的愉快学习和愉快享受。当然，还必须注意的是，如果花费了 1/5 的时间仍旧不能够解决问题，就需要考虑可能难度过大了。

(二)“空间安排”的流程设计

微课

学前儿童韵律活动空间安排的设计流程

在幼儿园集体韵律活动中，一般情况下多用半圆、圆圈的空间安排，以便每个儿童都看到教师以及其他同伴的示范或创意表演。同时，教师也能够全面观察了解全体儿童学习的情况。一般情况下，安排圆圈空间时教师应该与儿童同样坐在圆圈上，做示范也应该在圆圈上。这两种空间安排的另外一个优点是教师可以随时平等地与圆圈上的任何儿童目光交流，让儿童感受到教师的关怀与鼓励。

在开始新内容学习的时候，一般情况下需要从比较稳定的体位状态逐步根据需要进入不太稳定的体位状态。在步骤 3 之前，除非必要，都应该从坐在座位上做简单律动动作开始。至于步骤 4 是否立即开始起立或移动，要看具体情况。

具体步骤设计先后顺序可参考以下内容：

1. 坐在座位上做动作(用半圆、圆圈的)

原则：尽可能简单的动作，能轻松自如地跟随教师做正确的表演。

(1) 先上肢；

(2) 再下肢；

(3) 再上下肢联合。

2. 站在座位前原地做动作

(1) 先上肢；

(2) 再下肢；

(3) 再上下肢联合。

3. 在自由空间状态下做动作(可走动、可结伴)

(1) 先原地，后移动；

(2) 先独立，后结伴。

4. 在队形中做动作

(1) 先不变队形，再变队形；

(2) 先不换伴，再换伴；

(3) 先一队移动一队原地不移动，后同时移动；

(4) 先直线移动，后曲线移动。

在初学阶段，需要学前儿童沉着冷静，注意集中观察，思考、记忆、再现。过早移动，容易分神，容易过度兴奋，容易相互干扰，造成不必要的生理和心理上的混乱。下肢以及上下肢联合动作比单纯上肢动作困难；移动比原地困难；结伴比独立困难……按照循序渐进的方式安排空间状态，学前儿童不容易感到焦虑，容易感到从容。

另外，如果儿童年龄比较小，游戏活动中又包含“一人追多人跑”的内容，需要设计成：一跑就回到座位上坐好。类似活动的变式是：原地站好造型或原地蹲下；立刻两人或多人结伴造型。这时，追逐便会立即自然停止。安全需要和好胜需要都决定了儿童会因为过度紧张而过度兴奋，一是比较容易造成负面情绪体验，二是容易造成身体伤害事故，三是不利于培养儿童沉着淡定的性格。

微课

学前儿童韵律活动中“配合表演”与“合作方式教学”流程设计

(三)“配合表演”的流程设计

“合作”是学习汇总游戏快乐体验的重要来源之一,不管是配合性的合作还是竞争性的合作,每每出现这样的内容,学前儿童都会立刻眼睛闪亮起来。但是有经验的教师也都知道,如果把握不好,合作的韵律活动,特别是儿童两两结伴或小组配合的内容也经常是最容易造成混乱的内容。

1. 流程设计的总原则

(1) 合作内容的活动流程一般应该在步骤 4 以后,完整随乐律动已经比较熟练的情况下才能开始。

(2) 一定要通过示范让每个儿童都理解和记住合作的具体流程与方式。

(3) 一定要让每个儿童都有充分的机会通过操作来理解和记住。

(4) 必要时可以与儿童通过辨别和讨论来澄清不易理解的内容。

(5) 必要时可以通过教授一些策略来帮助儿童记忆不易记忆的内容。

注意:年龄越小的儿童,描述和讨论等活动持续的时间越要控制在相对更短的范围之内。

2. 流程设计选用的具体步骤

(1) T—S 众(教师和全体儿童做互动)

在合作方式比较简单的情况下,教师首先担任主动和先开始的合作方,请儿童担任能够根据教师动作直觉反应的合作另一方,跟随音乐完整进行互动。在儿童明确了教师动作的含义和方式以后,教师再与儿童互换角色。具体范例如下:

《小雨和花》:教师先当小雨,A 段音乐小雨落下,亲吻小花(儿童担任小花,只需摆一个花的造型即可);B 段音乐小雨给小花喝水,左右移动双臂(儿童只需用身体和嘴巴跟随教师的手臂移动即可)。

《螃蟹和小虾》:教师先当小虾,B 段音乐儿童双手打开,教师将手伸进儿童两手之间,儿童双手即将合拢时,教师将自己的手迅速抽出(A 段音乐时师幼都表演故事的叙述者)。

《农民和害虫》:教师先当播种的农民,全体儿童当害虫,B 段音乐教师在儿童摊开的手心里播种,第五次播种的时候教师表示发现害虫,将自己的手迅速抬起,同时请儿童用手追捉教师的手,表示害虫追捉农民手上的种子(A 段音乐时师幼都做简单的拍手律动表演)。

《大战牙细菌》:教师先当牙细菌或者爱吃糖的小朋友,牙细菌和小朋友假装啃咬牙齿或吃糖的时候,儿童自然随意做出被动反应即可。

(2) T1—T2

当儿童年龄比较小或互动模型比较困难的情况下,可以采用教师和另外一名教师做互动示范。

(3) T1—S1

教师和一个儿童做互动示范尝试。因为这也具有示范的性质,教师需要用比较慢的速度来同时指导该儿童和全体儿童。

（4）T1S1—T2S2

两位教师各带一个儿童做互动示范尝试。

（5）S1—S1

请一对反应较快、能力较强的儿童做互动示范尝试。

（6）S2—S2

请一对反应较慢、容易出问题的儿童做互动示范尝试。请其他儿童参与点评，增强认识水平；同时也检验评估前面的活动是否已经使全体儿童都基本了解。

在该步骤中，教师指导两组儿童的同时，必须引导所有儿童加入评价，只有这样做，才能更有效地激发儿童主动努力去理解游戏中的互动流程与方法。儿童两两相对进行合作互动之前，必须保证每个儿童都能够基本独立、正确地进行反应，如果不能够真正做到每个儿童都基本独立、正确地进行反应，哪怕是少数儿童的模糊的认识和错误的行为，也会通过互相影响，造成更大面积的迷茫、焦虑和混乱。

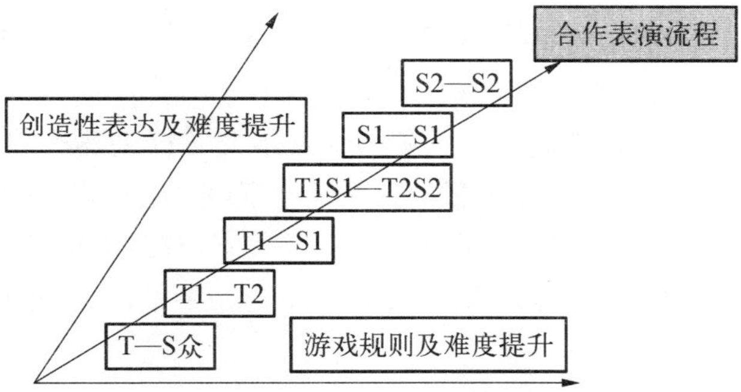

图 4－6　音乐教学游戏化“合作表演流程”

以上步骤并非每次活动必须具备的步骤，教师可以根据儿童年龄以及班级的实际基础灵活选用。

（7）自由结伴互动或规定结伴尝试互动。

（8）连续玩游戏，在间奏部分交换同伴。

三、学前儿童韵律活动的指导要点

（一）重视培养学前儿童对韵律活动的兴趣

在韵律活动中，有些教师往往追求动作的整齐、规范、统一，而忽视了学前儿童在活动过程中的情感体验和态度倾向。其实，学前儿童对做的“过程”比对做的“结果”更感兴趣。因为做的过程给学前儿童带来了无比的满足和精力的释放，儿童的许多创造性行为就表现在尝试和熟悉事物的活动过程中。因此，在韵律活动中，教师不能过多重视活动结果，而忽视活动中儿童创意的表现。也许，学前儿童的表现是凌乱的、幼稚的，但却是儿童创造火花的闪现，需要教师及时捕捉和细心呵护，使之燃烧得更亮、更旺。

在韵律活动中，应尽可能地激发学前儿童内部对活动探索的兴趣，并接纳每一个儿童不同的、多元的、可变的、有相当自由度的创意。如在大班韵律活动《爆米花》中，教师启发儿童把自己想象成一粒米，在微波炉中变热、膨胀，接着让“米粒”和“米粒”之间互相碰撞、翻滚、旋转，最后，“爆米花”在翻腾中听到音乐的结束拍，立即保持造型静止不动，这个韵律活动虽然没有新颖有趣的教具，却始终使儿童兴趣盎然。当专注于舞蹈动作的创编，尤其是表现“米粒”之间的动作时，几乎每个儿童都有自己独特的、夸张的舞蹈动作。这种源于儿童内部的探索、创造兴趣，既能让儿童深入韵律活动中感受音乐的美妙和动作的趣味，又能让儿童产生积极的内部需求，主动地进行活动。

（二）发展学前儿童的艺术表现力

1. 发展儿童动作的随乐性

发展儿童动作的随乐性，主要有以下五种方式：

(1) 伴随儿童动作，教师自己哼唱或弹唱，有助于增强儿童主动与音乐相一致的意识。

(2) 启发儿童边唱边做动作，有助于儿童熟悉音乐和明白音乐与动作之间的关系，形成音乐与动作同时反应的意识。

(3) 随较熟悉的音乐做动作。教师可经常给儿童提供熟悉的音乐作品材料，使儿童随乐进行韵律活动，其主要目的是减轻儿童对陌生音乐的探索负担。

(4) 韵律活动动作组合应简单、重复和具有美感，有助于儿童记忆和表现。

(5) 引导儿童的动作与音乐情绪、风格和结构相一致，提高儿童的音乐感受能力和理解能力。

2. 发展儿童动作的协调性

发展儿童动作的协调性，主要有以下五种方式：

(1) 营造轻松愉快的学习氛围，减轻儿童的紧张情绪和认知负担。

(2) 由慢速开始，采用儿童最能接受的进度，逐渐加快速度。

(3) 采用儿童的自然动作作为过渡，逐步引导儿童将自然动作演变为艺术化动作或舞蹈性动作。

(4) 将难度大的动作进行分解教学或“托管”式教学，即儿童可随教师、同伴自然学习动作，逐步掌握动作要领。

(5) 科学安排循序渐进式的动作学习序列，遵循儿童动作技能发展规律。

3. 发展儿童动作的表现性

发展儿童动作的表现性，主要有以下三种方式：

(1) 提供各种有利机会，让儿童进行观察，如观察教师的动作示范，观看视频、动画片等。

(2) 启发、鼓励儿童的创造性和想象力，如向儿童提供平时周围环境中不易看到或不易接触到的事物和景象，拓宽其想象空间，激发其创造欲望。

(3) 利用艺术通感效应，激发儿童进行动作表现，如在美术、文学作品的激发下，鼓励儿童用动作感知和表现其内心感受。

（三）创新活动方法

在韵律活动中，一些教师往往把现成的作品教给儿童，较少注重儿童主动性、创造性的培养。教师所重视的往往是技能的训练，所采用的活动方法、模式机械固定。这既忽略了学前儿童对音乐的感受，又忽略了儿童的创造性表现，还违背了音乐教育要尽可能发挥音乐之优势来达到促进学前儿童全面发展的教育目的。因此，应灵活采用多种活动方法，融合多种模式的优势，充分发挥儿童创造的天赋，提升儿童的音乐素养，真正实现韵律活动的价值。例如，某位教师在充分了解儿童的基础上，采取了替换法、联想法、游戏学习法、图谱表现法、多通道参与法等行之有效的方法。特别是教师用图谱表现法将复杂、枯燥的韵律活动变得简单化、直观化、形象化，便利了儿童的学习。

（四）注意活动过程的动静交替

根据学前儿童身心发展特点，教师应选择科学、合理的韵律活动指导方法，尽可能采用多元化的手段刺激儿童的大脑皮层，使之较长时间保持兴奋。活动过程所遵循的基本原则是动静交替，即大小运动量交替、熟悉与变化交替、思考与表现交替、不同活动媒介交替。

教师应注意观察学前儿童的表现，调整活动程序。当活动的动态达到一定量或持续一定时间后，儿童容易进入疲惫状态，学习会受阻，这时教师可调整成静态的方式让儿童松弛下来。

表 4－2　韵律活动不同阶段的儿童状态及教师做法

不同阶段	儿童状态	教师做法
韵律活动前期	身心处于未被唤醒的状态	可通过有效的导入（故事、猜谜、歌谣等），调动儿童主动学习的积极性
韵律活动中期（偏前期）	注意力达到高峰状态	应及时抓住这一关键时期，解决活动中重、难点问题，如练习韵律活动中的动作
韵律活动前期（偏后期）	注意力保持的心理线开始波动	通过变换式动作练习或提供新刺激，激发儿童兴趣，使其保持注意力
韵律活动后期	身心处于较为疲惫的状态，注意力逐渐下降	不要在此时提出过多或过难的新问题、新要求，应保证儿童在轻松、愉快、安全的氛围中结束韵律活动

任务四　设计学前儿童韵律活动的活动方案

大班韵律活动《帽子舞》

活动目标：

1. 根据音乐有节奏地传递帽子，感知乐曲中的重音。

2. 感受乐曲的曲式结构，在第二段部分能自由创编合拍动作。

3. 欣赏同伴的舞蹈，感受音乐、舞蹈、表演融为一体的美。

音频资源

《墨西哥帽子舞》

活动准备：

1. 经验准备：已有传乐器的经验，对《墨西哥帽子舞》的曲式结构有所了解。

2. 物质准备：音乐《墨西哥帽子舞》《摇篮曲》、图谱。

活动过程：

一、观看视频，激发兴趣

教师：今天我给大家带来了一段视频，请你仔细看，然后告诉我，他们在干什么？他们是怎么传的？有谁看清楚了？

播放音乐，和幼儿一起游戏，初步感知乐曲中的重音。

二、感知音乐，尝试传帽

1. 回忆乐曲，巩固曲式结构

(1) 完整倾听。

教师：听，这首音乐你还熟悉吗？对，这首音乐的名字叫《墨西哥帽子舞》，帽子舞是墨西哥具有代表性的民间舞，是男生女生一起跳的舞蹈，在舞蹈中，男舞者的帽子会甩来甩去，有时戴在女伴头上，有时丢在地上，两人围着它舞蹈。舞者们不时发出喊叫助兴，增加舞蹈的热烈气氛。

(2) 出示图谱，巩固曲式结构。

教师：我也带来了这首曲子的图谱，从图谱中你能知道这属于什么曲式吗？你为什么知道它是回旋曲？

一首曲子中出现多次相同乐段，而每个相同乐段后跟的又是不一样的乐段，像今天这样 ABACADA 结构的曲子就叫回旋曲。

2. 熟悉乐曲，尝试传帽

(1) 听音乐，尝试第一段空手传帽。

教师：刚刚我们看了传帽子的视频，现在既然有帽子舞这首音乐，我们不妨也来试试，这首音乐中哪段适合传帽子？

刚刚我们也了解了怎么传帽子，先从别人头上拿帽子，再戴在自己的头上。像这样：拿—戴；拿—戴；拿—戴；我们一起来试一试。先请小朋友从左手边的小朋友头上拿帽子。

(2) 跟随音乐有节奏地传递帽子。

三、创编动作，合作表演

1. 寻找节拍

教师：第一段我们用来传帽子了，那第二段可以干什么呢？请大家听一听，第二段有几个八拍？我们可以看一下图谱，从图谱中可以看出什么？不止第二段是4个八拍，第三段、第四段都是4个八拍。

2. 尝试创编动作，互相模仿

4个八拍做一个动作，可以2个八拍一个动作，4个八拍就是2个动作，有谁愿意来创编一些动作？

3. 尝试表演

第一段的时候我们传帽子，传到第二段时哪个小朋友的头上有帽子就哪个小朋友来表演，他表演的时候，下一位小朋友要时刻听好音乐，听到第一段音乐就要继续传帽子了，让我们来试一试。

4. 完整表演

通过我们的努力，终于把这个游戏玩起来了，现在让我们完整地来一遍。

四、放松音乐，结束活动

教师：游戏玩累了，让我们听一段轻柔的《摇篮曲》放松一下，休息一会儿吧。

活动延伸：

1. 继续让幼儿玩这个游戏，深入感知重音及乐曲的节奏。

2. 在“音乐活动区”投放各种自制的乐器，幼儿根据音乐的性质进行音的强弱和节奏的训练。

活动分析：

此活动主线非常清晰，为了突出重点、突破难点，让幼儿轻松完成本次活动的目标，在活动中运用了图谱，用手拍打节奏，并配上相对应的语言节奏。活动一开始就以传帽子的游戏开头，用身体动作感受音乐节奏，让幼儿感受游戏中合作的快乐。在本次活动中，教师通过视频、图谱、游戏等多种方式，让幼儿在欣赏音乐过程中感知重音，逐步了解音乐的节拍和结构。

这个活动有以下几个亮点：

(1) 教具简单、方便，便于幼儿的操作。

(2) 在活动中用了图谱，幼儿通过图谱掌握节奏，随着音乐，幼儿看图谱就可以轻易地寻找出重音，通过教师的引导来突破活动的重点和难点。

(3) 整个活动幼儿在游戏中轻松地掌握了节奏及乐曲的结构，做到了玩中学的最佳状态，而且在引导中富有激情，用音乐感染大家。

音频资源

《好饿好饿的毛毛虫》(瑞典狂想曲)

小班韵律活动《好饿好饿的毛毛虫》
(游戏化韵律活动)

瑞典狂想曲
(剪辑版)

南京三八保育院音乐组　填词

雨果·阿尔芬　曲

1= C　$\frac{2}{4}$

♩= 120　欢快地

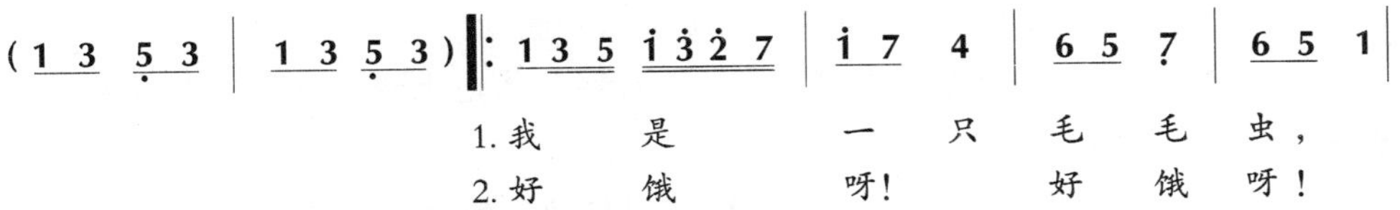

动作：1. 两根食指做毛毛虫

2. 双手揉肚子

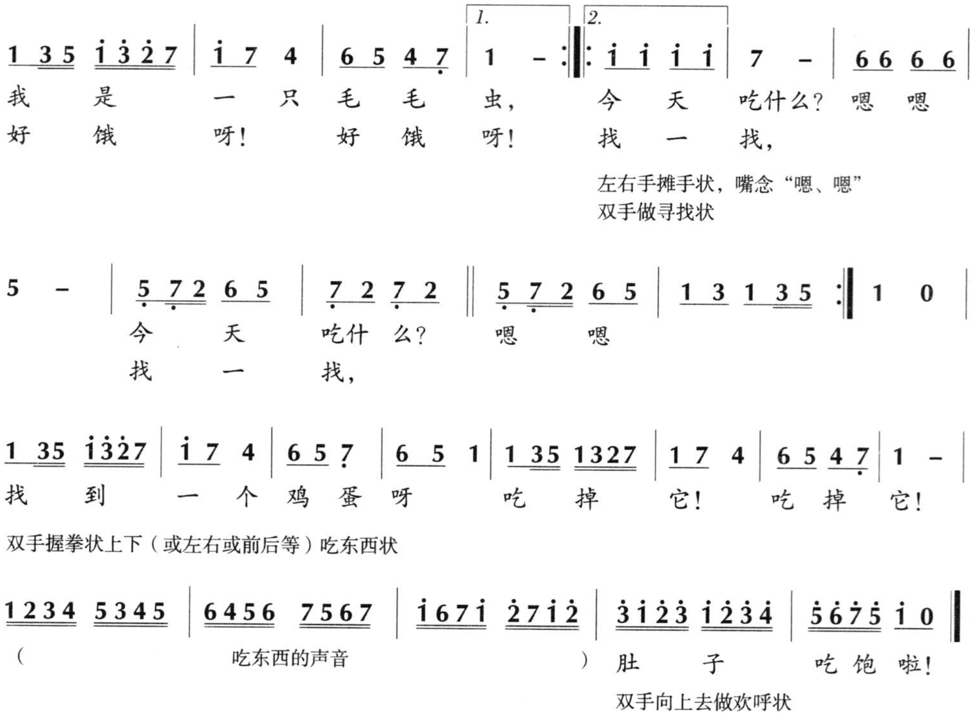

游戏玩法：

念儿歌做律动，当儿歌念到“找到…”时，快速到置物篮中取一个物品进行“品尝”（演奏），活动结束后轻轻放回篮中。

活动目标：

1. 初步尝试使用上肢有节奏地合乐做动作，并通过儿歌的提示努力克制，在“找到个×××呀”时开始触碰“食物”。

2. 通过教师示范和同伴示范，努力探索用不同（方向）的动作使“食物”（沙蛋、串铃）发出声响，感受乐曲欢快的旋律。

3. 轻拿轻放“食物”，不抢夺，不乱扔。

活动准备：

1. 经验准备：玩过类似“手指变变变”游戏，知道“一根手指变成毛毛虫”。

2. 物质准备：置物篓 8～10 个，内置沙蛋及串铃若干（根据幼儿数量来定，最好多于幼儿人数若干个）。

3. 环境准备：幼儿围坐成半圆，椅子前方有一定空间供幼儿行进。

活动过程：

1. 故事导入，在故事中设置问题，激发幼儿兴趣

教师：有一群毛毛虫，肚子好饿好饿，它们要到草地上找点吃的。你觉得它们想去找什么食物呢？

2. 示范幼儿已有经验的“毛毛虫”动作，引起幼儿的注意

教师：大家说的都有可能哦，那我们今天就都是……（双手竖起食指）

3. 教师合乐念儿歌、做动作，帮助幼儿理解故事内容和动作与音乐的关系

教师：我现在是一只好饿好饿的大毛毛虫，请你仔细看一看，我这只毛毛虫做了哪些动作？

4. 根据故事进展，用动作感知音乐

(1) 回忆儿歌，整理动作顺序。

教师：毛毛虫找到了什么好吃的？

教师：它为什么要去找东西吃呢？肚子好饿时会做什么动作呢？

教师：它是很大声说“好饿”还是小声说？哦，它是饿得没力气了，所以小声说。

教师：今天我们都是毛毛虫，小毛毛虫们，你们饿吗？刚才有小毛毛虫说苹果，我们一起去找苹果吧！毛毛虫在腿上准备好了吗？

(2) 选择身体新的部位做毛毛虫出发的地方(两遍)。

教师：除了从腿上出发，毛毛虫还能从身体的哪里出发呢？要爬到哪里？

教师：那我们这次去找别的好吃的吧！找……吧！

环节分析：

在选择身体部位时，请幼儿说清楚是从肚子还是头或脸开始，不要用这里、那里这种模糊的词来表示。两次的合乐律动使幼儿更熟悉动作的表征与儿歌的对应。每一次的儿歌替换不同的食物，可以请幼儿决定。

(3) 邀请幼儿站在座位前做律动。

教师：我还是好饿呀！你们饿不饿？(幼儿若回答“饿”，教师：那我们这次一起在家门口找一找哦；若幼儿回答“不饿”，教师：那你们陪我在家门口找一找！)这次我们从身体的哪个位置开始爬呢？用动作告诉我！

教师：(音乐停)回家休息咯(幼儿回到座位)。

环节分析：

增加情境趣味性，让故事完整，帮助幼儿回到自己座位，教师在讲述时节奏要紧凑。

(4) 邀请一位幼儿进行游戏示范。

教师：这次大毛毛虫先去森林里探探险(拿出“食物”)，森林里真的有好多东西啊！

教师：这不是一般的篮子，这是食物篮，里面有好多好吃的食物。哇！里面有鸡蛋！请一只毛毛虫帮我找一找！

教师：那我请你这只毛毛虫跟我一起去找好吃的鸡蛋，其他毛毛虫除了在家看他找到没有，还要一起念儿歌。小毛毛虫，你准备从身体的哪里出发？

环节分析：

小年龄段幼儿喜欢模仿。在引导幼儿创编动作时，教师首先不要心急，当幼儿创编完成后，稍适等待几秒，帮助幼儿稳定动作，然后教师在引导幼儿保持动作后，再开始自己的新动作。

5. 增加“食物”种类，共同探索“吃”的方式

教师：哇！“鸡蛋”好好吃，我们刚才一人拿了几个“鸡蛋”？

教师：对，毛毛虫的胃口很小的，不能多吃的，吃多了会不舒服的。一次拿一个！吃饱还没吃完，要轻轻放回去，以后还能继续吃呢。那这次轻轻起立，我们一起准备出发吧！

教师：（活动结束后）我刚才看见吃鸡蛋有不同的吃法（探索吃法：前后、左右、上下）。

环节分析：

教师可以用动作或简单字词提示幼儿，帮助及激发其用语言表述出来。

教师：草地里除了鸡蛋，还有什么呢？（拿起串铃）

教师：那我们一起找鸡腿吧！

6. 幼儿进行乐器的整理，在音乐中结束活动

教师：我们把鸡蛋、西瓜放回筐子里，带回去给其他毛毛虫吃吧。

活动延伸：

在美术区中，画出毛毛虫和它喜欢吃的食物。

活动分析：

1. 教师在儿歌的部分首次示范后可以选择适度退位，重复的部分只讲一次。在幼儿熟悉儿歌后，教师可以只做口型，请幼儿来边念儿歌边做动作。

2. 在集体拿取“食物”（乐器）时，由于空间和幼儿人数的关系，势必会有部分幼儿不能在规定乐段中拿到，教师要在活动前引导：已拿到“食物”的毛毛虫找一个空地方去吃，把空间留给没有找到“食物”的毛毛虫。

3. 可以根据班上幼儿的实际情况调整字数和嵌入儿歌后的节奏型，增加挑战难度。比如：第一遍是“树叶”；第二遍幼儿说“苹果”，教师可以加工成“大苹果”；第三遍幼儿说“香蕉”，教师可以加工成“甜甜香蕉”；第四遍幼儿说“糖果”，教师可以加工成“好吃的糖果”……以此类推，每一遍都多加一个字数，在字数累加中，幼儿隐性积累的是“形容词”，显性积累的是在音乐两拍中要嵌入这些字数所组成的不同节奏型。

4. 沙蛋和串铃可以根据班级具体情况进行调整，所匹配的食物名称也可修改。

中班韵律活动《谁是星猫》
（游戏化韵律活动）

快乐星猫
（同名动画片主题曲）

音频资源
《快乐星猫》

1=D $\frac{2}{4}$

庄锦斌　词
陆　琦　曲

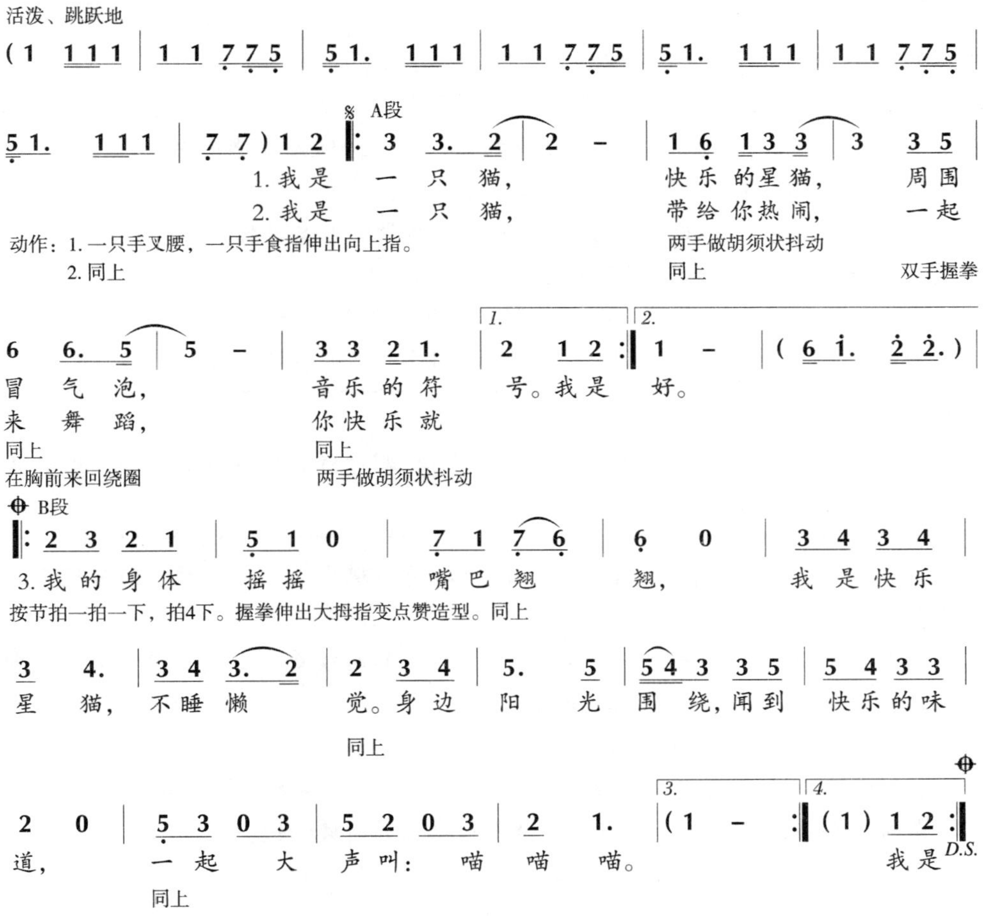

游戏玩法：

1. 一对多合作领袖游戏。幼儿坐成半圈，一名幼儿扮演星猫在中间做领袖，做“绕圈”动作。音乐唱到“一起来舞蹈，你快乐就好”时，“星猫”下去寻找下一个星猫上台做领袖。做领袖的“星猫”在B段拍4次手，创编一个动作，这一组动作做4次。建议人数为16—18人。

2. 待换一个朋友及一个动作创编熟练后，音乐循环播放，幼儿连续换朋友玩游戏，更多幼儿上台做领袖“星猫”，即兴创编动作表现星猫。

3. 领袖“星猫”创编不同的动作，其他幼儿跟着学习。

活动目标：

1. 感知乐曲的旋律和结构，学习随乐合拍做小猫跳舞及星猫领舞动作。注意在做“绕圈”这个动作的时候才开始邀请朋友。

2. 在游戏中迁移已有经验，尝试创编各种“星猫”动作进行即兴表演，并通过观察，学会连续换朋友的方法，连续玩游戏。

3. 在模仿星猫的过程中，坚持上句动、下句模仿并控制住不动，享受游戏的乐趣。

活动准备：

1. 经验准备：幼儿有创编各种造型的经验。

2. 物质准备：剪辑后的音乐《快乐星猫》片段。

活动过程：

1. 教师讲述故事，幼儿理解故事情境及动作线索

教师：森林里正举办一场化装舞会，小猫们都被邀请参加了。舞会上大家都想做领舞的“星猫”，怎么办呢？大家决定谁的舞跳得最好，谁就是星猫。

2. 感知音乐结构，用身体动作感知乐曲节奏型

(1) 教师示范动作，幼儿观察学习，知道小猫做的基本动作。

教师：仔细看一看，小猫跳了哪些动作？

(2) 教师再次示范动作模型，幼儿仔细观察动作及顺序。

教师：这次再来仔细看一看，小猫先做了什么动作？接着做了什么动作？

环节分析：

此环节，教师要引导幼儿梳理动作的顺序，帮助幼儿快速理解、记忆动作，为后面的游戏做好准备。

(3) 幼儿在教师的带领下，学习游戏动作，重点观察唱哪一句歌词的时候小猫做了绕圈动作。

教师：小猫们，我们一起来跳一跳这个舞。跳的时候看一看我是在唱哪一句歌词的时候做绕圈动作的，点赞动作做了几次。

3. 观察教师示范，学习加入星猫角色后的新游戏

(1) 教师做星猫，示范替换星猫动作，引导幼儿了解新的游戏玩法。

教师：现在我就是星猫，看看你们做哪个动作的时候，我变造型了。

教师：你们做点赞动作的时候，我这个星猫变了什么动作？

教师：双枪动作我做了几次？

(2) 根据故事的情节，尝试创编“星猫”造型。

教师：原来星猫会做各种动作带我们玩游戏呢，你们会做一个星猫动作吗？我数“1234 变”，你们变一个星猫的动作。

环节分析：

在音乐的时值内按照音乐节奏进行即兴创编，对幼儿来说有一定的挑战，也有一定的困难，有的幼儿可能因为紧张和动力定型想不出动作或做原来的动作，因此这个环节让幼儿先储备一个动作，而且做的都是一样的动作，降低幼儿的学习难度，帮助幼儿解决即兴创编的困难。

(3) 幼儿做星猫，交换角色玩游戏，教师模仿幼儿创编的动作。

教师：我们先跟着音乐都来做星猫试一试，星猫有个任务——要摆出最好看的造型，其他小猫要跟他学。现在我做小猫跟你们学。

(4) 请一名幼儿做星猫，幼儿再次游戏。

4. 幼儿讨论交换朋友的方法，完整循环游戏

(1) 讨论交换朋友的方法。

教师：一只星猫玩没什么意思，星猫想找更多的朋友玩游戏，怎么找？在哪个动作的时候可以换朋友呢？怎么换？

(2) 教师唱谱，幼儿观察学习换朋友的方法。

教师：好，我来唱，你们看我这个星猫怎么换朋友。

教师：新的星猫换上来站在哪里？

环节分析：

教师唱A段第二段歌词，重点让幼儿观察“一起来舞蹈，你快乐就好”，去找朋友、换朋友。

(3) 教师做星猫，幼儿尝试换朋友。

教师：我们跟着音乐试一试。

环节分析：

当第一次选幼儿当星猫时可以悄悄地问幼儿，准备了什么动作，让幼儿悄悄地做给教师看看，一方面可以让幼儿提前做一个准备，另一方面当幼儿跟着音乐有困难时，教师也可以适时指导。同时在过程中，要提前提醒幼儿变造型，避免幼儿因为紧张想不出动作。

(4) 循环播放音乐，幼儿连续交换朋友玩游戏。

(5) 循环播放音乐，再次完整游戏。

教师：刚才星猫变的四个星猫动作都是一样的，其实我们可以变不一样的动作，可以变爱心、变小花、变孔雀，我们也来试一试吧！

环节分析：

这个环节，教师要灵活提问进行引导，如果发现已经有个别幼儿创编不同的动作，这时候引导幼儿的问题可以是：“有几只能干的星猫变了好几个动作呢。变成这个……”这个环节是在幼儿创编一个动作的基础上，提出可以创编更多动作的要求。这样幼儿在原有经验的基础上就能一步一步地应对挑战，享受挑战的快乐。

活动延伸：

在美术区画一画星猫。

活动分析：

1. 在活动的最后两遍，如果幼儿动作经验积累比较多，教师可以引导幼儿四句都可以变动作；如果幼儿动作经验积累少，能变出一两个就可以了。

2. 此活动内容时间为一课时，也可以继续拓展到第二课时或大班进行。当幼儿熟悉乐曲旋律、动作、游戏玩法后，可以加入乐器演奏，探索哪些动作可以用一下一下的单响筒演奏，哪些动作可以用连续的铃鼓演奏，用不同形式表现乐曲。

大班韵律活动《阿拉丁神灯》
（游戏化韵律活动）

视频资源

《阿拉丁神灯》

Aankhern Khuli

（《新娘嫁人了，新郎不是我》插曲）

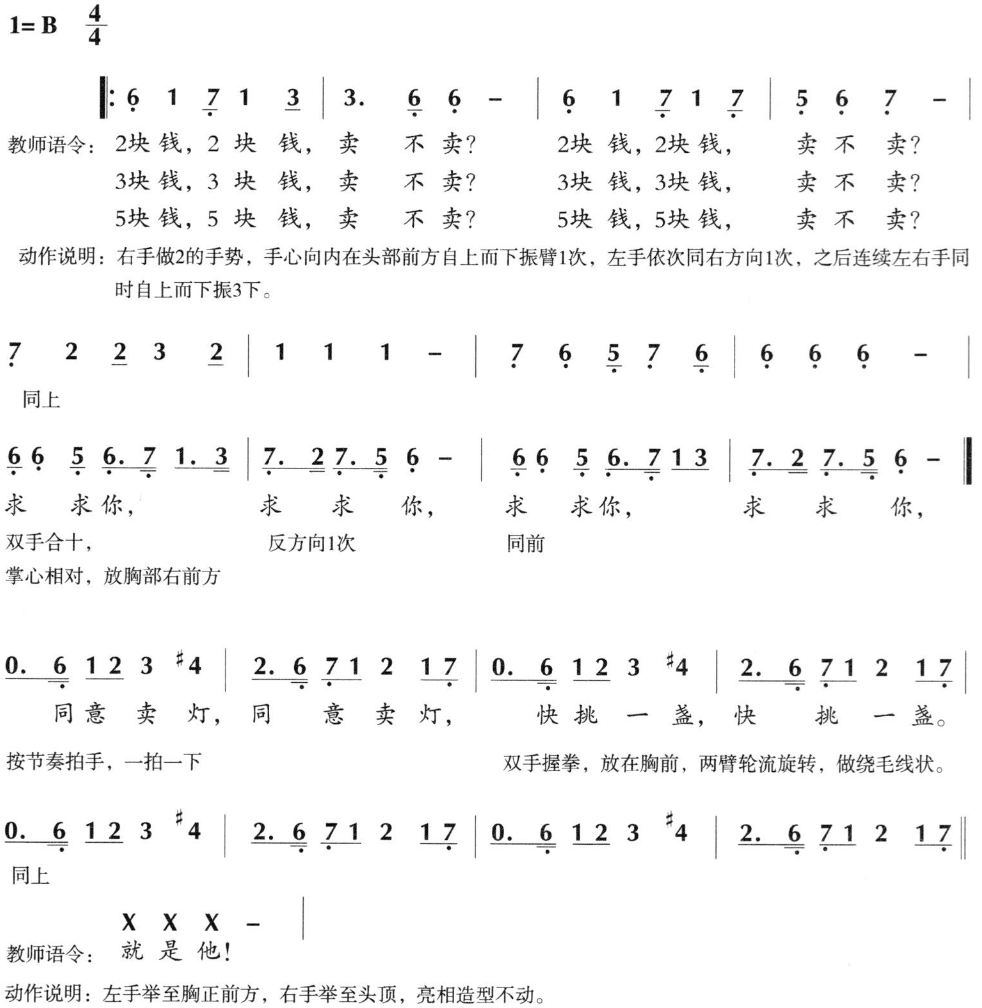

游戏玩法：

1. 幼儿围成一个单圈，一人在圆心扮演“卖灯人”，圈上的幼儿扮演“阿拉丁”。

2. “阿拉丁”在圈上出价格的时候，“卖灯人”在原地思考卖不卖灯。当“阿拉丁”求“卖灯人”的时候，“卖灯人”原地转圈用摇手的动作告诉大家不卖。一直到“阿拉丁”出完 5 元的价格后，才把灯出示给圈上的人看一圈。

3. 当大家一起说“同意卖灯，同意卖灯，快挑一盏，快挑一盏，就是它”后，中间的“卖灯人”要在圈里挑出一位“阿拉丁”，把灯“卖”给他，请他在很多盏灯里面挑一盏灯。

4. 通过“擦一擦”的方式，验证是否是神灯，如果出现灯神，就说明是神灯，可以和灯神对话，请灯神送礼物给大家。如果没有灯神出现，说明挑到的灯是一盏普通的灯。

活动目标：

1. 感受异域风情的舞曲，尝试用不同的手指动作表现阿拉丁买灯的故事情节。

2. 迁移生活中买卖游戏经验，通过观察、比较、语言提示等方法记忆动作。

3. 体验买灯游戏中有趣的动作交流并感受期待带来的快乐。

活动准备：

1 经验准备：了解《阿拉丁神灯》的故事以及有关阿拉伯风格的舞蹈《阿拉丁神灯》，会面向圈上走圆形队伍。

2. 物质准备：地面上贴好单圈的标记；面纱、铃铛数量与幼儿人数相等，放入袋中；夹子；半圆形座位排放（前方有足够空间）。

活动过程：

1. 故事导入

教师：阿拉丁到集市去买灯，一开始他准备出 2 元钱（动作），卖灯的人不同意，他想：“那就再加 1 元钱（动作）吧。”现在几块钱了？ 3 元钱卖不卖（动作保持住）？还是不行！ 那就 5 元钱吧（动作）。卖灯人终于同意了，阿拉丁挑了一盏灯，他决定用擦的方法来试一试这盏灯是不是神灯……

> **环节分析：**
>
> 幼儿对故事《阿拉丁神灯》有一定的了解，此环节根据教师的故事线索和脉络，教师和幼儿一边理解故事重点情节，一边感受 2 元、3 元、5 元的动作。

2. 规定动作

教师：阿拉丁买灯的时候出的价格都一样吗？ 分别出了哪些不同的价格？ 请你们仔细看看分别用什么样的手势动作表示 2 元、3 元和 5 元。

> **环节分析：**
>
> 教师引导幼儿进行细致的观察，为后面的动作模仿做好经验准备。

3. 匹配音乐

(1) 完整感受音乐，全体幼儿坐着感受阿拉丁的动作(两遍)。

教师：先出了几块钱？(个别幼儿示范)接着又加了一块钱(教师动作示范)，最后出了几块钱？

环节分析：

幼儿在观察模仿学习中，通过故事、动作和音乐的匹配帮助其建立它们之间的联系。第一遍重点观察模仿出2元、3元、5元动作时，需要关注到手心是朝向自己的以及逐渐增加数量的手指分别是：2元(食指、中指)、3元(食指、中指十大拇指)、5元(所有手指)。

教师：你们会出价格买灯了吗？(幼儿随乐尝试)

环节分析：

变式练习。以新的活动目标激励幼儿重复观察模仿学习并集中保持注意力。幼儿需要跟随音乐尝试出价格的3个不同手势。在随乐过程中不同能力的幼儿，会随着随乐次数的增加逐渐熟练出示价格的动作，在游戏情境中锻炼控制自己小肌肉的能力。

(2) 尝试集市情境，全体幼儿扮演“阿拉丁”随乐动作。

教师：现在想请会出价格的小助手帮我去集市上买灯，要一下子就能出对价格，卖灯的人才有可能把灯卖给你哦！(幼儿随乐尝试)

在音乐结束后，教师指向的一位幼儿被选中到集市(多媒体)去挑选一盏灯。

环节分析：

幼儿挑选自己想买的灯时，教师需要引导幼儿明确灯所处的具体位置(例如：左上角或第二行从左往右数第二个……)，以便其他幼儿很快找到对应灯的位置。

教师：我们把灯拿下来，一起擦一擦。听……(配乐)没有变化，说明这就是一盏普通的灯。

环节分析：

此环节完整呈现了卖灯、挑灯的游戏情节。坐在位置上完成，有助于所有幼儿在圈上稳定活动的同时能关注到完整游戏的玩法。

4. 增加挑战

(1) 教师和幼儿起立随乐游戏。

教师：刚才我们是坐着买灯的，看不太清楚，现在我们站起来试一试，看看能不能有机会买一盏神灯。

(2) 增加“卖灯人”角色，随乐游戏。

教师：看来这家有神灯的机会不大，我们换一家卖灯的店去试试？

(配班教师上场)配班：卖灯了，卖灯了，看一看，瞧一瞧，我家的灯又多又好，快来买哦！

教师：听上去还不错哦，我们就和这个会吆喝的卖灯人买灯吧。(配班教师加入，一起随乐游戏)

环节分析：

新增加的“卖灯人”角色第一次由教师扮演，减轻幼儿认知负担的同时，帮助幼儿熟悉卖灯人和阿拉丁游戏的互动关系，从而进一步丰富游戏情节。

配班：请来这里挑一盏灯吧。(教师挑选一盏灯，带领幼儿一起擦灯，灯神出现)

人灯对话：

灯神：主人，我是灯神，您有什么吩咐？

教师：你能送我一个礼物吗？

灯神：好的，主人。(扔铃铛)

环节分析：

此环节增加了与灯神的对话情节，灯神送给幼儿的礼物激发起幼儿进一步游戏的兴趣。

(3) 替换“卖灯人”角色，随乐游戏。

配班教师继续扮演卖灯人，并带领个别幼儿和他一起卖灯。

(4) 幼儿单独扮演卖灯人，大家随乐游戏。

教师：现在卖灯的师傅不在了，徒弟一个人卖灯，来考考你：大家出价格的时候，卖灯人做什么动作？大家求你的时候，你用什么动作告诉大家不卖不卖？当你同意卖灯的时候，要把灯拿给大家看看，音乐结束的时候你要选一个人把灯卖给他。

环节分析：

教师逐渐退位，幼儿开始进入双角色的游戏情节，挑战的环节从角色替换到游戏规则逐一累加，层层挑战能满足幼儿在活动中的好奇心和好胜心。

5. 个别幼儿扮演卖灯人，教师带领幼儿游戏

教师：灯神这次送给我们的礼物是阿拉丁最喜欢的面纱，我们把这个戴起来。戴上它后只能露出眼睛，等会要用眼神和卖灯人交流哦。

擦灯时出现恶魔，幼儿跑回自己座位。

教师：大家不要动，我想到一个好办法！

配班(恶魔)：哈哈哈，我终于出来了。

教师：恶魔你这么大，怎么可能从这么小的灯里面出来呢？

恶魔：不信？我钻给你看看！

教师：好，赶快把盖子盖上。看来并不是每一盏灯里都会出现灯神，可能会是一盏普通的灯，也可能是恶魔，我们带着灯神送给我们的礼物回家吧！

挑战 5：+佩戴“面纱”	增加后续故事发展，延续故事情节，幼儿上位，智斗恶魔
挑战4：同下+佩戴“手铃”	增加“手铃”乐器，教师逐渐退位
挑战3：同下	替换“卖灯人”（幼儿）角色，增加与“灯神”的对话
挑战2：和“卖灯人”买灯，尝试找神灯	增加“卖灯人”（教师）角色，教师和幼儿合乐律动
挑战1：站立随乐“买灯”，并寻找“神灯”	增加下肢动作，熟悉完整的游戏情节并与音乐相匹配
音乐：坐在座位上做上肢动作（两遍）	初步梳理故事和合乐动作的内容及顺序
动作：教师随乐做与故事相匹配的动作	理解故事内容进行动作表征匹配
故事	教师讲述阿拉丁买神灯的故事

活动延伸：

1. 回家之后教会父母玩阿拉丁买灯的游戏，和父母共同游戏。

2. 在美术区画出阿拉灯买灯的场景。

活动分析：

1. 幼儿在第一次和卖灯人合作游戏前，教师需要和幼儿尝试练习和卖灯人问好。卖灯人说：“欢迎光临。”幼儿回应：“店主你好。”彼此配合后在音乐中才能更合拍地进入。

2. 此活动中出现的“灯神”和“恶魔”两个角色的声音需要有明显的对比，一方面营造合适的游戏情境性，另一方面可以通过声音帮助幼儿快速区分两个不同角色，并做出相应的反应。

考点聚焦

★ 学前儿童韵律活动的方法

★ 学前儿童韵律活动方案的撰写

国考链接

1. 音乐律动《旋转的木马》（2018 年国考面试真题）

基本要求：

（1）弹奏音乐，在指定的调内，完整弹奏音乐，节奏准确。

（2）根据音乐表达的内容和情感，设计适宜的肢体动作，边哼唱旋律边做音乐律动。

（3）请在10分钟内完成上述任务。

回答问题：

（1）这个音乐律动活动，适合哪个年龄段的幼儿学习？

（2）音乐律动教学的组织环节可以有哪些？

（3）在音乐韵律活动的教学中，要注意的教学难点是什么？

2. 歌曲《小蜜蜂》（2018年国考面试真题）

题目：歌曲《小蜜蜂》

内容：

① 弹唱歌曲。

② 音乐律动展示。

小蜜蜂

1=G $\frac{2}{4}$　　　　和平　词曲

中速

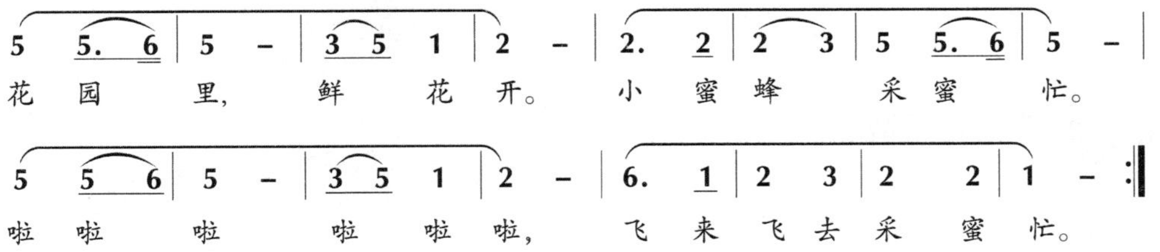

基本要求：

（1）弹唱歌曲。

完整、流畅性弹奏，节奏准确。

有表情地歌唱，吐字清晰，准确把握音高。

（2）音乐律动展示。

根据歌曲音乐的节奏，创编相应的肢体动作；边哼唱边打拍子，把握音乐节拍的强弱；表情自然，肢体动作与音乐节奏相符贴切；有一定创意。

（3）请在10分钟内完成上述任务。

3. 歌曲《乐队》（2018年国考面试真题）

题目：歌曲《乐队》

内容：

（1）弹唱歌曲。

（2）创编表演动作。

乐 队

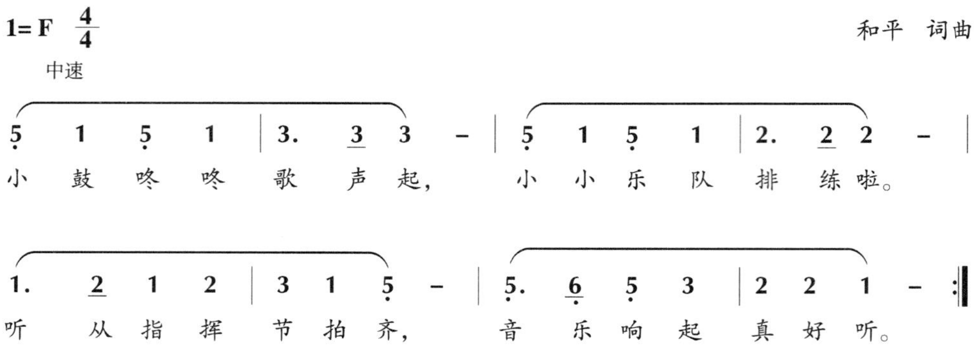

基本要求：

（1）弹唱歌曲。

完整、流畅性弹奏，节奏准确。

有表情地歌唱，吐字清晰，准确把握音高。

（2）创编表演动作。

根据歌曲音乐，创编相应的肢体动作；边唱边念歌词并表现，能符合幼儿特点；表情自然适宜，表演与歌词内容相符；有一定的创意。

（3）请在 10 分钟内完成上述任务。

思考与实训

思考

1. 请阐述学前儿童韵律活动的动作选择要点。

2. 学前儿童韵律活动的传统组织形式与游戏化组织形式有什么区别与联系？

实训

1. 根据所学内容，按规范格式撰写小班韵律活动《穿大鞋，真有趣》的活动方案，并分组进行试教。

穿大鞋，真有趣

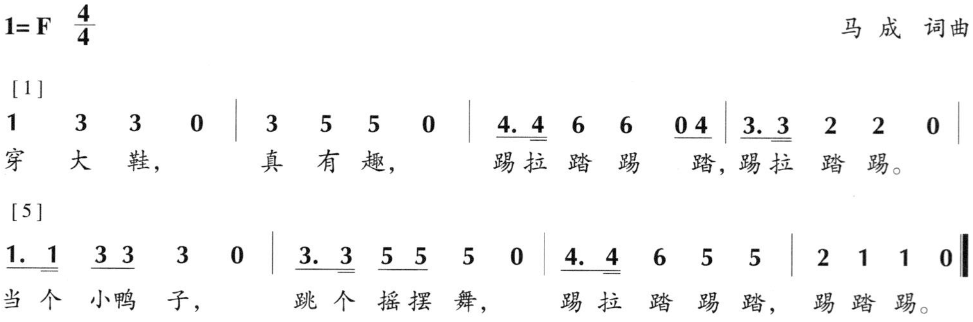

2. 围绕中国民歌《茉莉花》，按规范格式撰写大班韵律活动方案，并进行说课展示。

项目五

学前儿童奏乐活动的设计与指导

学习目标

知识目标：理解学前儿童奏乐活动目标；理解学前儿童奏乐活动选材要点；理解变通总谱的含义、作用及设计原则。

能力目标：掌握学前儿童乐器演奏的基本知识技能；能根据乐曲特点配器、转换乐谱；掌握学前儿童奏乐活动的设计思路与指导要点；学会撰写学前儿童奏乐活动方案。

情感目标：在模拟试教中与同学分工合作，提升协作意识与团队精神；强化规则意识，提升专业素养；体会创造表现的成就感，发展高尚审美情趣。

学习重难点

1. 理解学前儿童奏乐活动目标；理解学前儿童奏乐活动选材要点。
2. 掌握学前儿童乐器演奏的基本知识技能，能根据乐曲特点配器、转换乐谱。
3. 掌握学前儿童奏乐活动的设计思路与指导要点，并在实操中创造表现。

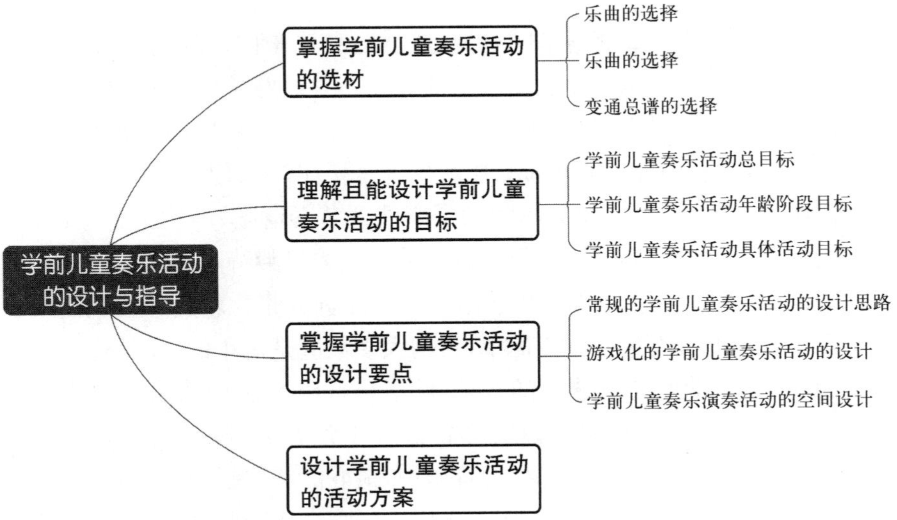

情境导入

锅碗瓢盆“交响曲”

萌萌在娃娃家扮演妈妈的角色，她在“厨房”准备晚餐时用铲子在锅中搅拌，发出“叮叮嚓嚓”的声响，泽泽好奇地凑过来，也拿起勺子敲击小盆，发出“咣咣”的声响，佳乐和佳禾也围了上来，一个用筷子对击，敲得“邦邦”响，一个摇晃着装有大米的饭盒，发出“沙沙”声。一时间，娃娃家里奏起了热闹的锅碗瓢盆“交响曲”。

学前儿童擅于运用各种他们能够操作的材料制造出不同的声响，并在此过程中感受声音的高低、长短和节奏变化，由此可见，奏乐活动对学前儿童来说是极具吸引力的。那么，什么是奏乐活动？如何利用奏乐活动发展学前儿童的音乐能力呢？

任务一　掌握学前儿童奏乐活动的选材

学前儿童奏乐活动是在音乐中有节奏地敲击打击乐器的活动，包括练习演奏乐曲和为其他音乐活动伴奏，选择适合的打击乐器和节奏素材、灵活生动的教学方法和形式。开展奏乐活动能帮助学前儿童掌握各种乐器的音色和演奏方法，增强对音乐中节奏、时值、强弱等的认识及对不同乐器音色的听辨能力，培养学前儿童的创造性及与音乐、与他人交流和合作的意识和能力。因此，学前儿童奏乐活动的材料选择十分重要。

一、乐曲的选择

微课

学前儿童打击乐器演奏活动材料的选择

学前儿童奏乐活动的乐曲主要包括歌曲和器乐曲。歌曲一般为中外儿童歌曲，如《娃哈哈》《卖报歌》《小星星》《洋娃娃和小熊跳舞》《小红帽》等，还可融入民族特色的音乐，如《跑马溜溜的山上》、陕北民歌《拥军秧歌》、国外民歌《樱花》《桔梗谣》等，另外，还有中外器乐名曲《瑶族舞曲》《喜洋洋》《匈牙利舞曲》《土耳其进行曲》《四小天鹅舞曲》等。在选择时除了应注意节奏清晰、结构工整和旋律优美、形象鲜明、游戏性强等因素外，还要符合学前儿童的年龄特点。

为 3～4 岁学前儿童选择的音乐，最好是学前儿童比较熟悉的歌曲或韵律活动的音乐。音乐的节奏最好比较简单，结构大多数应是短小的一段体。

为 5～6 岁学前儿童选择的音乐，除了可以继续选用歌曲或韵律活动的音乐外，还可以选用一些器乐曲。音乐的节奏也可稍复杂一些，结构可以是一段体，也可以是两段体或三段体。在选择的音乐中，最好能够包括一些比较鲜明的、有规律的对比因素，即乐曲的乐句与乐句或乐段之间存在比较明显的差异。

二、乐器的选择

微课

学前儿童常见打击乐器辨识

学前儿童奏乐活动常用乐器以无固定音高的小型打击乐器为主，具有体积小巧、操作简便、音色多样化等优点。

（一）乐器分类

1. 依照乐器的材质划分

（1）皮革类

皮革类打击乐器是指所有的鼓类，包括手鼓、大鼓、小鼓等，这类乐器音色低沉、浑厚，音量大，常在强拍上出现，演奏中适合用简单的节奏型作低音声部使用。

① 大鼓（见图 5－1）。这是用皮革蒙在筒状的共鸣箱上，通过鼓槌敲击引起的振动而发音的一种乐器。其音色低沉，音量较大。大鼓用在强拍上，可以用力击打，造成一种强烈渲染的气氛；用在弱拍上，可以轻轻击打，会产生柔和而绵长的音响。击鼓时，手臂放松，手腕有力而富有弹性地敲击。击鼓心，会产生浓厚的音色且有较长的延续尾音；击鼓边，则音色脆、硬而单薄，延续音较短。一般用在强拍，起到渲染气氛、增强节奏感的作用。

② 小军鼓（见图 5－2）。属双面膜鸣乐器，无固定音高，但发音频率高于大鼓。声音较结实，余音较短，音色清晰、明快，并伴有沙沙的声音，别具特色。小鼓的奏法与大鼓基本相同，但由于鼓面较小，音色的变化不如大鼓明显。演奏方式分为单奏、双奏和滚奏三种，其中滚奏法最具小军鼓特色，双锤极迅速地交替敲击，发出颗粒清晰的音响，各种处理效果（如轻重、缓急的区别）可以表达出不同的音乐情绪。

③ 铃鼓（见图 5－3）。这是用皮革（或塑料）蒙在带有可活动的金属小钹的木质围框上，通过手指（或手腕肘）的敲击或手腕的抖动、摇晃引起的振动而发音的一种乐器。它兼有鼓和铃的特点和作用。可在强拍时击鼓突出重音，也可以在弱拍时轻轻抖动发出铃声。铃鼓有多种演奏方法：可以用手掌击鼓心，其音色柔和；可以用手掌击鼓边，其音色明朗干脆；可以用鼓面击身体部位，其声音较明显；可以用手腕连续地抖动，则会产生颤音的效果。

图 5－1　大鼓

图 5－2　小军鼓

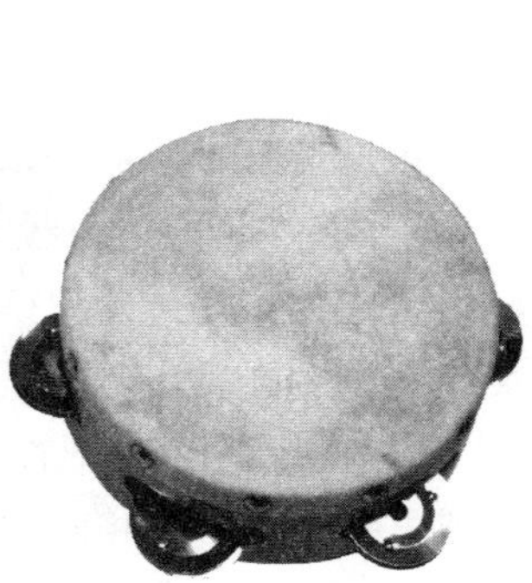

图 5－3　铃鼓

(2) 木质类

木质类打击乐器是以木头为材料制作而成，主要包括木鱼、双响筒、圆舞板、蛙鸣筒等。这类乐器声音清脆、短促，没有延续音，演奏中适合用复杂、快速的节奏型作旋律声部使用。

① 木鱼(见图 5－4)。这是用木头刻制的、形似鱼状、中间空而头部开口的一种乐器。通过另一根木制的棒敲击鱼头而发音。演奏方法为左手持“鱼的尾部”，右手持棒按节奏敲打“鱼头的顶部”。

② 双响筒(见图 5－5)。这是一段中间有节的木筒，下端装有握柄，通过另一木质敲击棒的敲击而发音的一种乐器。其音色与木鱼相似，干脆而清亮，声音没有延续性，通常用来模拟马蹄声。敲击双响筒由节分开的两端会发出不同高低的音响，一般两个音之间通常相差约五度。演奏方法为左手持柄，右手持棒敲击，可以敲击筒的一端，也可同时交替敲击筒的两端。

③ 圆舞板(见图 5－6)。这是由两片贝壳状木块(或塑料)，中间用松紧带相连而构成的一种乐器，通过两片木块的撞击引起的震动而发音。其音色清脆而圆润，声音没有延续性。演奏方法有两种：一种是右手的中指套上松紧带，靠中指和拇指的捏合使两板相击而发出声音；另一种是将响板放在左手的手心中，用整个右手的手掌相击而发出声音。后一种方法比较适合小年龄儿童演奏。

④ 蛙鸣筒(见图 5－7)。这是由一节毛竹或木头制成的，刻有一道道楞子的筒状乐器。通过另一木制小棒刮、擦筒身而发音。其音色类似于青蛙的鸣叫声。演奏方法有两种：一种是左手持蛙鸣筒的握柄，右手持棒刮奏；另一种即用棒敲奏，音色接近于木鱼类乐器。

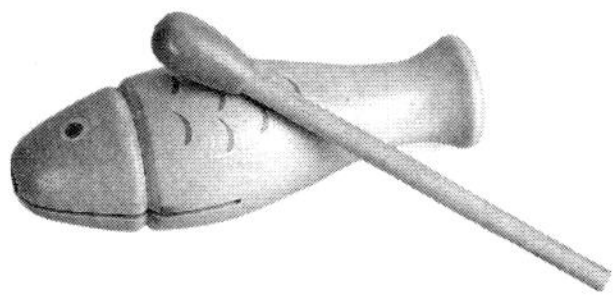

图 5－4　木鱼

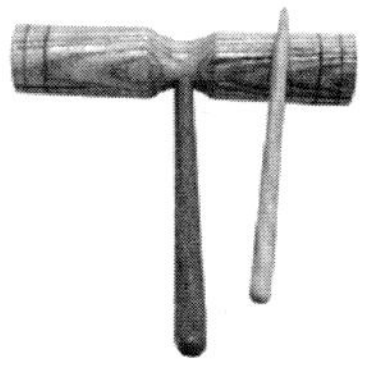

图 5－5　双响筒

图 5－6　圆舞板

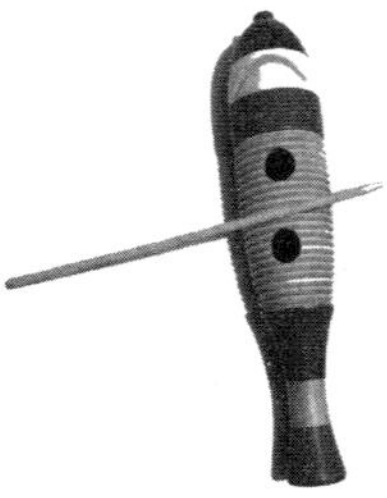

图 5－7　蛙鸣筒

(3) 金属类

金属类打击乐器是以铜质、铁质等金属质地的材料制作而成，主要包括锣、碰铃、三角铁等。这类乐器中，锣等乐器声音洪亮、穿透力强、延续时间长，演奏中比较适合作为特色乐器渲染气氛使用；碰铃、三角铁等乐器声音明亮，但音量较小，演奏中不适合强拍，多适用于平稳的节奏型。

① 碰铃(小铃)(见图 5－8)。这是一对用金属制成的小铃，用一根不太粗的绳子或可抓握的木柄相对固定两个铃，通过相互撞击引起振动而发音。碰铃的音色清脆、柔和，声音高而轻，在打击乐器中属高音乐器，强弱拍都可用。是幼儿园用得最为普遍的一种乐器。

② 三角铁(见图 5－9)。这是一根弯成等边三角形的圆柱形钢条,用绳子悬挂一端,用另一根金属棒敲击而发音的一种乐器。其音色接近于碰铃,但音量比碰铃大,延续音比碰铃长。它的演奏方法有两种:一种是左手提悬挂三角铁的绳子,右手持金属棒敲击三角铁的底边;另一种是在三角铁内,用金属棒快速地敲击左右两边或转圈敲击各边,会产生激烈而特殊的音响效果,强弱拍都可用。

③ 镲(见图 5－10)。这是一对用铜合金制成的圆盘,中间微凸,靠敲击、摩擦而发音。其音色响亮、有力,有较长的延续音,能渲染气氛,将情绪推向高潮,所以不可多用。演奏方法有两种:一种是左右各持一片,相互撞击、摩擦而发音;另一种是将单片悬挂在支架上,右手持鼓槌敲打其边,可以取得另一种音响效果。如果要持续过长的延续音,可以用手捏住它的边缘或将它正面捂在怀中即可。

④ 锣(见图 5－11)。这是一个由铜合金制成的圆盘,由绳子固定在可抓握的木柄上,通过锣槌敲击锣面引起的振动而发音。一般可以用在强拍的伴奏上,以突出节奏、渲染气氛。锣可分为大锣和小锣两种。其音色低沉,共鸣强,有延续性,多用在强拍上渲染气氛,增强节奏感。

图 5－8　碰铃

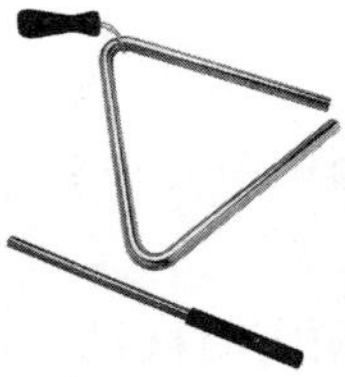

图 5－9　三角铁

图 5－10　镲

图 5－11　锣

(4) 散响类

散响类打击乐器是以混合材料制作而发出混响的声音,包括沙锤以及铃铛类的串铃、手铃、铃鼓等。这类乐器声音杂、碎,音量小,演奏中因为需要靠摇动乐器发音控制声音长短,因此比较适于渲染气氛时演奏。

① 沙锤(见图 5－12)。这是一种用椰壳或塑料制成的空心球体,内装有细小的沙粒状物体,下端装有握柄,依靠臂的抖动、摇晃而振动发音。其音色轻柔而干脆。演奏方法为双手各持沙球,用手臂带动手腕上下振动。可以同时两手进行,也可交替、轮换进行。在音乐中起突出节奏的作用。

② 串铃(见图 5－13)。这是用金属串成的马蹄形(或半圆形、棒形等)的若干个小铃,通过敲击、抖动或摇晃引起振动而发音,强弱拍都可用。

③ 卡巴撒(见图 5－14)。诞生于西班牙。在凹凸不平金属圆轮外,套有若干金属珠链,以木质手柄连接的一种乐器。演奏时一手持手柄,另一手的手掌贴近金属珠链上,利用转动手柄来扭动乐器,珠链与圆柱外围的凹凸坑纹摩擦以发出密集的"嚓嚓"声响,是卡巴撒常用的方法。也可只用一手持手柄,透过把乐器上下摆动,令各珠链与凹凸坑纹互相擦撞而产生声响,原理和沙槌一样。

图 5－12　沙锤

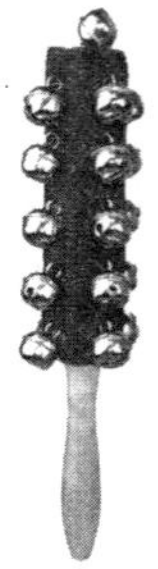

图 5－13　串铃

图 5－14　卡巴撒

2. 依照乐器音色划分

(1) 强音乐器

强音乐器常用在乐曲的强拍、高潮、结尾等处，起到强调及烘托气氛的作用，主要包括大鼓、小鼓、锣、镲等。

(2) 高音乐器

高音乐器的音色明亮而圆润，有绵延音，具有独特的音响效果，可演奏强拍也可演奏弱拍，如三角铁、碰铃等。

(3) 中音乐器

中音乐器的音色干脆、坚实，适合演奏乐曲中节奏较密集的部分，主要包括木鱼、双响筒、响板等乐器。

除了以上常见打击乐器以外，还可充分利用废旧材料自制打击乐器，以培养学前儿童的创造性思维和动手能力。例如：将沙粒或谷物装进易拉罐、饮料瓶等容器中，制成“沙锤”；用筷子或小竹棒对击的方式模拟“打棒”；把奶粉罐、饼干桶等当作“小鼓”等。自制打击乐器既丰富了学前儿童奏乐活动的材料，也发展了学前儿童的创造性。

表 5－1　常用打击乐器的特点

打击乐器	音响效果	表现乐曲特色
木鱼	短促、清脆	欢乐、平静
响筒	短促、平和	平稳、匀称
双响筒	短促、有高有低	活泼、热烈
圆舞板	平衡、稳健	平和、优美
蛙鸣筒	滑音、音量小	活泼、诙谐
撞钟	悦耳、有延续音	热闹、活泼
三角铁	悠扬、有延续音	安静、优美
镲	响亮、音量稍大	热闹、红火
锣	响亮、音量较大	热闹、诙谐

续　表

打击乐器	音响效果	表现乐曲特色
串铃	碎音、音量小	安静、优美
沙锤	碎音、音量稍大	优美、安谧
铃鼓	碎音、音量稍大	活泼、优美
小鼓	短音、响亮	活泼、急促

（二）乐器选择的要求

在为学前儿童选择打击乐器时一般应考虑：

第一，乐器的音色要好。如铃鼓鼓面一般不宜选用塑料制的或铁制的，再如塑料制成的单响筒、双响筒、沙球、圆弧响板等，一般音色尚好，使用寿命也较长。但全部由塑料或铁皮制成的铃鼓，铁合金制成的锣、钹等，则一般音色较差，选购时应十分谨慎。

第二，乐器的形状、大小、重量应适合学前儿童持握。如铃鼓直径一般不宜超过 15 厘米，最好选用 12 厘米左右的。碰铃铃口的直径最好在 3 厘米左右；三角铁钢条的横断面直径最好在 3 厘米左右；木鱼的底面积一般不应大于学前儿童的手掌面积等。

第三，乐器的特定演奏方法要适合特定年龄学前儿童运动能力的发展水平。

如 3～4 岁学前儿童可以选用的乐器有铃鼓、串铃、沙球、圆舞板和碰铃。前 3 种乐器的奏法都是右手持乐器，再用右手拍击左手使乐器发音。圆舞板的奏法略有不同，即左手手掌托住圆弧响板不动，右手先上提然后再向下拍击使乐器发音。碰铃的演奏法也与此类似，左右手各持一个碰铃，然后用类似拍手的方法使之相互撞击发音。以上五种乐器的奏法很类似学前儿童拍手的方法，均以臂的大肌肉动作为主。除碰铃外，各乐器演奏时对手、眼协调的要求也不高。另外，鼓也是这一年龄段学前儿童可以选用的。

4～5 岁学前儿童除了可以继续选用上述乐器以外，还可以选用木鱼、蛙鸣筒、小钹和小锣。木鱼在敲击时需要使用腕部的小肌肉，对于手眼协调也有一定的要求；蛙鸣筒在刮奏时需均匀地持续用力；小钹和小锣在击奏时需有控制地用力。另外 4～5 岁学前儿童还可以选用铃鼓的摇奏法。

5～6 岁儿童还可以增加选用双响筒和三角铁。这两种乐器的演奏对用力均匀和手眼协调都有较高的要求。另外 4～6 岁儿童还可以选用圆弧响板的捏奏法、沙球的震奏法和小钹的擦奏法。

三、变通总谱的选择

微课

学前儿童打击乐器演奏活动的变通总谱设计

变通总谱是针对通用总谱提出的，在学前儿童普遍不能识别简谱或五线谱等通用总谱的情况下，为减轻奏乐活动中的识谱负担，采用便于学前儿童感知、理解和记忆的“符号”体系，如简单的动作组合、图形结构和由嘴巴发出的声音组合等编制成变通总谱，表示相应的音乐结构和节奏，便于学前儿童理解和演奏，为奏乐活动增加音乐趣味。

（一）动作总谱

动作总谱就是用身体动作表示配器方案，通过做动作的方式进行节奏练习，使学前儿童快速掌握演奏内容。常用的动作有节奏动作、模仿动作、舞蹈动作、滑稽动作等，如拍手、拍肩、跺脚、叉腰等，在选择动作时要注意：每个（组）动作只能一种节奏型；不宜用笨拙的肢体动作表现密集的节奏型；动作不宜太难，避免增添不必要的困难。

音频资源

《踏雪寻梅》

《踏雪寻梅》动作总谱

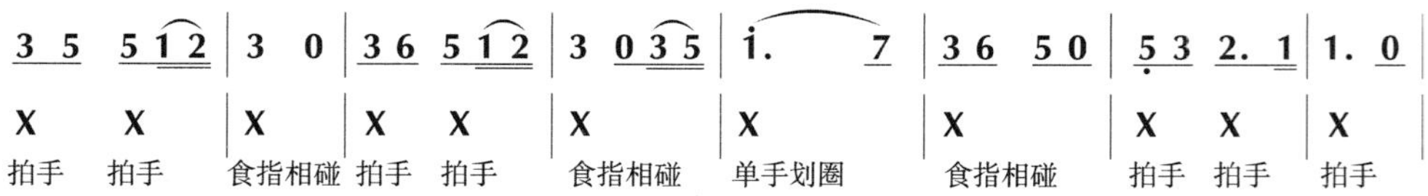

拍手：圆舞板　食指相碰：碰铃　单手划圈：铃鼓

（二）语音总谱

语音总谱就是用嗓音表示配器方案，嗓音可表现乐曲的节奏、音色、速度、力度等结构性特点，学前儿童在有节奏的朗诵练习中可轻松掌握演奏内容。常用的语音材料包括有意义的字、词、句或象声词、歌曲的衬词和无意义音节等，所选择的语音材料尽量有趣、易记、朗朗上口。

《踏雪寻梅》的语音总谱

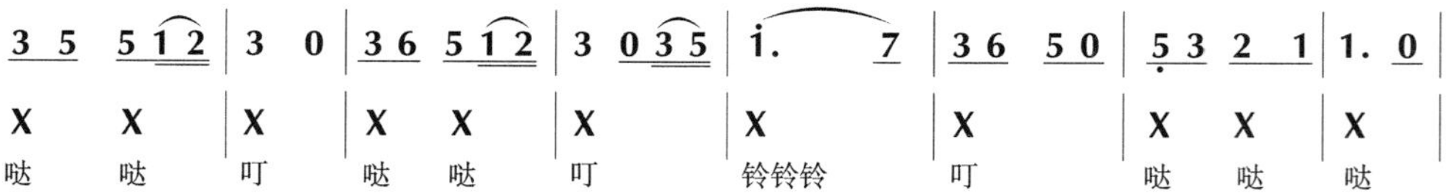

哒：圆舞板　叮：碰铃　铃铃铃：铃鼓

（三）图形总谱

图形总谱就是用形状和色彩等视觉符号表示配器方案，可视化的配器方案使原本抽象的乐谱变得具体而生动，不仅能帮助学前儿童快速掌握演奏内容，更为儿童提供了丰富的想象空间。常用的图形符号有几何图形、乐器形象的简化图形和乐器音色的象征图形等。图形总谱还能通过图形的疏密排列对节奏快慢进行暗示；通过“类比性”的图形提示乐器的音色特点和节奏型中音色的分布情况，充分发展学前儿童的观察力、记忆力、想象力和创造力。在编制图形总谱时应注意，不宜将图形总谱变成通用总谱的解释方案，避免过于复杂化、细致化的设计。需要注意的是，学前儿童使用的图形总谱只需出现按序排列的图形即可。

《踏雪寻梅》的图形总谱

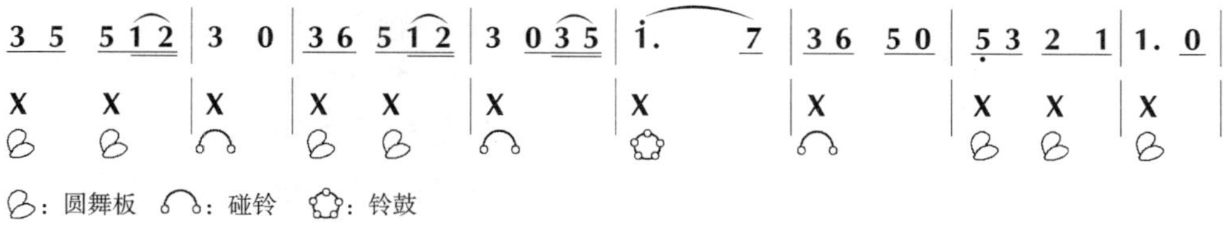

《踏雪寻梅》供儿童使用的图形总谱

第一，要选择适合学前儿童的原始作品，注意结构工整、长度适宜、旋律优美、节奏鲜明、富于趣味性；

第二，对选好的音乐作品，应先划分出结构，再在反复吟唱、仔细体会的基础上设计出对比统一的节奏型并确定适合的音色和乐器；

第三，根据配器方案选择适合的记谱形式进行变通总谱的创编。

（四）配器设计

1. 配器的原则

第一，适合学前儿童使用乐器的能力。即从以大肌肉（手臂）动作为主、手眼协调要求较低的动作，逐步过渡到部分利用腕、指动作，手眼协调要求较高的动作。注意配器应适合学前儿童能力的发展，总体上应该是简单和多重复的。

第二，适合学前儿童对变化做出反应的能力。配器方案中的节奏变化和音色变化，其频度和复杂程度应是特定年龄阶段儿童能够接受的。

为小班儿童选择的配器方案中，一般宜在乐段之间变化音色，如歌曲《这是小兵》《大雨小雨》等。在节奏方面，基本上是一拍一次或两拍一次的均匀节奏。大多数情况下，整个乐段从头至尾齐奏，中间没有音色的变化。在小班末期，可以在暗示的条件下，让学前儿童对音色的安排做出选择。

音频资源
《这是小兵》
《大雨小雨》

在为中、大班儿童选择的配器方案中，一般可在乐句之间变化音色。节奏主要是一拍一次或两拍一次的均匀节奏，偶尔也可以出现不同长短的音符组成的节奏型。如：×—×—| × × ×—|×—|× ×|等。到了大班，还可在乐段之间、乐句

音频资源
《瑶族舞曲》

之间甚至乐句之中变化节奏。如《瑶族舞曲》就可以在不同的段落里安排不同的节奏型及乐器变化。

音频资源
《娃哈哈》
《士兵进行曲》

第三，有一定的艺术性。即配器产生的音响效果能够与音乐原来的情绪、风格、结构贴近，还要有一定的个性与趣味性，能够通过重复，强调出作品的整体统一性，也能够通过适宜的变化使作品内容更加丰富。如优美、抒情的音乐就选三角铁、碰铃等；欢快活泼的《娃哈哈》，可选铃鼓、木鱼、鼓等；《士兵进行曲》可选音色低沉的大鼓、小镲等。

2. 配器的要点

(1) 为音乐作品选配乐器。由于打击乐器演奏是听觉艺术，且没有固定的配器模式，其配器以好听为前提，因此可根据音乐本身的性质来确定如何配器。一般来说，节奏欢快的音乐适合使用铃鼓、沙锤等，抒情的音乐适合使用三角铁，节奏明显的音乐适合使用圆舞板。碰铃、三角铁等，音色都较为明亮、柔和；木鱼、单响筒等，音色较干脆、坚实；串铃、铃鼓等，摇奏时都有一定的毛糙感、波动感；大鼓音色沉着、厚实；锣、镲和钹音色较为尖锐、粗糙和带有撕裂感。值得注意的是，所用乐器的多少要根据学前儿童的实际水平及乐曲的需要来确定，能根据音乐的性质充分发挥出各种乐器的特点才会使奏乐好听。

音频资源
《八月桂花遍地开》

(2) 为音乐作品选配节奏型和演奏形式。在节奏型的选配方面，可以采用某种固定的节奏型，这种节奏型既可以是乐曲本身的节奏，也可以是自配的均匀节奏，还可以根据乐曲中的节奏变化来变换节奏型或突出某个节奏型。如民歌《八月桂花遍地开》，全曲结构工整，共由四个乐句组成，第三乐句在节奏、力度等方面和其余三句呈鲜明的对比。在为乐曲选择节奏型时，可根据上述音乐结构的特点，考虑用同一种节奏型表现乐曲的第一、二、四乐句(如× ××|× ××|或×× ×|×× ×|)，而用另一种合适的、有对比性的节奏型表现第三乐句(如× ×|×× ×|)，再仔细推敲、揣摩，可以感受到× ××|× ××|的节奏比×× ×|×× ×|更具有摇荡跳跃的舞蹈感，因而更符合乐曲的特点。此外，为了体现乐曲悠扬的情绪特点，每一乐句的最后一小节可考虑选用× —|的节奏型。

在乐曲的演奏形式方面，为小班儿童编排的奏乐应简单，以齐奏为主，节奏变化不大；为中、大班儿童编排的奏乐则可稍复杂一些，可用不同乐器轮流演奏或合奏，不同乐器的节奏型也可不同。有时，同一首乐曲可以编排出不同难易程度的奏乐给不同的年龄班使用。

案例分析

音频资源
《铃儿响叮当》

大班奏乐活动《铃儿响叮当》

《铃儿响叮当》是一首曲调流畅、情绪欢快的美国歌曲。歌词描绘了一群孩子冒着大风雪，坐在马拉的雪橇上，他们的欢声笑语伴着清脆的马铃声回响在原野。

表现了孩子们热情奔放的性格，抒发了热爱美好生活的真挚情感。这是一首广为流传的歌曲，大部分儿童有印象。大班儿童爱摆弄乐器，喜欢演奏活动，在打击乐活动中培养儿童基本的合作意识、创造能力和责任感，帮助儿童初步掌握乐器演奏的一般知识和技能，发展儿童的节奏感。可以重点练习两种重点节奏型× ××和×× ×。

铃儿响叮当

1= C （5 2弦）　　　　[美]彼尔朋特　曲

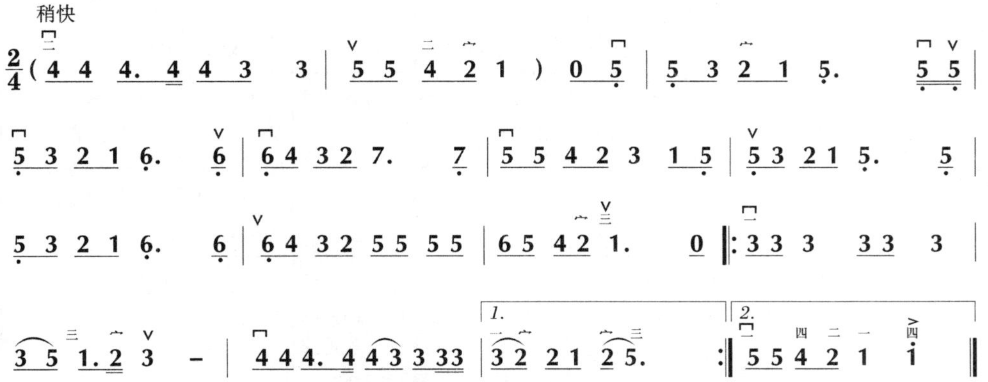

配器建议：根据配器乐谱可以轮奏或合奏。

轮奏：1—8 小节用串铃(反复)，9—16 小节用碰铃，17—24 小节用铃鼓。也可以用拍腿——串铃，拍头——碰铃，跺脚——铃鼓手。

合奏：三种乐器根据乐曲变化，同时演奏。

任务二　理解且能设计学前儿童奏乐活动的目标

一、学前儿童奏乐活动总目标

微课

学前儿童打击乐器演奏活动的目标

（一）认知目标

1. 能认识、辨别各种常用打击乐器及音色特点。
2. 掌握一些简单的节奏型，了解有关打击乐器的一些基本知识。
3. 能够理解指挥的手势含义并与指挥相配合。

（二）操作技能目标

1. 熟练掌握一些常用打击乐器的演奏方法。
2. 能在集体的演奏活动中有意识地控制、调节自己奏出的音色，使其与集体的演奏相协调。
3. 能学习并掌握使用、整理和保护乐器的一些简单规则。

（三）情感与态度目标

1. 喜欢参与奏乐活动。

2. 乐意探索乐器的不同演奏方法和尝试创造性的表现。

3. 积极体验并享受与他人合作演奏的快乐。

二、学前儿童奏乐活动年龄阶段目标

表 5-1 学前儿童奏乐活动的年龄阶段目标

	3～4 岁	4～5 岁	5～6 岁
1.	学习并掌握几种最常用打击乐器(如碰铃、串铃、铃鼓等)的演奏方法。	进一步学习并掌握一些打击乐器(如木鱼、响板、沙球等)的演奏方法。	进一步学习并掌握更多打击乐器(如三角铁、双响筒、钹等)的演奏方法。
2	初步学会看指挥开始和结束演奏。	进一步学会看指挥开始、结束和变化演奏。	能正确地根据指挥的手势开始、结束和变化演奏;能在奏乐活动中有意识地注意在音色、音量和表情上与集体相协调。
3	能够为简单、短小的二拍子和四拍子的歌曲、乐曲伴奏。	能够用乐器为二拍子、三拍子、四拍子的歌曲和乐曲配不同的简单伴奏;能初步尝试部分地参与配器方案的讨论。	能部分地参与配器方案的设计。
4	了解并遵守奏乐活动中的一些基本规则,如乐器取放的恰当位置等。	能较自觉地遵守奏乐活动中的一些常规,养成爱护乐器的态度和习惯。	能自觉地遵守奏乐活动中的一些常规,养成爱护乐器的态度和习惯。
5	喜欢操作摆弄打击乐器,喜欢参加奏乐活动。	喜欢操弄打击乐器,喜欢参加奏乐活动。	喜欢并积极参与奏乐活动。

三、学前儿童奏乐活动具体活动目标

从目标的纵向结构来看,学前儿童奏乐活动的具体活动目标的制定,应在符合总目标要求的基础上,在各年龄阶段目标的引领下进行。从横向结构来看,除音乐领域的一般内容外,学前儿童奏乐活动的具体活动目标在认知维度应突出乐曲的节奏、强度辨识,打击乐器的相关知识等;在能力维度应突出乐器奏法、随乐(指挥/变通总谱)演奏能力以及遵守奏乐规则的能力;在情感维度应突出人际合作与创新精神。活动目标的撰写要求在项目三中已有详细阐述,具体通过几个案例加以分析:

小班奏乐活动《大雨和小雨》

活动目标:

1. 根据大雨和小雨的不同音色和节奏,探索乐器的演奏方法。感受和表现声音的大、小。

2. 在教师的眼神和动作的帮助下,不演奏时能控制住铃鼓,使其不发出声音。

分析：

从整体上来看，该目标存在维度缺失、表述不够具体、条理不清晰等问题。情感维度在目标中未能得到体现；目标1中未能明确打击乐器的具体名称，对乐曲《大雨和小雨》中需要配器的部分也没有明确指出；目标2能力维度描述烦冗且缺乏整合性，条理不清晰。

修改后的活动目标：

1. 感受乐曲中“哗啦啦”和“淅沥沥”所代表的节奏强弱及音量大小。

2. 初步掌握铃鼓和马蹄铃的演奏方法，不演奏时能控制住乐器不发出声音。

3. 大胆猜测图形总谱的意义，体验使用乐器模拟雨声的乐趣。

中班奏乐活动《加油干》

活动目标：

1. 理解歌曲所表现的内容，感受歌曲中劳动号子欢快、有力的旋律、节奏及风格。

2. 初步掌握图形总谱，学会看指挥演奏沙球、响板、双响筒，并能表现“嗬嘿”的气势。

3. 喜欢参与打击乐器演奏活动，体验与同伴合奏的乐趣。

分析：

活动目标符合中班儿童奏乐能力且有一定挑战性，从结构上来看目标照顾到了三个维度，表述具体而不拖沓，美中不足的是目标3未能联系具体活动内容，稍显笼统，建议修改为：与同伴协调配合完成演奏，体会劳动与合作带来的快乐。

大伴奏乐活动《喜洋洋》

活动目标：

1. 激发同伴合作演奏的兴趣，体验乐曲欢快、热烈的情绪。

2. 在学习看图谱的基础上进行节奏练习，培养其对音乐的感受力、表现力。

3. 初步了解乐曲ABA的三段体结构，尝试使用打击乐器演奏。

分析：

原目标存在主语不统一的问题，在同一个活动目标中，各条目标的主语应保持一致，激发、培养等常用于以教师为主语的教育目标中，而体验、了解、尝试等关键词常用于以儿童为主语的发展目标中（提倡统一写发展目标）。除此之外，“对音乐的感受力、表现力”的培养属于非行为化目标，且无法在一次具体活动中完成，显得空洞而缺乏可操作性。目标3中尝试使用打击乐器演奏，未能描述清楚使用何种打击乐器，不够具体。对于大班儿童在奏乐活动中应突出的创新性也没有提及。

修改后的活动目标：

1. 了解《喜洋洋》ABA 的三段体结构，感受乐曲欢快、活泼的节奏及喜庆、热烈的风格特点。

2. 根据动作总谱完成节奏练习，掌握双响筒、小镲、手鼓的演奏方法，探索铃鼓的不同演奏方法。

3. 小组合作尝试改编 B 段节奏型并交换乐器完成新编内容的演奏，体验改编节奏带来的创作乐趣。

练一练

请你分析以下目标并对其进行修改。

小班奏乐活动《洋娃娃和小熊跳舞》

活动目标：

1. 熟悉乐曲旋律，感受乐曲的欢乐情绪，并用打击乐器为乐曲伴奏。

2. 用拍手动作表现节奏型，了解八分休止符的含义。

3. 学习看图谱进行打击乐器演奏。

任务三　掌握学前儿童奏乐活动的设计要点

一、常规的学前儿童奏乐活动的设计思路

学前儿童奏乐活动的设计思路一般包括导入、欣赏乐曲、练习节奏型、合奏练习和发展练习五个步骤。

微课

学前儿童打击乐器演奏活动的导入设计

（一）导入

导入方式的选择通常取决于乐曲的不同特点。一般情况下，具有鲜明形象特点的乐曲作品较适合采用故事导入的方法，如：大班奏乐活动《铃儿响叮当》，教师通过讲述圣诞老人驾着雪橇送礼物的故事情节，激发学前儿童欣赏乐曲的兴趣，从而引出活动主题。而如果所选择的是在以往组织歌唱或韵律活动时使用过的乐曲时，可直接采用经验导入的方式，让学前儿童在唱唱、跳跳中唤起已有经验，回顾乐曲内容。打击乐器对学前儿童有着天然的吸引力，教师可直接以符合乐曲风格特点的乐器导入，在自由探索乐器中开始活动。如在对有明显“蛙声”的《森林狂想曲》进行导入时，引导儿童探索蛙鸣筒的发声方式，再自然过渡到乐曲的欣赏环节。此外，还可根据乐曲特点选择谜语导入、节奏导入、变通总谱导入等形式。

（二）欣赏乐曲

欣赏乐曲的环节主要目的在于帮助学前儿童感知音乐的内容、风格、力度、速度、节奏、情绪等。学前儿童在这一环节对乐曲的倾听和理解，往往对接下来的

演奏起到非常重要的影响作用。因此，教师在组织这一环节时，要充分利用乐曲本身的魅力，引导学前儿童安静、仔细地倾听，感知乐曲特点。倾听的遍数一般在2～3遍，可根据乐曲的难易程度和学前儿童的年龄特点来确定，并在此过程中通过提问、动作、图谱等形式引导学前儿童参与到乐曲特点的分析中来。如大班奏乐活动《铃儿响叮当》，在导入活动后引导学前儿童对乐曲进行第一遍欣赏，并提问："乐曲共有几段？你听完后的感觉如何？"透过提问引导学前儿童儿童初步感知乐曲。接着进行第二遍欣赏，并提问："第一段和第二段的节奏有什么不同？圣诞老人在这两段音乐中分别在做什么？"引导学前儿童进一步感受乐曲的意境。

（三）练习节奏型

在这一环节中，教师需要帮助学前儿童掌握演奏时使用到的不同节奏型以及它们的排列顺序，此步骤可采用模仿学习变通总谱或在教师的指导下参与创作变通总谱的方式，进一步把握乐曲的结构。除此之外，大部分的奏乐活动会用到不同乐器进行轮奏与合奏。因此，在熟练掌握变通总谱的基础之上，进入合奏之前还应进行徒手练习，以免造成不必要的混乱。徒手练习时可采用先分声练习后集体练习的顺序；也可采用先全体儿童共同练习不同乐器的奏法，然后以分声部的方式进行。如在大班奏乐活动《铃儿响叮当》中，教师出示图形总谱，分别引导碰铃声部、木鱼声部、串铃声部用食指相碰、拍手和单手握拳画圈的动作，徒手练习节奏。需要引起注意的是，徒手练习的时间不宜过长，一方面会占用后续环节的时间，另一方面迟迟拿不到乐器也会降低学前儿童参与活动的积极性。

（四）合奏练习

这里的合奏有两层含义，其一是乐曲与乐器的合奏，其二是参与演奏的所有声部的合奏。为使合奏顺利进行，学前儿童必须掌握以下知识和能力。

微课

学前儿童打击乐器演奏活动的指挥与常规要求

1. 指挥

在奏乐活动中，如果想与集体很好地配合，演奏出和谐、统一、优美的音响效果，就必须学会看指挥的手势。指挥可由教师担任，也可在充分熟练后由学前儿童担任。指挥学前儿童奏乐活动的手势与指挥成人专业音乐活动中的手势有所区别。专业音乐活动中的指挥手势复杂多变，学前儿童无法掌握也不需要掌握专业的技巧，他们只要知道一些简单的手势动作即可。它包括：

（1）了解"准备"、"开始"、"结束"、"轮流"、"合奏"的动作。

（2）了解速度快、慢的动作。

（3）了解力度强、弱的动作。

学前儿童在演奏过程中要时刻注视着指挥，能够看懂指挥的动作并做出正确的配合，使音乐作品的整体音响达到协调一致。

视频资源

《木瓜恰恰恰》
《土耳其进行曲》

拓展阅读→

幼儿园奏乐活动的指挥要点

第一，教师在指挥时，动作必须明确、准确并具有热情。教师应学会用动作表示“准备”、“开始”和“结束”，并能使自己的准备动作清楚、明确，易于让被指挥者做出反应。

也就是说，什么时候准备演奏，什么时候开始，又是什么时候结束，教师都必须用明确的手势或眼神予以提醒。如，在大班奏乐活动《小矮人寻宝记》中，教师在音乐开始时将两手张开手心向上，预示准备，等到要演奏时身体带动头部，转向要演奏的儿童，手部呈开始状态，以模仿蛙鸣筒的演奏方式指挥，在圆弧响板要开始时，进行方位移动，用身体跟手以预示下一乐器（圆弧响板）演奏的准备工作，在演奏结束时双手交叉握拳以示结束。此外，在指挥时，教师应将身体倾向于被指挥者，用眼睛亲切、热情地注视被指挥者，用体态和表情激起被指挥者的合作热情。并注意用目光的短暂停顿与有特殊需要的儿童进行特殊的“对话”。用目光可以在不中断指挥、演奏的过程中给儿童各种“支持”。这种指导方式在完整的演奏练习中显得尤为重要。

第二，教师在指挥时，必须按照规定的节奏来，决不能只是划拍子。教师指挥时，不能用划拍子的方式进行指挥，这会干扰儿童对节奏型的记忆和再现，也使一些基础较弱的儿童不能很快地反应过来。

应该使用击打节奏型法，即使用演奏乐器的模仿动作进行指挥，同时必须表现出音乐节奏的疏密，必须把节奏完全表现出来，以此提示儿童，从而减轻他们的记忆负担，使儿童能够轻松自如地正确演奏和享受音乐。如，在大班奏乐活动《森林音乐会》中，教师往往采用模仿打击乐器演奏的方法进行指挥，在敲击铃鼓时，不同的旋律有很多种不同的敲击方式。音乐平缓时，教师就模仿敲击鼓面的指挥方法，儿童便会明白铃鼓在这里是这样演奏的，到了节奏强的地方时，教师就击拍铃鼓，儿童也会立刻会意，并做出回应。这种方法使得儿童能够明确自己的演奏方式，让他们感觉演奏其实是一件轻松愉快的事情，并不是一种任务。此外，教师还应注意节奏的把握，使得指挥充满激情。

第三，教师在指挥时，应注意空间站位，以便于灵活地将身体转向任何声部。在教学活动中，教师要经常灵活地进行空间移动，空间移动的目的是让儿童明白教师的指挥意图。如，在大班奏乐活动《森林音乐会》中，教师站在“U”形口的中间，张开双臂，手心朝上，一只手略微向前，右脚跨出，即示意此时应由中间两排儿童（铃鼓组）演奏，若再加上语言提示，则中间两排的儿童将更容易明白教师的意图，两侧纵排的儿童（沙球组和圆弧响板组）也更容易明白自己不在教师所指挥的范围内。此外，教师在指挥时向儿童靠近，意味着更多的控制和帮助；教师离开儿童，意味着更多的信任和解放。最后，教师的移动还意味着对个别儿童的特殊提醒。此类儿童主要表现为走神、情绪低落、技术困难等。

第四，教师在指挥时，应注意提前预示教师在指挥时应在声部转换之前提前将自己头部和目光转向下一个将要演奏的声部。如，在大班奏乐活动《小矮人寻宝记》中，教师在指挥儿童演奏时共用了三种乐器演奏：蛙鸣筒、碰铃跟圆弧板，在乐曲的第一段是蛙鸣筒跟圆舞板的交替演奏，教师利用手势指挥蛙鸣筒，用头部的转动提示圆弧板准备，并用眼神与所有儿童交流。在第二段音乐开始前通过方位移动（即向前跨一步）做好提前预示，在方位移动的同时，两手向两边伸出，掌心向下，以示两边暂停演奏而中间的碰铃做准备。儿童在教师明确的指挥跟预示下将乐曲演奏得激情澎湃。

第五，教师在指挥时，应针对不同的对象采用不同的指挥方法。教师的指挥，还应顾及儿童的年龄及基础。当儿童年龄比较小或基础较弱的时候，教师的指挥应采用模仿打击乐器的演奏方法给予指挥。如，在指挥小铃演奏时，教师可以用两手食指轻轻相触的方式指挥，必要的时候还可以采用语言提醒和空间接近的方式予以指挥。对于年龄比较大的儿童或者基础较强的班级，教师的指挥应尽量使用手势和眼神，减少语言指示，可以直接采用击拍法，甚至即兴指挥的方法进行演奏。

2. 奏乐活动常规

奏乐活动是一种具有很强操作性的活动。由于学前儿童的好奇心强，而自制力相对较差，因此当儿童触碰到乐器时就会玩弄乐器，发出各种各样的音响，以至于活动纪律难以维持，造成演奏活动无法正常进行。因此，建立打击乐器演奏活动的常规要求非常重要。

(1) 活动开始和结束的常规

听音乐或口令或得到指挥信号后，到指定的地方取出乐器或是在活动结束后放回乐器。当乐器取出后，迅速回到座位将乐器放在大腿上，不玩弄乐器，不发出任何声音，集中注意力，等待指挥者下一步的指示。开始演奏时，按照指挥者的手势将乐器拿起，做好演奏的准备。演奏结束，按照指挥者的手势将乐器放回大腿上，不再发出任何声响。

(2) 演奏时的常规

在演奏过程中，要集中注意力，时刻注意指挥者的手势，目光与指挥者进行交流，不做与演奏无关的事，并且倾听自己演奏的声音是否与整体的音响融为一体，切身感受到演奏音乐的快乐、活动的乐趣。交换乐器时，将原来使用的乐器放在座椅上，再迅速无声地找到新的座位，拿起新乐器，做好演奏准备，交换过程中不与他人或场内座椅相互碰撞。

（五）发展练习

在奏乐活动结束之前，还可利用最后几分钟时间加入更高级的挑战，如交换乐器、互换声部、改编节奏型、累加乐器等。

1. **交换乐器/声部**

一般在儿童能够较为准确地演奏一种配器方案之后方可指导儿童正确地交换乐器。交换乐器演奏这一环节可以使儿童熟悉不同乐器的演奏方式与节奏，从而更完整地体会整个配器方案。

2. **尝试成为指挥者**

教师应该鼓励儿童尝试学习做指挥者。首先，教师指挥真实的演奏为儿童做出指挥演奏的良好榜样，在必要的时候还可以与儿童一起讨论打击乐指挥的基本动作、手势及其含义，随后请全体儿童模仿教师提供的指挥动作。教师可以带领儿童随着音乐指挥自己的假想乐队。最后，在教师的带领或提示下，请个别儿童尝试指挥真实的演奏，必要时教师可以先请儿童讲述自己打算如何指挥。在此基础上，教师还可以鼓励儿童采用即兴的方式来指挥及根据自己的情况部分改编原有的配器方案，在儿童即兴指挥之前担任指挥的儿童应该与演奏者之间达成共识，使演奏者对将要改变的配器方案有所了解。

3. **累加新乐器**

在初步学会演奏某一乐曲之后，教师可以尝试给儿童更大的挑战，比如让儿童为初步完成的作品增加新的特色乐器。首先，教师可以让儿童挑选自己认为可以累加的新乐器，并说明选择该乐器的原因，增加儿童对乐器，尤其是对乐器音色的了解。其次，让儿童选择乐器累加的声部，即新的乐器可以放在音乐的哪个部分出现或者与哪种乐器一起演奏，新累加的乐器与原来的乐器在音色上应较为接近，在演奏时可以同时出现。最后请儿童为新乐器选择适合的位置，新增加的乐器在空间上应该与同音色组的乐器安排在一起。

以上为学前儿童奏乐活动中常用的发展练习形式，在具体的活动方案设计中还需根据学情进行选择和使用。值得一提的是，以上学前儿童奏乐活动的设计流程适合新手型教师在初学阶段快速上手，并不是固定模式，教师在累积足够经验后，可按照实际情况进行调整和创新。

二、游戏化的学前儿童奏乐活动的设计

学前儿童天生具有对外界事物探究的好奇倾向，他们对外界具有天生强烈的吸引力。因此，能够占有和探究物体并弄出声响，对学前儿童来说本身就是一种有趣的游戏。当这些原始的奏乐冲动与律动游戏结合在一起时，自然就变成了奏乐游戏，举例如下：

（一）从开始处进入的游戏

案例分析

大班奏乐游戏《切分的时钟》

切分音时钟

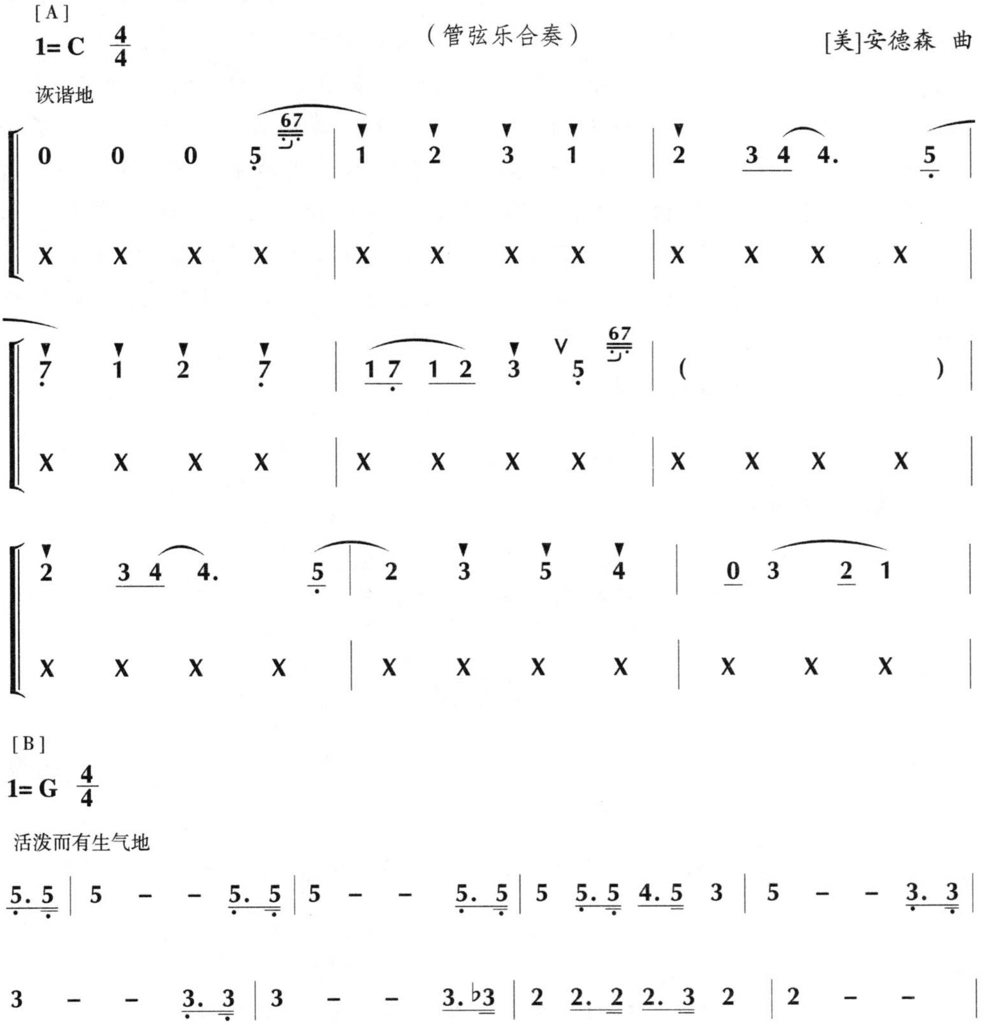

1. 教师一人一只手装作鳄鱼，另一人一只手装作猴子，相互配合玩“猴子逗鳄鱼”的游戏。（教师反复说“逮不着”时，猴子用食指快速在鳄鱼嘴里横向左右晃动，教师说“啊呜”时，鳄鱼咬猴子，猴子快速将食指抽出）

2. 各人一只手装作鳄鱼，另一只手装作猴子，相互配合，和自己玩“猴子逗鳄鱼”的游戏。（仍由教师发出语言指令）

3. 认识三角铁：模仿教师用两手食指和大拇指做成三角状，迁移上述游戏动作。也可实际使用三角铁玩上述游戏。

4. 教师敲击双响筒跟随音乐《切分的时钟》演奏相应的部分，邀请儿童在时钟闹铃响的部分演奏。

5. 教师用表演动作指挥儿童分成两声部（双响筒和三角铁）跟随音乐演奏。

6. 志愿者轮流用表演动作指挥其他儿童分成两声部（双响筒和三角铁），跟随音乐演奏。（演奏期间可以自由交换乐器）

《切分音时钟》为莱罗尔·安德森（Leroy Anderson）于1945年所创作之管弦乐曲，灵感来自随处可见的普通时钟，以切分音刻画出的时钟的独特节奏。一开始就由木鱼敲出时钟之规律的滴答声，并以木鱼持续出现于整曲，中段插入了闹钟（三角铁）乐段。最后时钟坏掉音乐停止，还会听到发条松懈的“咻”的声音，展现独特的滑稽与幽默。该案例在开始部分即选取“猴子逗鳄鱼”的情景引导大班儿童在游戏中熟悉贯穿全曲的切分节奏，在儿童熟悉游戏后带入三角铁、双响筒（依据大班儿童特点将乐曲中的木鱼替换为同为脆响音色组的双响筒）等打击乐器进行节奏练习和合作演奏。从开始部分进入的游戏化奏乐活动，能快速有效调动起儿童参与活动的兴趣和积极性，对提高活动环节的有效性起到极佳的促进作用。

（二）从中间处插入的游戏

案例分析

大班奏乐游戏《库乞乞》

库乞乞

1= C $\frac{2}{4}$　　　　外国民间舞曲

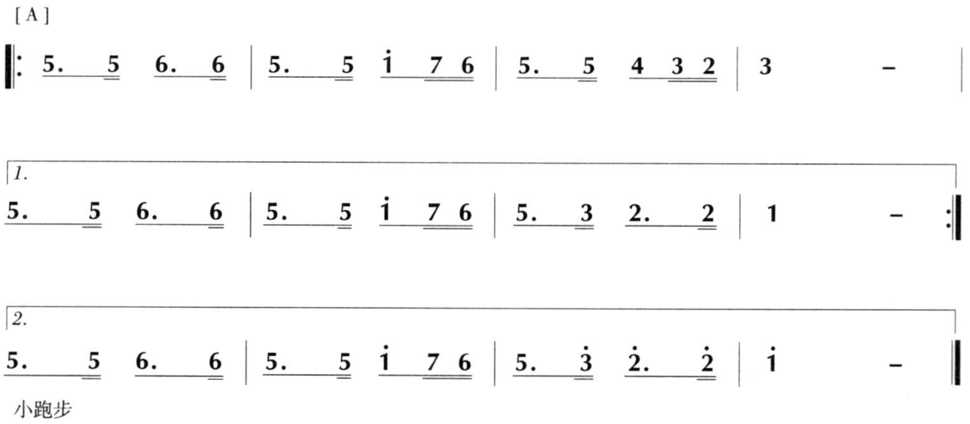

[B]

5 #5 | 6 7 | 5 #5 | 6 7 |

(动)双手高举快抖手腕

[C]

‖: X – | X – | X X | X – :‖

库 库 库 乞 乞

1. 教师用三种简单的动作(如拍腿、抖手腕、拍手)随乐感受和表现音乐的A段、过渡和B段三部分。(坐在座位上,重复2～3遍,在音乐的B部分跟随录音喊"库—库—库乞乞")

2. 在教师的鼓励和引导下,将表现A段音乐的第一种动作(如:拍腿)改成别的动作,其他不变。(坐在座位上,个别儿童说出自己的创意,集体练习,重复3～4遍)

3. 教师请所有儿童事先想好自己的动作,临时邀请到谁,谁就担当领袖带领大家在音乐的A段部分做动作,其他不变。(坐在座位上,音乐连续播放2遍,可重复3～4遍)

4. 回忆复习"抢椅子"游戏,并跟随前面刚熟悉的新音乐玩这个游戏。(在音乐的A部分行走,在音乐的过渡部分抢椅子,在音乐的B部分,坐在椅子上拍手和喊"库乞乞")没有抢到椅子的儿童按游戏规则成为领袖,准备接下来用新动作带领大家行走。(音乐连续进行2遍,可重复2遍)

5. 将乐器摆放在椅子上,抢到椅子的儿童将拍手动作改成奏乐,其他不变。

《库乞乞》是奥尔夫音乐中一首很有特色的乐曲,全曲可分为ABC三部分。第一部分由四句基本相同的乐句组成,欢快而又跳跃;第二部分是四个向上级进的长音;第三部分是一个由人声念出的固定节奏型(节奏为库—|库—|库乞|乞—|)。听上去很有趣神秘,每一个乐句的旋律结构鲜明、节奏感强、长度适中,适合大班儿童来感受。该案例采取从活动的展开部分插入游戏,由跟随教师做简单的随乐动作开始感受乐曲ABC的结构及风格特点,在理解乐曲基础上,让儿童为乐曲创编律动表演动作组合,动作内容可以融合旅行游玩、城堡舞会、找宝藏等游戏情境(未在案例中赘述),通过创编动作发展创造力,促进儿童之间的相互交流与合作,并利用"抢椅子"游戏尝试将动作转化为奏乐。从中间部分插入的游戏化奏乐活动,逐层递进、边玩边学,使儿童沉浸在游戏的快乐中,在乐此不疲的游戏中自然突破重难点。

(三)在结束处插入的游戏

案例分析

中班奏乐游戏《拨弦——勇敢的乐手》

1. 跟随教师的指点观察音乐地图，了解故事梗概和音乐结构，在音乐的强音部分跟随教师拍手。

2. 分成三个声部，跟随教师的指挥动作，分别用不同乐器演奏音乐中的强音。

3. 教师邀请一名幼儿自愿担任指挥，其他不变。

4. 全体幼儿扮演勇敢的小动物，用椅子围建三座城堡，教师扮演"强盗"，使用鼓或某种音色特殊的乐器，假装要去进攻小动物的城堡(实际上仍旧是教师用动作和空间移动在指挥不同声部的幼儿轮流演奏强音)，小动物使用演奏的声音赶走"强盗"。

5. 如有条件，教师可邀请幼儿自愿担任指挥并表演"强盗"。

该作品为奥地利著名作曲家小约翰·施特劳斯和其兄弟约瑟夫·施特劳斯合作而成的一首杰出小品，原为 ABA 结构。由于其 A 段是由小提琴用拨弦的方式演奏的，别具特色，加之旋律活泼，被称为"拨弦"，案例中提供给儿童的就是 A 段。该段又可分成四个大句，每个大句又可再分为小句，各小句一般都以带重音的跳音结束。其中的规律是：第一大句的第 1、2、3 小句有重音结束，第二、四大句的第 1、2、4 小句有重音结束，第三大句只有两小句，它的第 1 小句有重音结束。本段乐曲尤其能培养儿童的听辨力。该案例为乐曲编配了"小动物和强盗"的游戏情境，在活动的主干部分已经引导儿童感受乐曲跳跃的旋律特点，通过层层递进的奏乐练习反复感知把握乐曲中的重音和乐句结构，活动的主要目标已经基本完成，此时儿童的身心容易出现"疲惫"状态，注意力逐渐下降，因此在结束部分插入角色扮演游戏，启发儿童尝试用动作和奏乐结合对乐曲进行更加个性化的表现，可重新唤起儿童参与活动的积极性，使他们在游戏化的教学情境中，充分感受奏乐活动的快乐，起到锦上添花的作用。

（四）贯穿始终的游戏

案例分析

小班奏乐游戏《大象和小蚊子》

1. 全体幼儿在手腕、脚腕(或其中之一)套上小串铃。听教师讲述大象散步，睡觉，蚊子叮大象，大象使用尾巴赶蚊子，大象再睡觉，蚊子再叮大象，大象生气了，一跺脚，蚊子昏倒的简单故事。在讲到小蚊子飞出来的时候，教师邀请幼儿离开座位，小碎步自由移动，同时抖动臂膀，震响小串铃；在教师讲到使用尾巴赶蚊子的时候，引导幼儿回到座位表演害怕的样子；在教师讲到小蚊子昏倒的时候，引导幼儿回到座位表演昏倒的样子。

2. 教师在讲述大象散步和跺脚时，加入大鼓的演奏，其他不变。

3. 教师在讲述大象使用尾巴赶蚊子时，加入蛙鸣筒的刮奏，其他不变。

4. 如有条件，教师可邀请幼儿自愿演奏大鼓。

《大象和小蚊子》是一个角色对比明显、节奏感较强的奏乐游戏，案例采用“蚊子叮大象、大象赶蚊子”的故事背景贯穿始终，引导小班儿童在敲敲打打中愉快地进行演奏游戏，从中获得不同乐器音色的体验及满足模仿的需求。故事内容简单富有趣味性，动物角色声音特点明显，将富有童趣的故事情节与对比鲜明的音乐融合在一起，很容易唤起儿童的已有经验，在游戏体验中获得对乐曲强度、速度等特点的感知。活动过程中教师引导儿童对“蚊子”和“大象”这两个对比鲜明的游戏角色通过不同动作和乐器进行塑造，整个过程生动有趣，一线贯穿，在愉快宽松的氛围中完成了活动目标。

三、学前儿童奏乐活动的空间设计

乐器演奏时，舒适的空间安排是保证有序演奏的重要因素，能保证活动的秩序和声响音色混响效果，成为活动整体审美效果的有机组成部分，奏乐活动中常用的演奏队形有以下几种：

（一）半圆形

常用于小班或较为简单的音乐作品，可用分段切割的方法来安排不同的音色组，在半圆形中，教师是圆心，儿童是半圆上的每一个点，教师与每位儿童的距离是基本相等的，便于教师与儿童的视线交往（见图 5－15）。

图 5－15　半圆形队形

（二）马蹄形（双马蹄形）

单马蹄形或双马蹄形一般可以分为左边、右边和中间三个小组，每一个小组分为一个音色组，在该队形中教师应特别注意：不要总是面对某一个方向的儿童，应根据指挥的需要不断改变自己的方向，在采用双马蹄形时则需要教师靠近儿童时可以将两侧儿童的方向转为面对面的方式，也可以使三组儿童同时面向教师，教师处于马蹄形的中间，以便于教师和儿童有良好的互动，该队形一般选择在中班使用（见图 5－16）。

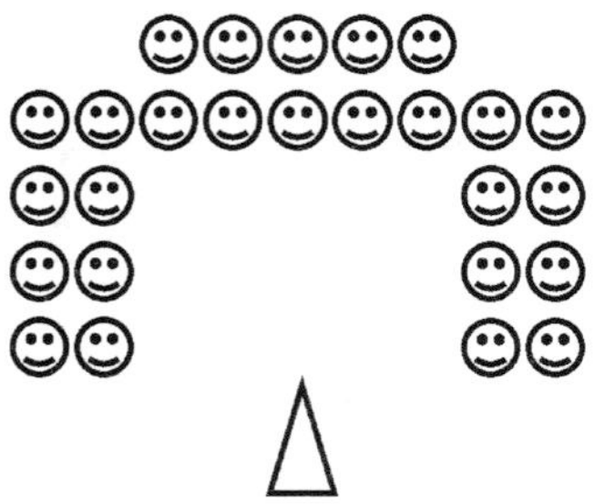

图 5-16　马蹄形队形

（三）品字形

品字形是将乐器分为三组，左边、右边和后面中间各为一个音色组。三组之间在空间上的分割较为明显，儿童对于自己的分组认识难度不大，在演奏过程中三个音色组同时面向前方教师，教师也应该特别注意与后面一组儿童进行交流，该队形一般适用于中大班的奏乐活动(见图 5-17)。

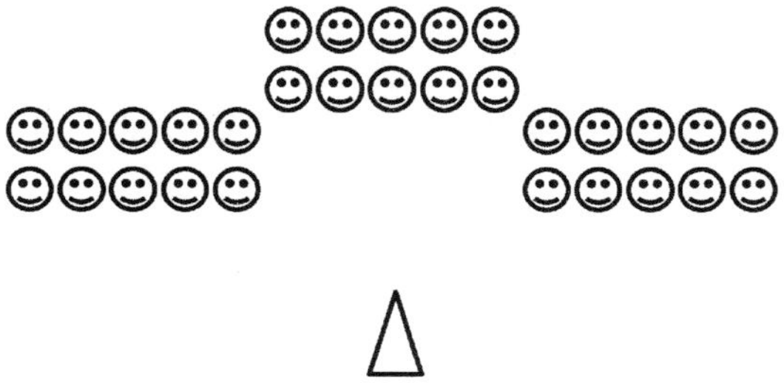

图 5-17　品字形队形

（四）满天星形

满天星形一般分为六列三组，每两列为一个音色组，因为不同音色组之间，空间上没有明显的分界线。所以该队形对于儿童的认知和自我控制能力有较高的要求，因此满天星队形一般在大班的奏乐活动中出现(见图 5-18)。

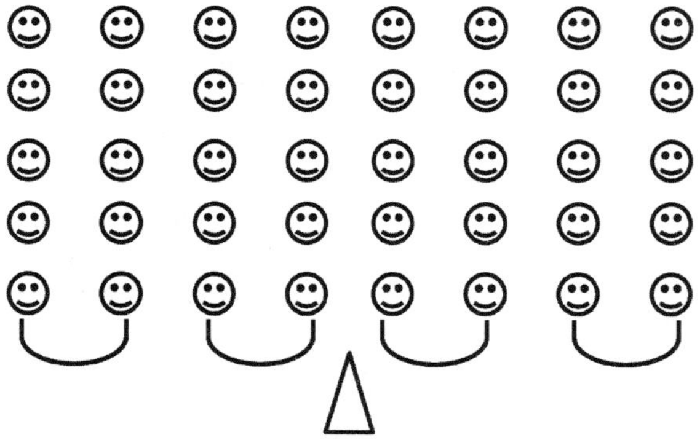

图 5-18　满天星形队形

任务四　设计学前儿童奏乐活动的活动方案

中班奏乐活动《加油干》

音频资源

《加油干》

加油干

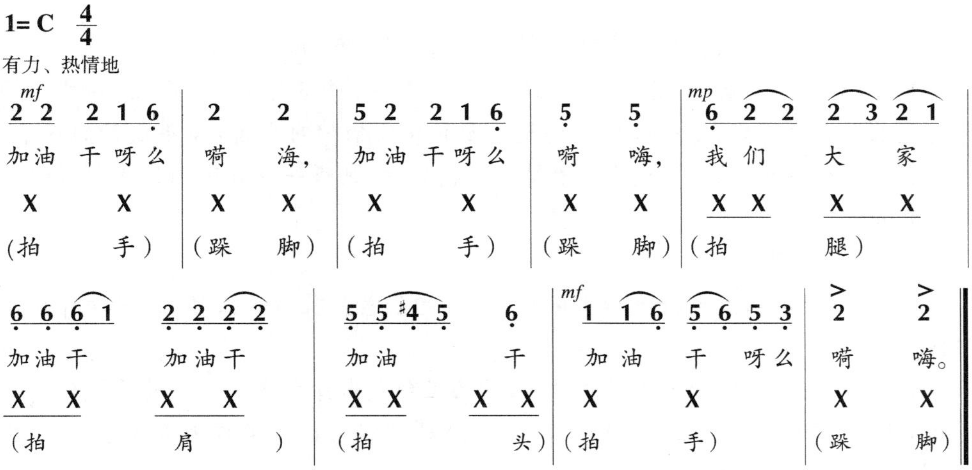

设计意图：

《加油干》这首劳动号子是产生并应用于劳动的民间歌曲，曲调明快简单，易学易唱。节奏是四二拍子，强弱分明；气质风格上直爽、豪迈、热情、高昂；语言方面简单明了，富有节奏。非常适合进行打击乐活动的尝试和表现，培养儿童感知和表现歌曲速度和力度变化。为了更好地将节奏乐和劳动的音乐融合，在设计活动时，考虑到幼儿打击乐的水平有限，选择让幼儿在充分欣赏音乐以后，先采用指定配器方案进行练习演奏，接着让幼儿自主配器，旨在让幼儿在尝试演奏中，喜欢上打击乐，体验合作的快乐。在幼儿学唱歌曲的同时结合手部动作，体会到歌曲《加油干》的有力特点，运用打击乐器对该节奏乐活动进行演奏，能充分体现雄壮有力形象的艺术作品所带来的精神振奋的愉悦情绪。中班幼儿已经认识多种打击乐器，能用固定的节奏为熟悉的歌曲或乐曲伴奏。在组织过的音乐游戏和身体节奏乐活动中，发现单纯的游戏和节奏乐还不能完全满足幼儿对雄壮有力形象的体验。运用打击乐器对该节奏乐活动进行演奏，更能充分地满足幼儿对打击乐器的好奇和参与指挥的需求。

活动目标：

1. 理解歌曲所表现的内容，感受歌曲中劳动号子欢快、有力的旋律、节奏及风格。

2. 初步掌握变通图谱，学会看指挥演奏沙球、响板、双响筒，并能表现“嗬嗨”的气势。

3. 与同伴协调配合完成演奏，体会劳动与合作带来的快乐。

活动准备：

经验准备：幼儿知道劳动是一件辛苦的事情。

物质准备：变通总谱，音乐《加油干》，沙球、响板、双响筒各6个，座椅摆放呈马蹄形。

活动过程：

一、歌唱导入

师幼共同演唱歌曲《加油干》开始活动。

教师：小朋友们，你们还记得上周我们共同学习的《加油干》这首歌曲吗？让我们一起唱一唱。

教师：在唱这首歌曲后你有什么感受？（有力气，有劲）

教师：对了，《加油干》是一首劳动时加油的歌曲，每当唱起这首歌曲，农民伯伯劳动起来就会更有劲、更有精神。今天果园的农民伯伯对我说：今年他种的苹果、香蕉和橘子全部都丰收了，这真是太棒了，我们一起来听一下农民伯伯是怎样唱这首歌曲的吧。

二、欣赏乐曲

播放音频《加油干》，引导幼儿倾听歌曲，重点感受歌曲的强拍，并用动作表示"嗬嗨"。

教师：你们听农民伯伯劳动的时候，嘴巴里会发出什么声音？（"嗬嗨"）你们觉得在唱这首歌时，哪些地方要用点力，那"嗬嗨"可以用什么动作来表示？（双手握拳）我们一起来试一试。

教师：我们再来听一遍，这一次听好要求，当农民伯伯唱到"嗬嗨"时，小朋友们要加上动作。

三、随图形总谱练习节奏型

出示图形总谱，引导幼儿识谱并用动作练习节奏。

教师：老师这里有一张《加油干》的图谱，我们一起来看一看，图谱上有什么？（爱心、苹果、香蕉、橘子）这里有一个爱心表示拍一次手，这里有一个大爱心和小爱心，你知道是怎么拍手的？大爱心表示拍手慢一点，小爱心表示拍手快一点，我们一起来试一试，看到苹果我们要拍腿拍快一点而且要拍四下，看到香蕉我们就要拍肩膀，也要拍四下，看到橘子就拍头，也是拍四下。

引导幼儿进行集体和分组的徒手练习2～3遍。

四、引入乐器，练习合奏

出示乐器，提问乐器的名称和演奏方法，请幼儿自选乐器，看图形总谱随指挥练习合奏。

教师：看，今天老师还带来了乐器，今天我们就给《加油干》来打节奏（拿出打击乐器，让幼儿说说这些乐器的名称，请个别小朋友上前演示乐器的演奏方法）。

教师：这次我们不拍手了，一起用乐器来把《加油干》演奏出来，老师先来当指挥，小朋友们一定要看清楚哦。

五、发展练习，结束活动

请2～3名幼儿尝试担任小指挥，继续进行演奏练习。

教师：小朋友们配合得真棒，下面谁愿意来当小小指挥家帮老师指挥大家演奏呢？

教师：农民伯伯听了你们演奏得这么有力，他真开心，他想请你们到他们的果园里去品尝果子。我们一起出发吧。

活动延伸：

在韵律活动中随乐练习“摘果子”，体会劳动的辛苦与快乐。

活动分析：

《加油干》是一首劳动号子，这首乐曲节奏活泼、有力、旋律优美。为了更好地将打击乐器和劳动的音乐融合，教师根据中班儿童节奏乐发展的实际情况，并从幼儿的兴趣点出发，设计了此次活动。整个活动中，教师以幼儿的需要为主导，以一定的情境为依托，以互动的过程为支撑，以丰富的情感为内驱力，将活动推向高潮。整个活动表现出了活泼、轻快的气氛，使幼儿充分地体验到了奏乐活动的成功与喜悦。

大班奏乐活动《快乐的修鞋匠》

音频资源

《嘉禾舞曲》

嘉禾舞曲

戈塞克　曲
梁瑞华　编曲

1= C $\frac{4}{4}$

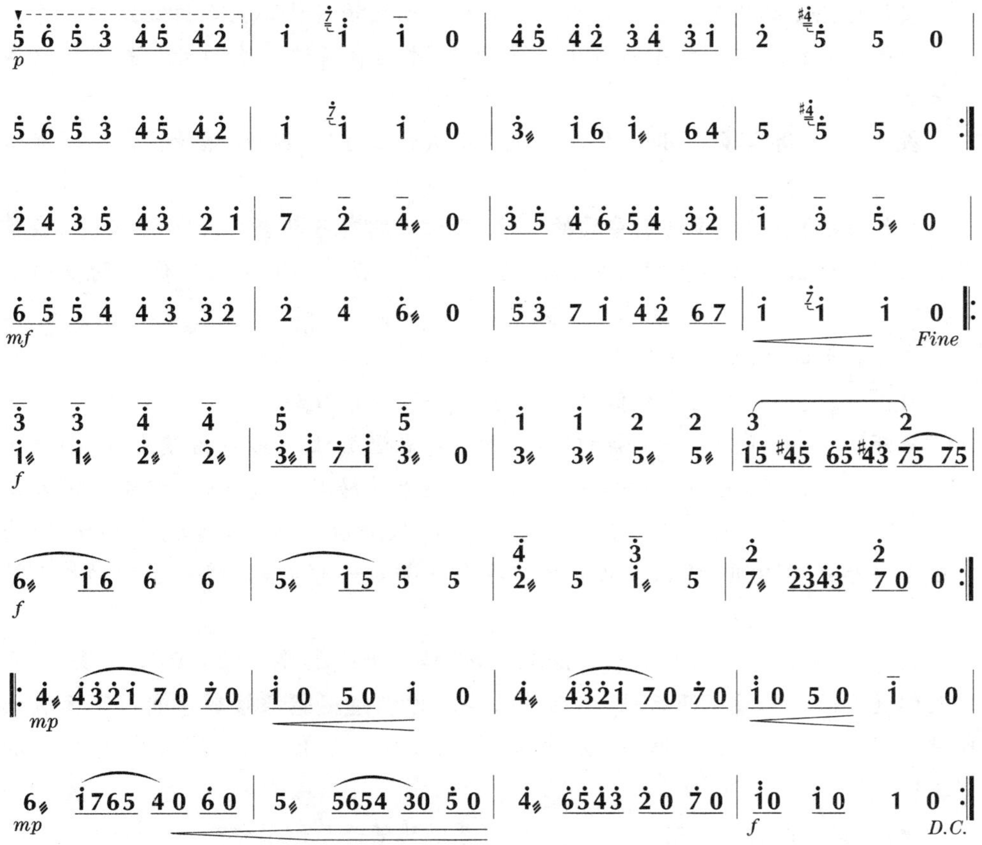

设计意图：

乐曲《嘉禾舞曲》有着比较明显的节奏，大班的幼儿能够辨别，同时教师提供的沙锤、单响筒、鼓也有明显的特质，因此易于做到乐曲与乐器的匹配融合。大班幼儿对音高、力度、音色等音乐因素有一定的辨别意识和能力，在活动的前几个环节已通过提问、动作、图谱的辅助，使幼儿对乐曲有一个初步的感受，为最后环节的乐器伴奏做好铺垫。紧接着，再让幼儿尝试用乐器进行伴奏，通过乐器的逐个练习，由浅入深、层层递进地让幼儿掌握活动的关键点，理解并能自己分组看指挥表现乐器与音乐的融合，实现打击乐器教学的真实价值。

活动目标：

1. 感受乐曲 ABC 的曲式结构，运用身体动作表现《嘉禾舞曲》的主要节奏型。

2. 按自己的意愿选择乐器，能跟随指挥，大胆与同伴合作演奏。

3. 遵守演奏中的常规要求，体会小组配器的成就感。

活动准备：

经验准备：有一定的操作乐器经验，会玩节奏游戏。

物质准备：图谱、《嘉禾舞曲》音乐、沙棒、串铃、单响筒、大鼓、道具胡子。

活动过程：

一、讨论手的用处，引发兴趣

谈话讨论手的用处，引出钉的动作，并引导幼儿用身体其他部位做钉的动作。

教师：小朋友，老师的手能做出许多动作，你们能通过我手的动作知道我在做些什么吗？

教师：手有这么多的用处，你看我现在变成什么了？（锤子）锤子什么时候能够用到？（自由回答）

教师：我的锤子能干特别重要的事情，哪位小朋友可以告诉大家，除了手，我们身体上还有什么部位能做锤子？（脚、胳膊、头、屁股……） 真棒！ 你们的身体真灵活！

二、角色模仿，练习节奏动作

引出修鞋匠，带领幼儿模仿修鞋的动作，并随音乐做动作。

教师：今天老师带来一个新的客人，你们看看他是谁？（教师扮演皮鞋匠）孩子们，你们好！ 你们知道我是谁吗？ 我是一个快乐的修鞋匠，我每天都要修很多的鞋子，你们想不想看我是怎么修鞋的？ 先把两只鞋放在地上，然后笑三声（因为我是个快乐的修鞋匠，所以在修鞋之前要笑三声，哈、哈、哈），修鞋子的动作有缝和钉。

教师：你们想不想做个快乐的修鞋匠，修鞋之前我们要先学会的就是快乐，我每天都这样做——放下两只鞋，然后笑三声。你们想不想来修鞋子啊？ 下面我们把鞋子脱下一只，我是指挥，我说钉你们就钉，我说缝你们就缝，要听好我说的节奏！

教师：钉、钉、钉……缝、缝、缝……（引导幼儿随音乐做动作）

教师：知道吗？我还喜欢随音乐进行修鞋呢，这样我就更加快乐了！（放音乐，教师和幼儿随着音乐做动作）

三、学习图形总谱，欣赏《嘉禾舞曲》

教师出示并讲解图形总谱的节奏特点，引导幼儿随音乐做变通总谱中的动作2～3遍。

教师：这是两只大靴子、老爷爷的笑脸，锤子用来钉鞋，针用来缝鞋。下面我们给老爷爷配音。看老师的指挥，我指哪里，你们就做相应的动作。

四、打击乐器合奏练习

请幼儿自由选择角色，分组讨论配器方案并练习合奏。

教师：下面我请小朋友来扮演老爷爷的两只大靴子、老爷爷的笑声、锤子和针。到了你扮演的部分就请你来打节奏，明白了吗？（放音乐徒手练习1遍）

教师：老师这里有四种乐器，我们来看看哪种乐器适合表现哪个动作。小朋友8个人一组，一共4种乐器，每个声部2个人，你们小组自己讨论哪个动作用什么乐器来演奏。一会儿老师来指挥，2组幼儿分别来演奏。

五、交换乐器，集体练习，活动结束

请幼儿自由交换乐器，提醒幼儿注意交换时将乐器放在座椅上，再迅速无声选择新的座位，拿起新乐器，随指挥集体练习合奏。

教师：小朋友们配合得都很默契，咱们玩了这么半天，你们还不知道这首乐曲的名字，现在老师来告诉你们，这首乐曲的名字叫《嘉禾舞曲》。

活动延伸：

在生活角练习系鞋带。

活动分析：

奏乐活动《嘉禾舞曲》选择“快乐的修鞋匠”来贯穿活动的始终。首先，在开场活动选择了与本次内容相关的有节奏的手部动作，目的是让幼儿初步感知乐曲节奏；其次，在形式上没有用传统的教师示范来教授，而是引导幼儿模仿鞋匠，让幼儿通过回忆生活经验来自己创编动作，使幼儿真正成为活动的主体，大大调动了幼儿参与音乐活动的积极性。幼儿在活动中少了具体动作指导的束缚，扩散性思维得到了充分的发展。有了这些了解之后，幼儿跟随音乐打击乐器时就可以很轻松地自行表演。最后，幼儿跟随音乐通过分角色表演，促进表演的欲望，使自己在活动中能更加自信、大胆地表现，会看老师的手指进行分声部表演，并在表演中学会根据音乐的节奏来变换自己的动作和表情，培养了自信、开朗的个性，也促进了幼儿之间的友好交往。

大班奏乐活动《森林音乐会》

视频资源

《森林狂想曲》

森林狂想曲

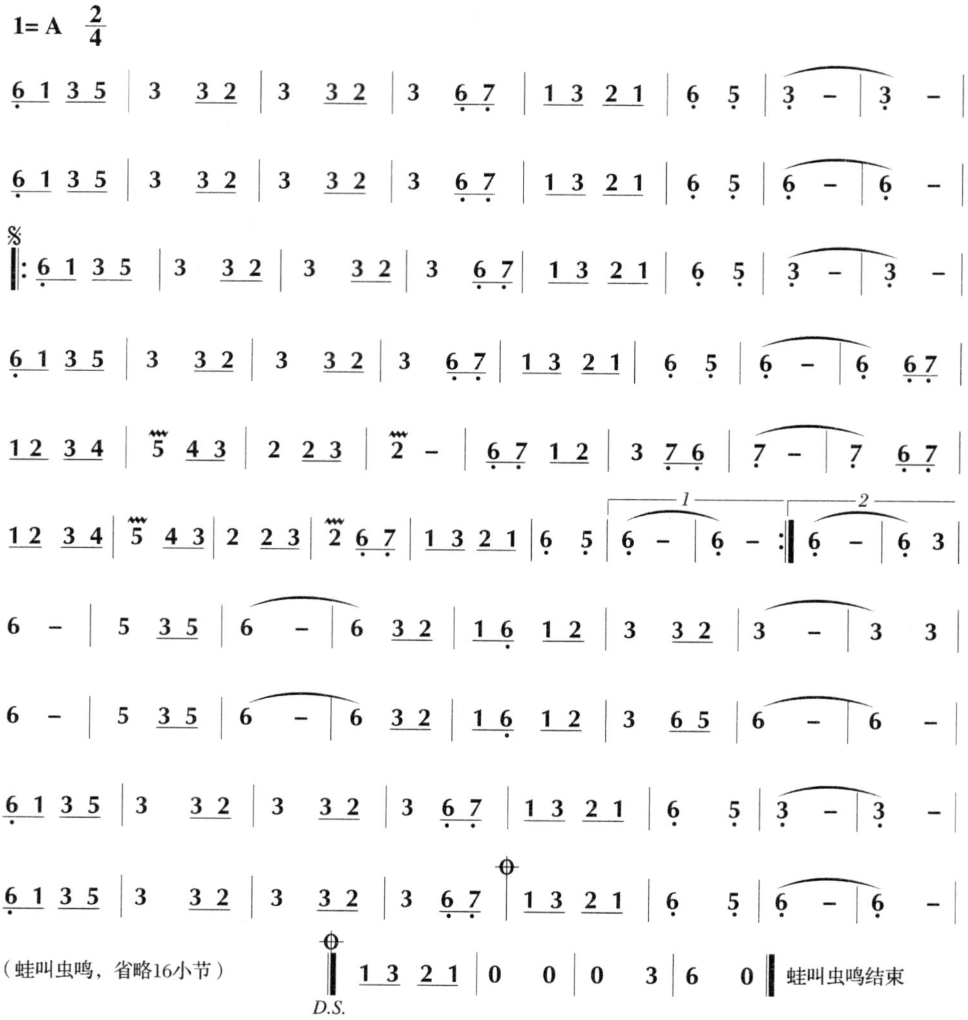

设计意图：

《指南》中指出，教育活动内容的选择要贴近幼儿的生活，选择幼儿感兴趣的事物。《森林音乐会》是一节有趣的打击乐器演奏活动，幼儿通过欣赏乐曲《森林狂想曲》感受动物与自然、动物与动物、动物与人类之间的和谐之美。其中，乐曲所展现的和谐优美的意境令人神往，大班幼儿团结合作意识强，能够通过小组合作讨论来进行角色分组。在熟悉乐曲的基础上，可以运用身体动作以及乐器表现乐曲节奏。《森林音乐会》正是这样一个生动、有趣、富有想象空间并蕴含丰富情感教育的活动。尝试运用打击乐器，提高幼儿的乐感，培养节奏感以及爱护动物、保护大自然的情感体验！

活动目标：

1. 初步理解乐曲，发挥想象，运用肢体动作和打击乐器等方式，表现乐曲欢快的节奏。

2. 能够边听音乐边看图形总谱，进行演奏，感受乐曲的不同节奏类型，体验合作演奏的乐趣。

3. 积极参与打击乐器演奏活动，萌发爱护小动物、热爱大自然的美好情感。

活动准备：

经验准备：会看图谱及图谱上所表现的各种符号。

物质准备：PPT课件、大图谱、小图谱、设计模板、铃鼓、圆舞板、碰铃、乐器标志、音乐《森林狂想曲》。

活动过程：

一、完整欣赏、感受音乐

谈话导入，引出主题，讲述森林音乐会的故事，播放音乐，引导幼儿欣赏音乐《森林狂想曲》。

教师：告诉大家一个好消息，今天森林里要开音乐会，这里有一首非常好听的乐曲叫作《森林狂想曲》，请小朋友仔细听，猜一猜哪些小动物要来参加呢。

教师：太阳公公笑眯眯地照耀着大地；大树伯伯伸长了手臂，好像正要拥抱我们；小草也伸了伸懒腰，好像在为我们的到来打着招呼；小青蛙在小河里跳来跳去“呱呱”地唱歌；小鸭子在岸边跳起了欢快的舞蹈，仿佛真的是一名舞蹈演员……你们看，小孔雀也来了，她展开了羽毛，正在为它们喝彩，为它们鼓掌呢。这是一幅多么美丽、多么温馨的画面啊！

二、借助图谱，练习节奏

结合图谱，用肢体动作和拍手等方式分别练习“小青蛙”、“小鸭子”、“小孔雀”的节拍，感受节奏。引导幼儿随音乐看图形总谱拍打节奏。

三、配器与练习

出示乐器，分组讨论设计配器方案并练习演奏。

教师：老师给小朋友带来了三种乐器，分别是碰铃、圆舞板和铃鼓，我们一起来认识一下它们吧！

教师：小朋友们与伙伴们讨论一下，哪个适合演奏小青蛙唱歌？小鸭子和孔雀的音乐适合用什么乐器演奏？我们把乐器卡片粘贴在图谱上。

分组展示方案，尝试演奏。教师根据幼儿熟悉节奏的程度梳理分组要求及规则。

教师：下面请两组小朋友根据你们设计的配器方案来给我们演奏一下吧！

小结：给予两组幼儿肯定与鼓励并出示最新方案，与儿童共同商讨配器结果。

四、自选角色，完整演奏

教师宣布森林音乐会正式开始，教师指挥，幼儿集体完整演奏乐曲。

五、改编配器，活动结束

引导幼儿想象还有哪些小动物会来参加森林音乐会，说说可以用哪些乐器进行演奏并尝试在演奏中验证自己的想法。

教师：小朋友们，你们表演得太精彩了。小动物们都为你们鼓掌了，那小朋友们你们知道吗，这些可爱的小动物们都是我们人类的朋友，我们共同生存在这个美丽的地球上，让我们一起爱护它们、保护它们。

活动延伸：

在音乐活动区投放更多乐器和乐曲，幼儿根据乐曲的特点来选择不同的乐器自由演奏。

活动分析：

学习奏乐活动，首先要让幼儿欣赏、熟悉、感受、理解音乐的内容、性质、风格及乐器结构，让幼儿熟知与了解各种打击乐器并学会操作。整个活动的各个环节紧密相连，幼儿在倾听音乐中大胆想象乐曲表现的主题，教师通过巧妙地提问引导幼儿一步步想象青蛙、鸭子、孔雀表演的节目，幼儿运用已有经验在教师的提问中逐渐归纳自己的发现与想法。通过参照图谱、讨论等方式，在欣赏音乐的过程中感知节奏，逐步熟悉乐曲并表现节奏。教师要鼓励幼儿大胆表现，并对幼儿给予充分的肯定。这个活动有以下几个亮点：

1. 情感的萌发：既能充分展示表现音乐的具体形象，又便于幼儿顺利进入意境当中。

2. 图形总谱的运用：平时使用的乐谱，其结构体系十分复杂，对于认知水平有限的幼儿来讲，要很好地把握是很困难的。为此，活动中专门设计了一些生动、形象的图形符号来代替，如青蛙、鸭子、孔雀、羽毛等图谱，以此来帮助幼儿消化难以掌握的节奏。

3. 分组讨论：大班幼儿具有强烈的合作意识，在讨论中，教师既要尊重幼儿的想法，又可以得到一些幼儿心中的“答案”，让幼儿的个性得到发展。

整个活动较好地达成了活动目标，也很好地解决了活动难点。活动气氛积极、快乐，使每位幼儿都乐于参与活动。在奏乐活动中，教师还注重幼儿合作能力的培养。过程清晰，环环紧扣，层层推进，给幼儿创设自由的环境，让幼儿尝试、探索，给幼儿大胆思考、表现创造的机会。

考点聚焦

★ 学前儿童奏乐活动的方法

★ 学前儿童奏乐活动方案的撰写

国考链接

1. 一般来说，在幼儿园奏乐活动中，哪个年龄班的儿童可开始探索同一乐器的不同演奏方法。（　　）（模拟题）

A. 托班　　　　B. 小班

C. 中班　　　　D. 大班

2. 三角铁最适合在(　　)年龄班使用。(模拟题)

A. 小班　　B. 中班

C. 大班　　D. 不能在幼儿园使用

3. 下列乐器中,声音清脆、明亮,无绵延音,颗粒性强,可以敲打节奏复杂、速度较快一些的节奏型的是(　　)。(模拟题)

A. 铃鼓　　B. 圆舞板

C. 碰铃　　D. 沙锤

4. 在培养学前儿童的合作意识与协调能力方面发挥重要作用的活动是(　　)。(模拟题)

A. 歌唱活动　　B. 韵律活动

C. 奏乐活动　　D. 音乐欣赏活动

5. 下列关于变通总谱的说法,不正确的是(　　)。(模拟题)

A. 不宜用笨拙的肢体动作表现较为密集的节奏

B. 可以用大的图形表示时值较长,小的图形表示时值较短

C. 可以从符号或图形之间的比例把握节奏的快慢

D. 为了提高奏乐的准确率,儿童也要学会看旋律谱和节奏谱

6. 下列演奏常规,正确的是(　　)。(模拟题)

A. 演奏时一定要专注自己的声部,不必关心或聆听别的声部的演奏

B. 看到座位底下有乐器就可以拿起来尝试

C. 演奏时注视指挥者,积极地与指挥者交流

D. 活动结束后,将乐器放在自己座位上就可以

项目五

参考答案

思考与实训

思考:

1. 学前儿童奏乐活动的选材要点有哪些?

2. 学前儿童奏乐活动配器的流程是怎样的?

3. 学前儿童奏乐活动的常规分别有哪些?

实训:

1. 在奥尔夫音乐教育实训室中尝试演奏各种类型的打击乐器,熟悉打击乐器的名称、音色、演奏方法。

2. 为歌曲《小红帽》分别绘制语音总谱、图形总谱和动作总谱,要求变通总谱内容完整、生动,能起到帮助学前儿童掌握歌曲结构的作用。

3. 自选一首乐曲,自定年龄班,分析乐曲特点,思考配器,并设计一个奏乐活动,要求写出详案。

4. 利用"学前教育专业 AR 虚拟仿真实训平台",进行乐器分类练习,自选乐曲进行配器方案设计并进行小组合奏。

项目六

学前儿童音乐欣赏活动的设计与指导

学习目标

知识目标：理解学前儿童音乐欣赏活动选材要点；理解学前儿童音乐欣赏活动的目标。

能力目标：掌握学前儿童音乐欣赏活动的设计思路与指导要点；学会撰写学前儿童音乐欣赏活动方案。

情感目标：能接纳中外不同风格的音乐作品，对设计学前儿童音乐欣赏活动产生兴趣，有一定的想法与创新性。

学习重难点

1. 理解学前儿童音乐欣赏活动的选材，学会撰写学前儿童音乐欣赏活动目标。
2. 能根据学前儿童音乐欣赏活动的设计思路，设计与实施学前儿童音乐欣赏活动。

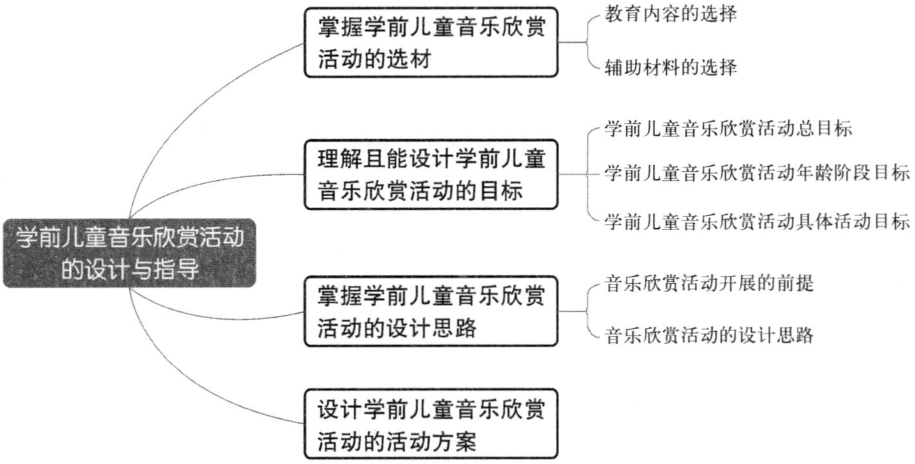

情境导入

有的教师在学前儿童音乐欣赏活动中，往往忽视了音乐教育本身的审美特点，过于偏重认知；有的教师在欣赏过程中指导语过多、控制过多，导致儿童的思维与想象受到过多影响，主体地位无从体现，或是一直游离在音乐之外；有的教师在确定活动目标、选择音乐作品时忽视了儿童的身心特点、认知规律、生活经验等，使欣赏活动不能激发儿童的兴趣和主动性；有的教师为了训练儿童的想象力，在不进行任何音乐作品介绍的情况下，就让儿童欣赏作品，并要求他们用语言或动作表达作品的形象、内容，如果儿童没有回答正确，教师就认为他们没有音乐细胞，摇摇头表示惋惜。

针对以上问题，本项目重点探讨教师应该如何把握儿童的兴趣、需要和经验，结合不同年龄阶段儿童在音乐欣赏活动中的特点和表现，充分认识音乐欣赏活动潜在的教育价值，以提高儿童对音乐作品的欣赏兴趣，具备一定的审美能力。

任务一　掌握学前儿童音乐欣赏活动的选材

美国著名儿童音乐教育心理学家詹姆斯·莫塞尔在其音乐教育心理学名著《学校音乐教育心理学》一书中反复强调：在普通学校中，音乐教育就是欣赏教育，就是为了欣赏而进行的教育。

学前儿童音乐欣赏的素材可以是自然界、生活中各种印象和各种类型的音乐作品，抑或是舞蹈、戏剧、音乐剧等各种形式的艺术表演。因此，选择适合儿童的音乐欣赏素材才能助其获得更好的审美感受。

一、教育内容的选择

微课

学前儿童音乐欣赏活动的内容与选材

（一）倾听周围环境中的声音

已有的生活经验是学前儿童欣赏音乐的基础，是儿童感知、体验和理解音乐的前提条件。在我们周围的环境中，无论是自然界还是社会生活中都充满了各种声响，鸟叫、暴风的呼啸、雨水的滴答、汽车滴滴声、火车飞机“隆隆”的声音等。因此，教师应力求捕捉周围环境中符合音乐欣赏知识、与幼儿生活经验相结合的“生活现象”，采集环境、生活中的声音，引入学前儿童的活动中，让儿童感受到声音的有趣和声音内在的表现力，不断增强儿童对各种声音的敏感性。

日常生活中随时可以引导学前儿童进行倾听的活动，主要有以下几种：

倾听活动室中的声音，如教师的琴声、小朋友的说话声、玩具翻动的声音、桌椅接触地面的声音等。

倾听睡眠室中的声音，如打呼噜的声音、闹钟的声音等。

倾听活动场所中的声音，如户外场地上风吹树枝摇动、脚踩树叶的沙沙声，小雨淅沥沥、大雨哗啦啦的声音，小朋友拍球、蹦跳等各种活动的声音等。

倾听家里生活的声音，如爸爸妈妈的说话声，厨房里洗菜、切菜、炒菜的声音等。

倾听马路上的声音，如车来车往的鸣笛声等。

倾听公园、郊外的声音，如鸟叫声、蛙鸣声、游玩人嬉戏的声音等。

倾听建筑工地上的声音，如搅拌机的轰隆声、各种工程车发出的声音等。

案例分析

音乐欣赏活动《下雨啦》

大自然是一个充满各种声音的“不安宁”的世界，雨声、鸟声、哗哗的落叶声、呜呜的风声……这些都是倾听声音、了解声音表现力的丰富素材。一场雨看似一般，可是对于教师来说是一个难得的教育契机。

小班	中班
教师带领幼儿到凉棚下欣赏雨景。教师请幼儿看、听、说下雨的景象、小雨的声音、小雨落到的地方和落下的样子……将自己的发现与感受尽情表达出来。	教师利用这一自然现象，向幼儿提出问题“小雨的声音是怎样的”，“它都落在什么地方”，“落在不同地方时的声音一样吗”等，引导幼儿细心观察、仔细倾听、大胆表达。幼儿一边观察、倾听，一边将自己发现的秘密与同伴分享：“小雨哗啦啦、哗啦啦下着”，“小雨落在房顶上、小水坑里、台阶上”……

（二）倾听人体发出的声音

自己的身体是学前儿童最熟悉的部分，倾听可以先从身体各部位发出的声音开始，如教师与学前儿童面对面坐在一起，让学前儿童倾听并模仿教师发出的各种人体的声音，如拍手声、捻指声、弹击声、拍腿声、跺脚声、轻快的跳动声与说话、唱歌时的各种嗓音。还可以增加难度，玩传话游戏和声音模仿游戏。

教师有意识地引导学前儿童发现、倾听这些生活中美妙的声音，感受声音的各种不同特质，如高、低、远、近、强、弱、长、短、响亮、轻柔……在重复、回忆、模仿中寻找适合的语言去形容、描述这些声音，如优美、欢快、活泼、悲伤、安静、忧郁……提高学前儿童对音乐表现手段的感受能力。

（三）倾听音乐作品

目前，音乐作品主要有歌曲、器乐曲，包括标题音乐与无标题音乐、舞蹈、戏剧等各种类型的艺术作品。根据学前儿童的特点，音乐作品的选择要贴近儿童日常生活，贴近社会现象，便于儿童理解欣赏的内容；从表现形式上应该多样化，既有独唱、重唱、齐唱、轮唱，又有独奏、齐奏、合奏等多种表现手段；从作品风格上应寻求多元化，所选的音乐除了中国作品外，还可以选择一些具有特色的外国音乐作品。

音频资源

《彼得和狼》
《牧童短笛》
《对花》

1. 音乐作品的类型

优秀的中外少年儿童歌曲，包括创作的歌曲和广泛流传的民歌、童谣，如《捉泥鳅》《种太阳》等；由歌曲改编的器乐曲，包括由中外优秀儿童歌曲及优秀民歌改编的器乐曲，如《洋娃娃和小熊跳舞》等；专门为儿童创作的简单器乐曲，如《扑蝴蝶》《兔跳》等；专门为儿童创作的音乐童话的片段，如《龟兔赛跑》《彼得和狼》等；中外著名的音乐作品或其中的片段，如《牧童短笛》《金蛇狂舞》；戏曲唱段或含戏曲元素的歌曲、乐曲，如《说唱脸谱》《对花》等。

视频资源

《说唱脸谱》

案例分析

大班音乐欣赏活动《苏三起解》

音频资源

《苏三起解》

苏三起解

顾冠仁 编曲
梅葆玖 演唱

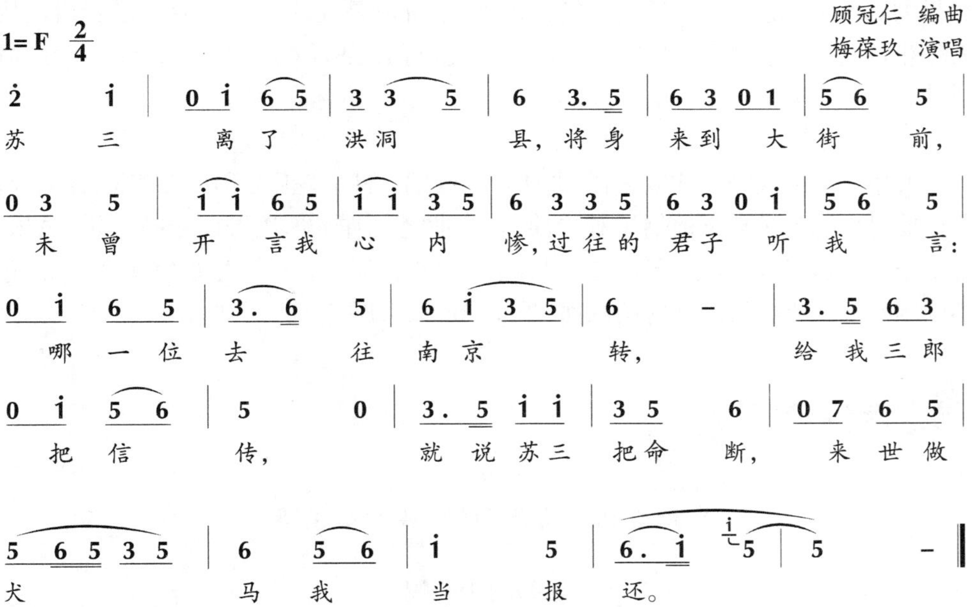

分析：《苏三起解》这段京剧旦角西皮旋律广为流传。长度及速度适中，一声叫板加八句唱腔，并且唱词工整。针对幼儿年龄特点，教师可以播放视频片段，也可自身表演，给幼儿提供近距离欣赏的机会。同时，还可将一些京剧动作的概念呈现给幼儿，如圆场步、云手、手腕花等。

2. 音乐作品选择的总体要求

学前儿童参与欣赏活动的内驱力来源于在音乐作品的吸引下产生强烈的表现欲望，所以选材是学前儿童音乐欣赏活动成功与否的关键。总体上应该具备以下几方面的要求：

（1）审美性

审美性主要是指音乐作品要有较强的艺术性，音乐形象鲜明，无论是在听觉、视觉等方面，都能给欣赏者以审美的享受。尽力选择公认的优秀音乐作品。只有让儿童直接与音乐大师对话，才能更好地发展其对优秀音乐作品的敏感性。

（2）教育性

教育性主要指的是音乐作品的艺术形象应该积极向上，有助于陶冶与丰富儿童的心灵，激发儿童热爱生活的愿望，熏陶儿童健康的审美情趣。

音频资源

《赛马》

（3）适宜性

适宜性主要指的是音乐作品所表达的内容、形象与情感，应贴近学前儿童的生活，易为儿童感受与理解。音乐作品的形式应比较简单，结构单纯工整，篇幅较短，旋律生动，节奏鲜明，有一定的情节，如《春天在哪里》《赛马》等。

（4）丰富性

提供给学前儿童欣赏的音乐作品的内容、题材应丰富，以扩大学前儿童的音乐视野，丰富其赏析音乐的经验。音乐欣赏作品的内容宜多样，除歌曲、器乐曲外，还可适当增加舞蹈、戏曲等方面的内容。音乐作品的题材应广泛，可以是反映自然界的，如动植物、季节特征、天气变化等，也可以是反映社会生活的，如节日、成人的生活劳动、歌颂祖国、军队、英雄等，也可以是反映儿童的生活、学习、游戏等。

（5）多样性

音乐作品的表现形式宜多样，歌曲可有独唱、齐唱、轮唱、重唱、二声部合唱等；器乐曲可以选各种典型的器乐独奏曲、合奏曲、重奏曲等，还可以选择金乐、民乐、管弦乐、交响乐片段；舞蹈可以是独舞，也可以是群舞。音乐风格也宜多样，可以包括中国乃至世界各民族优秀的歌曲、乐曲、戏曲、舞蹈等。

案例分析

中班音乐欣赏活动《迷路的小花鸭》

音频资源

《迷路的小花鸭》

迷路的小花鸭

王　森 词
谢白倩 曲

1= E $\frac{2}{4}$

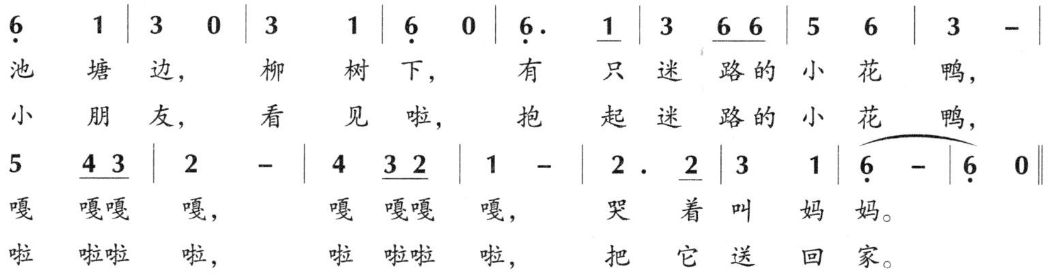

分析：《迷路的小花鸭》篇幅短小，结构单纯，形象鲜明，音乐旋律优美且两段在强度、速度上差别明显，歌词通俗易懂、美好、有趣、有意义，很适合年龄较小的幼儿欣赏。教师也可以利用该音乐激发幼儿的同情心，培养幼儿助人为乐的好品德。该材料的选择也符合适宜性、教育性、丰富性等要求。

3. 音乐作品选择的年龄特征

一般情况下，小班的音乐欣赏以歌曲为主，比例可以适当增多，歌词简单明了，主题鲜明，如《打电话》《小燕子》等。乐曲的形象鲜明突出，乐曲篇幅较短，如《拍球》描写了拍球的节奏与快乐，《大象与小鸟》中的大象与小鸟的音乐形象对比十分鲜明，小年龄的儿童也能很快地感受、理解与表现。小班欣赏的器乐曲，要形象单一鲜明，有标题，如《小鸟的歌》等。最好具有模拟的声音，如军号声、马蹄声、火车鸣笛声、汽车喇叭声等。

音频资源
《大象和小鸟》

为中、大班儿童选择的音乐作品仍以歌曲为主，内容、性质和表现形式要比小班更多样，除了欣赏振奋的进行曲、安静的摇篮曲、活泼愉快的舞曲和优美的抒情曲外，还可以让儿童听一些篇幅较长、形式较复杂的叙事性歌曲，如《听妈妈讲那过去的事情》等。可适当增加器乐曲的比例，无标题音乐的比例和音乐的长度也可适当增大，且音乐的形象可以更加丰富。还可增加音乐评书《东北人都是活雷锋》等形式多样的音乐作品。

音频资源
《听妈妈讲那过去的事情》

除此以外，还有一些音乐作品，小、中、大班儿童都可以欣赏，但是要求应有所不同。

拓展阅读

音乐作品的处理

世界上、历史上的许多著名的音乐作品已经普遍应用于早期儿童音乐教育，并已经收到良好的效果。但是我们也发现，大量中外著名音乐作品以及一些为大年龄儿童创作的音乐童话过于复杂，学前儿童不易接受。因此，教师通常要对所选的音乐作品进行一定的节选或改编。常用的方法有节选片段和压缩结构。

节选片段，即截取作品中相对独立的片段。例如《狮王进行曲》和《水族馆》作为两首独立的欣赏乐曲，都是从圣桑的管弦乐组曲《动物狂欢节》中节选出来的。节选后的音乐片段结构相对完整，有完满的结束感，形象鲜明生动，长度也比较适中，完全可以满足学前儿童的欣赏要求。

压缩结构，即删减作品中的某些部分，将另一些相对独立的片段摘选出来，重新拼接而成。例如奥尔特的《钟表店》，原作品的结构是“引子—A—B—A—过渡—C—A—尾声”。在为小班儿童截取时，可以选择其中的“引子—A—尾声”；为中班儿童截取时，可以选择“引子—A—B—A—尾声”。这些作品经过压缩以后，结构变得单纯而清晰，长度也变得较为适中，也就比较容易被学前儿童接受了。

二、辅助材料的选择

学前儿童在音乐欣赏活动中获得音乐经验，不仅靠安静地聆听，而且必须通过身体动作和即兴表演等方式，与音乐作品之间进行深度的互动，使其想象活跃，情感有所触动。因此，欣赏活动中使用辅助材料，其目的是帮助学前儿童更好地感受和理解音乐作品。许卓娅教授认为，音乐欣赏的辅助材料一般有动作材料、语言材料、视觉材料三种。

（一）动作材料

欣赏音乐不是被动地接受，而应当鼓励学前儿童直接用身体动作来表现对音乐的情感反应，这是帮助儿童感知、理解和表现音乐最自然、最重要的途径之一。高尔基说过："在听音乐时，得用自己的经验、印象和知识去补充。"儿童的生活经验有限，但是儿童感受音乐的能力并不差，且有较强的表现欲望。当音乐响起时，儿童会情不自禁地手舞足蹈起来。因此，运用肢体语言与音乐相渗透被视为一种有价值的欣赏形式。

然而与通常的韵律活动不同，音乐欣赏的动作素材要能反映音乐的性质，即动作与音乐在节奏、旋律、结构、内容、情感等方面的一致。因此，动作素材应具备以下特征：一是选择大多数学前儿童能够自然做出的简单、熟悉的动作，而不是选择复杂、繁琐的动作，避免因动作难度偏高而影响学前儿童对音乐的理解和感受。例如，在欣赏《运动员进行曲》时，可让儿童随乐曲打节奏。又如在欣赏《摇篮曲》时，让儿童用轻柔的动作哄宝宝睡觉。二是动作素材不一定是教师提前设定好的，应经常让学前儿童有机会自己选择动作或自创动作，独立地对音乐做出反应，提升创造力。三是教师在为学前儿童欣赏活动选择动作材料时，只需要考虑动作反映的性质，而非具体的动作。例如，在欣赏一首优美的抒情音乐时，教师只需确定学前儿童所做动作的性质应是柔软、连贯、绵长、自由的即可。

音频资源

《运动员进行曲》

（二）语言材料

语言材料在这里特指含有艺术形象的有声文学材料，如故事、散文、诗歌、童谣等。在音乐欣赏中适当地运用语言材料能把抽象的音乐变得形象化，帮助学前儿童更好地理解与表现音乐作品。

音频资源

《梦幻曲》

欣赏中的语言素材应该使用有幻想的、有情感的、结构优美的文学性语言，尽量不用或少用理性的、分析性的语言。选择语言辅助素材的首要条件是，该语言素材与音乐欣赏的要求一致。这里说的"一致"，不仅指文学作品本身的结构、内容、形象和情感与音乐协调一致；也指讲述或朗诵文学作品时，语言的音调、节奏、力度、音色、风格等与音乐协调一致。如欣赏舒曼的《梦幻曲》时，所配的语言素材是童话故事《梨子小提琴》。不仅《梦幻曲》具有梦幻性，而且讲述和朗诵故事时也要能保持和渲染这种梦幻性。再如欣赏乐曲《聪明孩子和笨老狼》时，教师可用提示性语言："当笨老狼回头看你的时候，只要你不动，就不会被笨老狼发现"，增强赏析

视频资源

《聪明孩子和笨老狼》

的神秘感和趣味性。

选择语言辅助素材的次要条件是：素材本身要语言优美，文学性强，学前儿童容易理解和接受。在音乐欣赏活动中，为了发挥学前儿童的能动性，应经常让儿童有机会自己独立地选择语言，独立地对音乐做出反应。活动中，教师往往只需要按音乐欣赏的要求选择划定大致的范围。例如，欣赏一首优美抒情的音乐，只需要确定学前儿童语言描述的形象，并且描述时使用的曲调优美即可。仍以《梦幻曲》为例，教师在让学前儿童完整欣赏配乐诗歌后，可引导儿童想一件自己认为很美好的事情，并学习用抒情、优美的声调随着音乐讲述出来。

（三）视觉材料

视觉材料是指能具体、形象地反映音乐形象、内容、结构和节奏特点的可视材料。它适合于结构单纯清晰的作品，以及细节特征不明显的乐曲，也适用于结构稍复杂，具有某些鲜明形式特征的乐曲，还比较适合音乐形象鲜明的音乐作品。研究表明，视觉材料有助于学前儿童形象地掌握音乐的性质、旋律、节奏、曲式结构等，强化音乐审美感受，提高音乐记忆效果。我们可以通过提供形象具体的视觉材料帮助儿童“留”住那一瞬间，让儿童不断地欣赏、感受。如在欣赏《瑶族舞曲》时，引导儿童用颜色（色块图）来表现乐曲速度的快慢，使儿童在欣赏的过程中充分感受艺术的美，更好地达到了欣赏的目的。再如《狮王进行曲》，可提出启发性问题，如“森林里来了谁？是谁报告大家狮王来了？小动物是怎么对待狮王的?”等，同时，教师还可以辅以图片，加深理解的程度。

音频资源

《狮王进行曲》

选择视觉素材的首要条件是，视觉素材的线条、构图、造型、色彩、形象、内容、情绪等必须与音乐的性质相吻合。视觉素材既可反映时空的静止（如图画、雕塑等），便于学前儿童从容地反复观察，精细感知和记忆；又可反映时空的流动（如录像、可活动的教具操作等），便于学前儿童感知和理解音乐形象的动态化。如果视觉素材是动态的（如动感的活动影像、木偶等），更要注意与音乐风格协调一致。

选择视觉辅助材料的其次条件是，视觉素材应形象、生动，有个性，艺术感染力强，能被学前儿童理解和喜欢。当然，还需要考虑制作、购买视觉素材时经费是否充足等因素。

值得注意的是，我们再运用视觉等辅助材料时，要掌握好分寸。如果过早或过多地出示视觉形象，往往会使学前儿童“关闭”或“遗忘”听觉，妨碍其听觉能力的发展。

案例分析

音频资源

《龟兔赛跑》

音乐欣赏活动《龟兔赛跑》

兔

1=F $\frac{2}{4}$

史真荣 曲

稍快 活泼、跳跃地

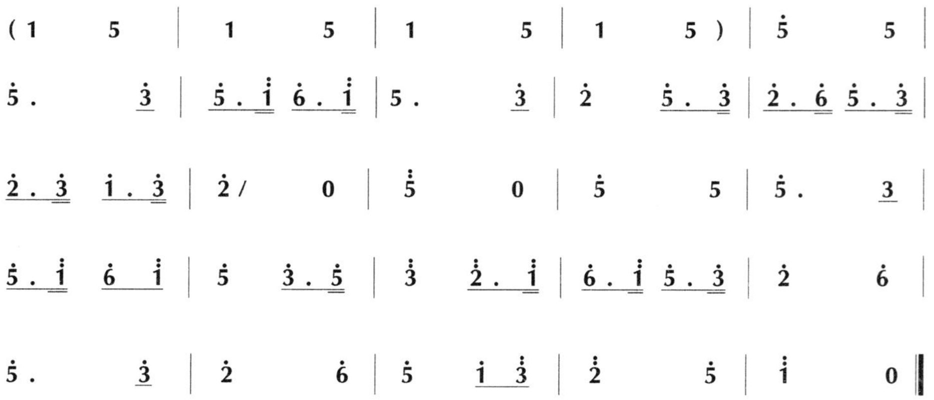

龟

1=A $\frac{2}{4}$

稍慢 稳健地

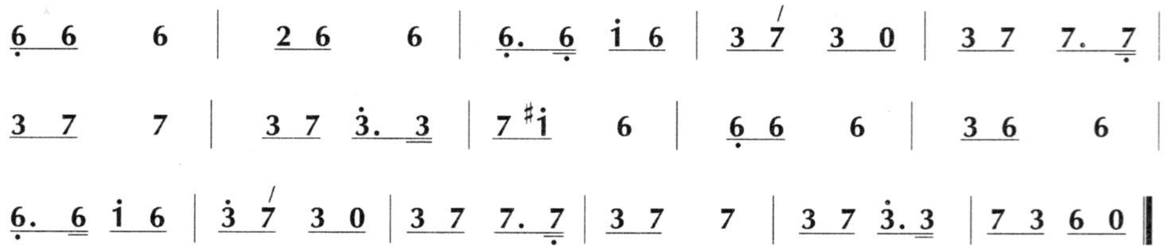

欢庆

1=B $\frac{2}{4}$

欢快、热烈地

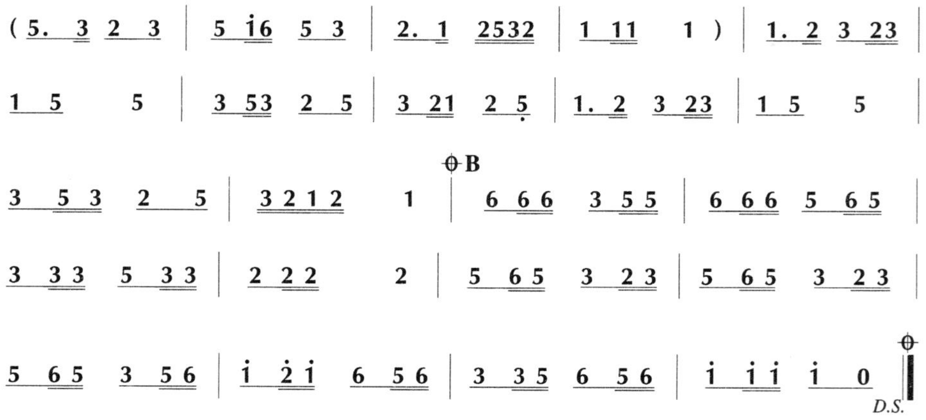

分析：该音乐作品原为根据《龟兔赛跑》的完整故事情节创作的童话音乐剧。一般同时配有故事讲述，以便于儿童理解。

由于原音乐作品很长，幼儿难以长时间安静聆听，现截取其中三个主要主题音乐，以配乐故事表演的方式帮助幼儿认识其中的主要旋律，便于幼儿今后进一步欣赏全曲。

《兔子》的主题轻快、跳跃，表现了兔子轻浮、骄傲的形象。《乌龟》的主题沉着、稳健，表现了乌龟勤恳、踏实的形象。《欢庆》的主题为小型的 ABA 曲式结构。全曲活泼、热烈，表现了小动物为乌龟的胜利和兔子知错能改而热烈欢庆的场面。

任务二　理解且能设计学前儿童音乐欣赏活动的目标

学前儿童音乐欣赏是为了让儿童发现生活中美，感知生活中的美，从而产生浓厚的兴趣，丰富美感的体验，具备初步的审美能力。

一、学前儿童音乐欣赏活动总目标

微课

学前儿童音乐欣赏活动的目标

（一）认知目标

1. 能够感受、体验音乐欣赏作品所表达的内容和情绪。

2. 能够理解一些简单的音乐欣赏的知识以及音乐作品最基本的表现手段。

3. 能够再认和区分已欣赏过的音乐作品。

（二）操作技能目标

1. 初步理解并积累一定的音乐语汇，如音乐基本要素中音的高低、长短、强弱和音色等，在具体音乐活动中加以应用。

2. 初步学习运用文学、美术、韵律动作等各种艺术表现手段来表达自己对音乐作品的认识、想象联想和情感体验。

3. 能够在音乐欣赏的过程中尝试与同伴交流与配合，共同协作来表达对音乐的感受和理解。

（三）情感与态度目标

1. 乐意参与音乐欣赏活动，有积极的欣赏态度，体验并享受音乐欣赏过程的快乐。

2. 对各种不同音乐、舞蹈等艺术表演形式、内容有比较广泛的爱好。

3. 初步养成有注意、情感参与的安静倾听、观赏的习惯。

二、学前儿童音乐欣赏活动年龄阶段目标

表 6-1 学前儿童音乐欣赏活动的年龄阶段目标

	3～4 岁	4～5 岁	5～6 岁
1	能初步感受性质鲜明、结构短小的歌曲或有标题的器乐曲的形象、内容和情感，并产生一定的外部动作反应。	能感受性质鲜明而单纯、结构短小的歌曲或器乐曲的形象、内容、情感，并产生一定的想象联想和积极的外部动作反应。	能较准确地感受性质鲜明、结构适中的歌曲、器乐曲和稍复杂的艺术歌曲的形象、内容和情感，并能在感受过程中产生较丰富的想象、联想和积极而富有个性的外部反应。
2.	初步了解进行曲、摇篮曲、舞曲和劳动音乐的特征。	在进一步了解进行曲、摇篮曲、舞曲、劳动音乐的基础上，了解其名称并学会描述其特征。	进一步丰富并加深对进行曲、摇篮曲、舞曲等不同风格、性质音乐的认识。
3.	能用嗓音、动作等方式来表达周围生活中的声音。	初步学习运用不同的艺术表演形式（如文学、美术、韵律动作等）来表达对音乐的感受和理解。	喜欢倾听周围生活中的各种声音，并能用嗓音和动作表现等方式进行创造性的表达。
4.	在有对比的情况下能分辨差别明显的高低、快慢、强弱，能分辨音乐中的拍子，能听出歌曲、乐曲的前奏、开始和结束。	在有对比的情况下能够分辨差别较明显的高低、快慢、强弱，能正确区分 2/4 和 3/4 拍的音乐，初步掌握前奏、尾奏、乐段、乐句的开始和结束，初步掌握音乐中的重复结构。	能够运用不同的艺术表演形式（如文学、美术、韵律动作等）来大胆表达对音乐的感受和理解；能对歌曲、乐曲的音区、速度、力度、节拍等性质及其变化做出直接判断，进一步掌握音乐的结构，能分辨乐段、乐句中明显的重复与变化关系。
5	乐意参与集体的音乐欣赏活动；能够在短时间内集中注意倾听或观看自己所喜欢的音乐或舞蹈表演。	喜欢倾听、观赏他人的表演艺术，也喜欢参与并开始注意吸收这些表演方式中自己感兴趣的部分。	能主动、积极地参与集体的音乐欣赏活动。
6	积极尝试和体验音乐欣赏过程的快乐。	能够在一定时间内比较集中注意力地倾听、观看音乐、舞蹈表演等。	喜欢倾听、观赏艺术表演，喜欢参与并注意吸收其中自己感兴趣的部分，也喜欢与他人谈论自己的看法。

三、学前儿童音乐欣赏活动具体活动目标

掌握了学前儿童音乐欣赏活动的总目标和年龄阶段目标，在其指导下设计具体活动目标，从而有效组织具体的音乐欣赏活动，科学地提高学前儿童音乐欣赏的能力。

欣赏活动中儿童的音乐学习是一种艺术心理的展开过程，必然经历感受与表

现两个过程。所以，在欣赏活动目标表述中需要体现感受与表现两个内容，并做到统一。

小班音乐欣赏活动《小兔和大象》

活动目标：

1. 感受两种不同性质的音乐。

2. 根据音乐的变化，尝试用适宜的方式进行表达和表现。

分析：

此活动目标存在以下问题：一是表述主语不一致，第一条和第二条是幼儿角度，第三条是教师角度；二是目标描述过于笼统，第一条认知层面未表述清楚音乐的性质，第二条操作技能层面未表述清楚采用何种方式进行表现；三是缺少情感维度的目标。

修改后的活动目标：

1. 熟悉音乐旋律，感受轻快活泼、沉重缓慢的音乐特点。

2. 能分辨音乐的强弱变化，尝试用小兔和大象的不同动作进行个性化的随乐表演。

3. 喜欢参与情节游戏表演，并在欣赏过程中体验创编的快乐。

大班音乐欣赏活动《吃苦头的狐狸》

活动目标：

1. 感知并区分音乐旋律与节奏的变化，理解音乐形象。

2. 理解音乐内容，尝试用适当的肢体动作表现故事情节。

分析：

此活动目标的设计存在两大主要问题：一是目标表述过于笼统；二是缺少情感维度的目标设计。

修改后的活动目标：

1. 通过倾听故事、观察图片、描述图片，理解故事的情节转换及乐曲的音乐内容形象。

2. 能根据音乐段落的变化，为狐狸所吃的苦头创编动作。

3. 合拍合段落地扮演狐狸角色，体验在音乐中进行戏剧化角色扮演的乐趣。

大班音乐欣赏活动《梦幻曲》

活动目标：

1. 体验和感受乐曲带来的意境美。

2. 能用多种形式表现对乐曲的理解。

3. 安静地倾听，投入欣赏与体验之中。

分析：

此活动目标内容的设计虽然涵盖了认知、情感态度、操作技能三个层次，描述主体是幼儿角度，但是认知和操作技能目标过于笼统，放之四海皆准。

修改后的活动目标：

1. 感受音乐如诗如梦的浪漫意境，了解小提琴及其音色的特点。

2. 用梦幻的语调表现诗和音乐的意境，创编具有相似意境的简短的话来表现音乐的意境。

3. 安静地倾听，并在欣赏活动中体验和享受乐曲的意境美。

练一练

请你分析以下目标并对其进行修改。

大班音乐欣赏活动《喜洋洋》

活动目标：

1. 感受与理解歌曲节奏。

2. 运用多种形式表达对音乐的感受。

3. 萌发对民族音乐的喜爱之情。

任务三　掌握学前儿童音乐欣赏活动的设计思路

微课

学前儿童音乐欣赏活动的设计与指导

一、音乐欣赏活动开展的前提

（一）教师音乐素养的提升

作为学前儿童音乐欣赏活动的组织者、引导者，教师自身的音乐素养是有效开展音乐欣赏活动的前提。许卓娅教授曾经指出：教师素质是学前儿童音乐教育的关键，教师在教育过程中起到主导作用，而教师主导作用的实现与教师自身素质密切相关，教师的音乐素养直接影响学前儿童的学习活动。如对音乐欣赏作品的分析，把握作品的思想内容、情绪情感和表现手段，辨别作品的基本结构，掌握不同年龄段儿童学习音乐的特点和线索，分析音乐作品的重难点……这些都要求教师具有一定的音乐鉴赏能力和创造力。若是由教师进行表演，教师应对音乐作品进行充分的练习，确保演唱、演奏及其动作表演等感染力与艺术水准。

（二）浓厚欣赏环境的营造

学前儿童的思维以具体形象为主，情感所指向的事物较为单纯，活动往往受环境气氛的影响，一个与作品相适应的音乐欣赏环境，能有效提高儿童对欣赏活动的兴趣。活动前，教师要根据所欣赏的音乐作品创设相应的物质环境，巧妙地把学前儿童的注意力转移到聆听音乐上。如在欣赏《摇篮曲》时，教师可以创设这样的氛围，布置一座漂亮的小屋，屋外月亮高挂、星星闪烁，屋内教师扮演妈妈正在哄宝宝睡觉。整个环境洋溢着母爱与温情，很快学前儿童被优美、温存、宁静的氛围所感染，在无比温馨和谐的气氛中达到情景交融的效果。

（三）儿童心理环境的创设

除了物质环境，教师应帮助学前儿童做好与音乐情绪相适应的心理准备。良好的心理环境能调动学前儿童欣赏音乐的积极性、主动性，为儿童创造自由想象的空间，让每个儿童都能体验到成功感，形成对音乐欣赏活动的积极倾向性。这就对教师选择的欣赏作品提出了一定的要求，要根据儿童不同年龄和心理发展水平，以及儿童的生活经验选择适宜的作品，使儿童通过欣赏获得满足，从而产生继续探索的欲望。如在欣赏《好妈妈》这首歌曲时，用一些录像、照片使儿童回忆起妈妈对自己的照顾，感受妈妈每天工作的辛苦，激发儿童爱妈妈的情感，从而使其更好地理解音乐作品。

二、音乐欣赏活动的设计思路

学前儿童音乐欣赏活动的设计要根据学前儿童的年龄以及学习特点而定，教师从初步带领儿童欣赏音乐，到逐步深入欣赏、理解音乐，每一个环节的设计要有层次性，教师不断提出相应的问题让儿童思考，带有目的性地去欣赏、感受音乐作品。

（一）导入活动，引出音乐欣赏主题

学前儿童音乐欣赏活动的导入方式是多种多样的，只要是符合儿童年龄特点、易于儿童接受、能够激发儿童对音乐的探究兴趣的即可。教学设计时可以遵循一般性的教学程序，具体的导入设计如下：

1. 由完整作品开始

此种导入方式适合层层深入的模式。一开始只需要完整地欣赏作品，感受音乐即可，不要求学前儿童能够听出音乐中较为细致的情节内容，而是随着欣赏次数的不断增加及参与方法的不断改变，在教师引导下，逐步深入地体验音乐中更为细致的内容。

2. 由作品的某个部分开始

这种导入方式适合层层累加的模式。导入设计比较适合结构稍复杂的作品，以及比较注重感知体验音乐细节的活动。所以导入的部分可以是音乐中的一个节奏型、一个旋律、一个乐句或者是一个乐段等。

3. 由某种辅助性材料开始

这种导入方式适合一一匹配的模式。一般可分为以下几种方法：一是从其他音乐活动开始的设计，以歌唱、韵律、奏乐活动等导入主题；二是从文学活动开始的设计，包括童话、诗歌、散文等内容，以语言或语言配合图片等直观教具向儿童介绍音乐作品的主要内容（或歌曲的歌词）等；三是从美术活动开始的设计，包括欣赏图片、动画片或儿童自主创作的美术作品等，以此引起儿童兴趣或注意力的方式导出活动主题。

（二）欣赏音乐，初步感受音乐作品

1. 介绍作品

学前儿童在欣赏音乐作品之前，教师可以借助简短、生动的谈话，或念诗歌、讲故事、做动作或是观看图片等方式向儿童介绍作品的名称、内容、形象、风格等。声乐作品因为有歌词，所以儿童较容易理解，但器乐作品是通过抽象的形式表现出来的，因此儿童几乎听不懂其中的内容，这就需要教师对作品进行生动、有表情的讲解，给予儿童正确的引导。如音乐作品《小白兔跳跳跳》，教师在儿童欣赏这段音乐之前，可以用一大一小两个玩具兔子和其他教具来讲述和演示故事来让儿童了解音乐所表现的内容。再如器乐曲《跳绳》，教师可以朗读一首短小的儿歌，引起儿童的想象，也可以简单地对儿童说："今天，我们欣赏一首器乐曲，名字叫《跳绳》，是说一群小朋友在玩跳绳的游戏。"对于欣赏《惊愕交响曲》这部音乐作品，教师可以把曲名的来历告知儿童，让他们饶有兴趣地欣赏作品。总之，教师在儿童欣赏音乐作品前进行介绍务必要围绕作品的形象、内容以及一切与作品相关的事项进行，话不得多，手段不宜繁杂，以引起儿童欣赏的兴趣，培养儿童的想象力，提高儿童欣赏音乐的能力和水平为宜即可。

视频资源

《惊愕交响曲》

拓展阅读→

怎样为儿童呈现乐曲

方式一：没有曲名和内容提示的欣赏

在引导幼儿感知不同风格、不同演奏方式的乐曲时可以采用这种方式。乐曲的音乐性质和特点非常鲜明，如欣赏进行曲、摇篮曲、舞曲等，可以向幼儿提问：这首曲子是什么样的，听了这首曲子你想做什么，等等。

方式二：没有曲名和有简单内容提示的欣赏

当幼儿欣赏某种描绘性的乐曲时可以采用这种方式。比如，欣赏乐曲《小鸭》时，可以这样提问：听听这是什么动物来了？在欣赏乐曲《布娃娃》时可以讲：刚才给小朋友讲了一个关于娃娃的故事，听听娃娃都做什么了？这种方式能够给幼儿指出想象的范围，帮助幼儿明确想象的方向，支持幼儿对音乐的有效感知。

方式三：有部分标题的欣赏

仅仅给出标题的部分内容，其余部分让幼儿调动已有的欣赏经验去感知和想象。如在欣赏《狼和小兔》时，可以只告诉幼儿小兔子的形象，不告知狼的角色，让幼儿根据对狼的生活习性、凶狠的本性以及自以为聪明等特点的了解，以及对音乐中音色、力度、速度、旋律、节奏等音乐表现手段的感知经验去想象音乐里还有谁，小兔子和它发生了什么事情。

方式四：有乐曲名和内容提示的欣赏

教师不仅告诉幼儿乐曲的名称，甚至还告诉幼儿乐曲表现的内容。这种方式一般适用于比较复杂的乐曲，以帮助幼儿根据作品的名称，借助语言线索去感知和寻找乐曲中表现这种事物的音乐手段，在建立事物与音乐联系的过程中加深对音乐表现手法及其表情作用的感知和理解，丰富幼儿的欣赏经验。如在《龟兔赛跑》的乐曲中，告诉幼儿乐曲表现的是龟兔赛跑的故事。提问在这段音乐里发生了什么事，你怎么知道是兔子睡着了，等等，引导幼儿感知音乐，进行想象。

2. 聆听音乐

在听音乐之前，教师要让儿童明确欣赏的目的，要求学前儿童安静、集中注意力地听音乐。许卓娅教授提及音乐欣赏的模式之一为“整—分—整”的倾听模式，相应的倾听感受有助于学前儿童感知和反映音乐中更细致的特征。在儿童掌握音乐作品内容的情况下，让其完整地聆听音乐，对作品形成一个初步的印象。教师可用图片或其他直观教具，或伴随音乐亲自表演，以帮助儿童初步感知和理解音乐，并与儿童交流聆听音乐的感受。

如果作品过长，教师还可以分段让儿童聆听，边听边进行详细的分析和讲解，同时训练儿童对力度、速度、结构、节奏、节拍、风格等音乐特征的表现力。在学前儿童深入理解作品性质、主题思想和情感的前提下，教师还要让儿童反复聆听音乐，通过不断改变参与的方式和要求，加深儿童对作品的熟悉程度，引导、帮助儿童深入、细致地感知和体验音乐作品的形象、性质及情趣，提高其欣赏水平，培养其良好的音乐欣赏习惯。

拓展阅读→

音乐欣赏中学前儿童必备知识与技能

1. 学会倾听

听觉是儿童最先发展的感觉器官之一。儿童在刚出生不久就开始对发生在身边的一切声音感兴趣，极力寻找声音的来源并十分高兴。音乐欣赏活动最重要的一个环节就是要求儿童倾听，听音乐作品的旋律、音色、速度、力度以及风格等各个方面。因此在活动中，教师要教会学生从以上各音乐要素着手，训练儿童良好的倾听习惯，增加丰富的音乐经验。

(1) 倾听旋律

教师在音乐欣赏活动中培养学前儿童对旋律的感知度，需从儿童对声音高与低、旋律线条的上行和下行以及对级进和跳进音程的辨别几个方面加以训练，并结合具体音乐欣赏实例进行学习，让儿童感受旋律变化所带来的乐曲情感上的不同。

(2) 倾听音色

学前儿童所欣赏的音乐作品中会出现各种音色、人声或乐器声，儿童要能够辨别出不同的音色，并在乐曲中感受不同音色所带来的不同效果。

(3) 倾听速度

音乐作品中经常会有速度的变化，不同的速度表现着不同的情感状态。慢速表现出安静、平和或是悲壮、庄严；中速往往与优美、柔和相关联；而快速则表现着活泼、跳跃、诙谐。因此，学前儿童在倾听音乐作品时，要注意到音乐的整体速度，并能准确区别出渐快或渐慢等速度的变化，体会速度不同给作品带来的不同的情感效果。

(4) 倾听力度

力度即是指音量的大小，它是音乐的重要表现手段，不同的音量可以表现出不同的内容、情感色彩。弱的力度使音乐表现出一种安静、孤独的情绪；中等的音量表现出的是柔和、舒适的情感；而强的音量则烘托出热烈、激昂、震撼或悲痛的情调。学前儿童应该在聆听音乐时，根据不同的音量体会乐曲所表达的不同的情绪情感。

(5) 倾听结构

曲式结构是音乐作品的结构形式，包括一段式、二段式、三段式、变奏曲式、回旋曲式、奏鸣曲式等。学前阶段是无法掌握这些复杂的曲式结构的，只需辨别出乐句、乐段的开始和结束；乐句、段落的重复和变化；乐曲的主要部分和附加部分，把握音乐作品的整体轮廓。

2. 理解作品的主要情绪和作品风格

在学前儿童了解音乐作品的内容和基本表现手段的基础上，教师应引导学前儿童感受作品的情绪情感，以及在不同段落中的情感变化。此外教师还要让儿童感受音乐作品的不同风格，其中包括舞曲、进行曲和摇篮曲这三种最常用和最易区别的音乐体裁。舞曲是一种旋律优美动听、节奏感鲜明的体裁；进行曲是一种队列行进式、气氛喧闹、情绪激昂的体裁；摇篮曲是一种宁静安稳的体裁。儿童如能掌握简单的音乐风格，就能够更准确地体验音乐作品所表现的情感。

3. 根据音乐作品展开联想、想象

音乐欣赏过程中，学前儿童在掌握了作品的各音乐元素之外，还要根据作品所表现出的情感体验展开积极的联想，从而进入音乐作品所表达的意境。

3. 初步感受音乐

在倾听音乐后，学前儿童对音乐作品已经有了初步的印象，教师应顺势引导儿童进一步理解音乐。教师可以提问一些问题，让儿童谈谈对作品的印象和感受。如你听了这首曲子感觉怎么样；听了这首歌曲，你们想到了什么；仿佛看到了什么；等等。

（三）借助手段，反复欣赏音乐作品

在学前儿童音乐欣赏活动中，应当尝试多种感官参与、多种教学手段结合的开放式音乐欣赏活动，让学前儿童在宽松愉快的活动中感受美、欣赏美、表现美和创造美，以满足学前儿童的自我认识、自我表现、自我发展，让学前儿童成为音乐欣赏活动的主人。

1. 多通道参与法

心理学家指出：个体在认识的过程中，开放感知通道越多，对认识对象的体验就越细致、越丰富，理解也就越全面、越深刻。因此，在音乐欣赏过程中，通过美术、文学、音乐、体态动作等多种手段，进行各领域综合的渗透性教育；通过学前儿童看、听、想、说、动、演、奏等多维度操作活动，引导学前儿童通过多种感官的参与、通过情感体验来表达他们的独创性，以此促进学前儿童的想象力和独创力的发展。

因此，在为学前儿童选择参与方式时所要考虑的最重要的原则是：学前儿童能够参与操作，喜欢参与操作，操作过程能够有效地增强学前儿童的音乐感受，获得音乐享受。具体如下：

（1）运用多媒体技术

多媒体技术综合运用形声色光的效果，创设各种形象生动、灵活多变的活动情境，用生动性、直观性、趣味性来吸引学前儿童的注意力，诱发儿童情感的共鸣，使儿童在不知不觉中全身心地投入活动中，如为了帮助学前儿童感受《蜗牛与黄鹂鸟》风趣幽默的动作风格，教师提供了儿童随音乐表演的视频，引导儿童观察与学习。

（2）运用绘画、图谱

音频资源

《音乐的瞬间》

绘画、图谱等图画作为视觉的图像、符号是十分稳定的，可以使音乐内容形象直观地展现，人们可以反反复复地加以欣赏，让学前儿童的理解过程变得简单、轻松。如欣赏著名作曲家舒伯特的《音乐的瞬间》时，为了帮助儿童感受作品轻快活泼的音乐风格与A、B两段的变化，根据学前儿童的生活经验，教师以欢快的农场画面导入，引导儿童分别观察一群孩子在果园摘果子以及他们在果园打鼓、吹喇叭、开心游玩的两幅图片，充分感受音乐欢快的旋律和稳定的四分节奏的特点。

视频资源

《意大利波尔卡》

教师可以通过对音乐作品的细致分析与研究，找准音乐的主要特点，有意识地设计图谱，用最明白、最简单的图画、线条、符号来表现音乐。例如，↗表示旋律线向上走向，↘表示旋律向下走向，○表示弱，●表示强……这些图形让幼儿感兴趣，用图谱参与音乐欣赏活动有助于提高儿童的听赏能力。如欣赏《意大利波尔卡》时，为了帮助儿童感受音乐风格富有动感及韵律，辨析ABC的曲式结构，教师结合拖地、擦地、刷马桶以及擦玻璃的动作，绘制了图谱，让儿童轻松地理解乐曲的轻快节奏及曲式特点。

意大利波尔卡

1= G $\frac{2}{4}$

[俄]拉赫玛尼诺夫 曲

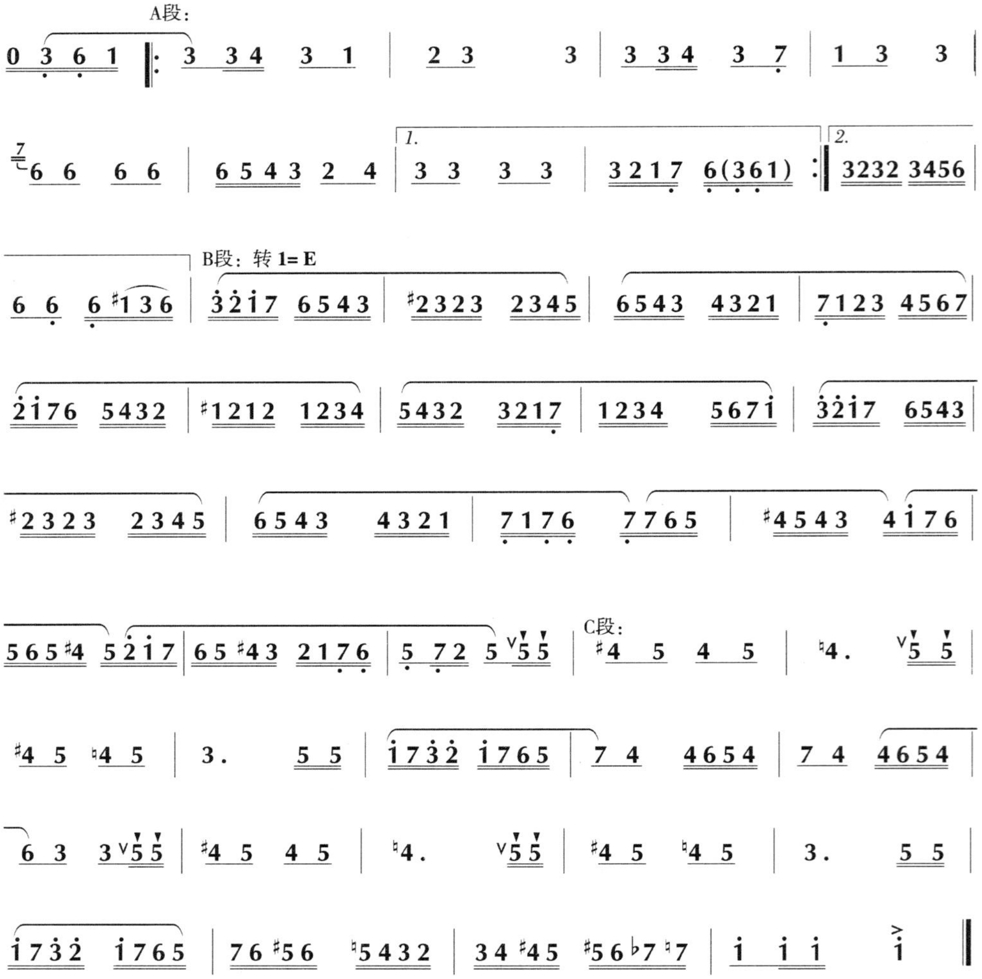

《意大利波尔卡》图谱

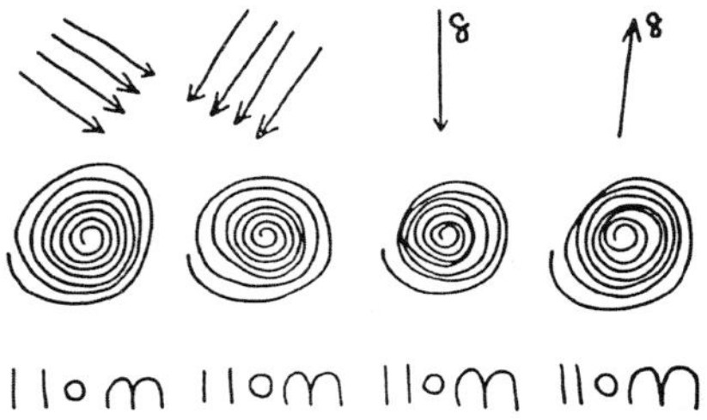

(3) 运用语言

语言是人类进行交流、表达情感的重要工具。在音乐欣赏中，适当地运用语言艺术手段，能帮助学前儿童更好地理解意境与表现音乐作品的内容。讲述故事就是一种语言参与，将乐曲的题材内容变成形象的、具有感染力的故事，揭示歌曲的形象和思想内容。如在欣赏歌曲《歌唱二小放牛郎》时，可以先讲故事，让儿童了解王二小的英雄事迹，从而知道歌曲所表达的内容。讲述时配合音乐欣赏，注意不同语气的使用。讲第一段时用叙述的语气，第二段时用表情讲述的语气，第三段用紧张的语气，第四段用悲伤的语气，第五段用崇敬的语气。儿童在这种情绪不断变化的氛围中，展开想象，体会音乐的情绪。

除此以外，还可以通过谈话法、提问法帮助学前儿童理解音乐作品的性质与内容。应注意以下要点：一是提问应紧密围绕作品的内容，适合学前儿童已有水平和生活经验。二是在音乐欣赏过程中对学前儿童不易辨认的地方，教师应采取简明的提示，以提醒学前儿童注意音乐的变化，还可以激发儿童对作品产生想象，请他们用语言来表达自己的感受，并鼓励儿童之间相互交流，例如欣赏《小白兔和大黑熊》时，教师可以提问："音乐从头到尾是否都一样？什么地方不一样？怎么不一样？"三是教师的提问应面向全体儿童，并注意到个体差异。对于学前儿童的回答，只要在总的思想或性质上把握较准确即可，有些地方不必强求一致。

音频资源
《小白兔和大黑熊》

（4）运用歌唱

音乐欣赏的主要方式就是聆听，但是单纯进行聆听会让学前儿童产生枯燥乏味的感觉。如在欣赏贝多芬的《欢乐颂》时，由于该歌曲音域较窄，便可考虑让学前儿童用歌唱的方式参与到欣赏过程中。

（5）运用动作

瑞士著名儿童音乐家达尔克罗兹主张儿童音乐教育应从身心两方面着手，不仅用听觉感受音乐，同时学习用身体肌肉与心灵感受和表现音乐的节律的疏密旋律的起伏以及情绪变化的节律等。体态律动是让儿童通过充满生命律动的体态动作去体验音乐节奏的速度、力度与时值的变化，使得音乐要素成为可以看得见的身体活动，学前儿童的知识不够丰富，但在音乐欣赏中对音乐情绪的直接感受能力并不差，而且自我表现的欲望也很强，他们会情不自禁地跟着音乐手舞足蹈起来，这种以肢体语言的形式参与音乐欣赏，被视为一种有价值的音乐欣赏活动。如在引导儿童感受《幽默曲》这首曲子时，教师可以引导学前儿童想象自己的整个身体就是一粒小种子，在雨点和风的帮助下，随乐曲自由地表现出种子慢慢钻出地面，逐渐抽枝发芽，长成大树的过程，鼓励学前儿童积极地运用动作、舞蹈等肢体语言，能有效地吸引其注意力，增强音乐欣赏的积极性，并能充分表达自己对音乐作品的理解。再如感受中国民族风格的音乐《采茶扑蝶》时，适合引导学前儿童分角色创编茶女采茶的基本动作、高低左右的动作方位变化以及蝴蝶飞、停的舞蹈动作来表现乐曲。

音频资源
《采茶扑蝶》

案例分析

音频资源
《蓝色多瑙河》

大班音乐欣赏活动《春天》

音乐作品《春天》选自施特劳斯的《蓝色多瑙河》，是一首 ABA 结构的乐曲，表现了春天万物生机、欣欣向荣的美好景象。教师根据乐曲结构，设计了“种子旅行记”的游戏来帮助幼儿欣赏乐曲，通过调动多种感官来理解音乐作品的结构，体验音乐作品的形象，感知音乐作品的内容。

第一步，在初步倾听、熟悉整首音乐的基础上，教师让幼儿扮演成一粒小种子开始“旅行”。

第二步，倾听A段乐曲，引导幼儿结合乐曲来想象种子在泥土里积蓄力量、破土而出、准备生长的情境，并用“躺、坐、蹲”等动作体验音乐所表达的情境与形象，同时引导幼儿寻找“种子睡醒的时间”(由A段音乐到B段的最后一乐句的高音点和停顿、跳跃的地方)。

第三步，倾听B段音乐，在分清每一乐段的基础上，引导幼儿大胆用头、手、脚等不同的身体部位表现种子破土而出、释放力量、获得生命的情境，体验B段激昂、跳跃的音乐形象。

第四步，倾听第三段音乐(A段旋律的重复)，和教师一起做游戏，有的扮演给小树苗浇水的人，有的扮演小树苗，有的像小树苗喝了水后那样高兴地摇头、摆动身体……让幼儿体验到第三段乐曲所表现的春天里欣欣向荣的美好景象。

(6) 运用打击乐器演奏

聆听是人类最基本的音乐活动，乐器在音乐教学活动中深受学前儿童的喜欢。因此，将欣赏与乐器相结合，学前儿童通过自己亲身的、手指可以触摸到的演奏，能够全身心浸透到音乐之中。在音乐欣赏中，一些节奏明显的乐曲和一些民乐合奏曲都比较适合用打击乐来伴奏。如在欣赏《金蛇狂舞》的活动中，就可以利用鼓、锣、铃鼓等多种乐器，配合乐曲的演奏，这样就可以使儿童更加感受到热烈、喜庆的欢乐气氛。再如《鸭子拌嘴》是一首根据西安鼓乐和陕西民间打击乐改编而成的打击乐作品。在欣赏过程中，教师可以引导儿童在鸭子出发—玩耍—拌嘴—回家的情境中，尝试创编简单的节奏型并用乐器打击出来。但是在设计使用时，一定要先以学前儿童接受音乐、感受音乐为本位，还应注意以下要点：一是乐器的参与要与乐曲本身的旋律意境一致；二是篇幅较短、节奏紧凑的乐曲可以在完整聆听后让学前儿童尝试创编节奏，稍复杂的乐曲可在完整聆听后结合故事、情境等分段进行节奏创编与乐器打击。

音频资源

《金蛇狂舞》
《鸭子拌嘴》

2. 比较法

在音乐欣赏活动中可以有意识地让学前儿童采用比较的方法，帮助其区别音乐的不同情绪、性质，同时对相同体裁、风格的乐曲进行归类，以达到对个别乐曲感性上的认识，提高到某一类型乐曲上、理性上的认识。例如，大班儿童在欣赏了较多数量的进行曲、摇篮曲、舞曲的基础上，可以引导儿童进行比较，以掌握这三种乐曲的特点，至此之后，学前儿童就会把这些知识点迁移到其他同类型的音乐作品当中，从而培养学前儿童具有独立、主动地欣赏音乐作品的能力。当然，对于同一首音乐作品的不同部分也可以进行对比欣赏，从节奏、旋律进行特点或速度、力度上的对比，来使儿童感受乐曲的细节，对发展变化较多又较长的乐曲，除了让学前儿童完整地欣赏外，还可以进行分段对比欣赏，以帮助儿童掌握乐曲发展的线索，感受和理解音乐作品的细节。

（四）巩固检验，加深理解音乐作品

如多次欣赏后，学前儿童可以说出曲目的名称、主要节奏型、主奏乐器、是什么地方的民歌等特点；或者是表达对音乐作品的喜欢不喜欢，有什么评价等；再或者学前儿童参与创编，在已有音乐经验基础上，创造性地运用语言、动作、图画等形式，充分表现与表达自己对音乐作品的感受和理解，在此过程中要充分尊重儿童的个体差异，让有不同兴趣爱好的儿童都能主动参与音乐、表现音乐、创造音乐，从中体验成功和快乐。

总之，在设计与实施音乐欣赏活动中，要充分地利用倾听、观看、思考、想象、联想以及有引导的创造性表达相结合，让学前儿童在参与性的音乐欣赏活动中得以全面发展。

任务四　设计学前儿童音乐欣赏活动的活动方案

中班音乐欣赏活动《野蜂飞舞》

音频资源

《野蜂飞舞》

设计意图：

蜜蜂是幼儿喜闻乐见的昆虫。名曲《野蜂飞舞》风格欢快、热闹，描述了蜜蜂在林间、高山、海洋中急速飞舞的场景。乐曲因为没有歌词的约束，更容易引发幼儿展开关于野蜂飞舞的场景想象，幼儿可以带着自己的音乐故事来理解这首乐曲。

音乐欣赏能陶冶幼儿的情操，开启幼儿的智力，促进其全面、和谐发展。此次欣赏活动旨在引导幼儿循序渐进地来欣赏这首乐曲，通过富有个性的故事联想、绘画创作、韵律表演、合作游戏等形式表达对乐曲的感受。活动重在让幼儿充分享受参与音乐欣赏过程的快乐，激发幼儿的审美情趣，提高其对音乐的感受力、表现力和创造力。

活动目标：

1. 学会渐进式欣赏乐曲《野蜂飞舞》，感受乐曲短促紧凑的特点。
2. 通过说说、画画、动动等形式大胆表达对乐曲的感受，发展表现力和创造力。
3. 体验运用多种形式表现野蜂飞舞的快乐，调动热爱音乐的情感。

活动准备：

1. 经验准备：幼儿已具备蜜蜂外形特征、生活习性等方面的知识。
2. 物质准备：《野蜂飞舞》音乐、简单的森林场景创设、蜜蜂图片、纸和笔等。

活动过程：

1. 情境导入，激发兴趣

（1）创设森林场景，使幼儿有身临其境的感受。

提问：今天老师请来了一位客人，是谁呢？翅膀一展亮晶晶，整天飞舞花丛中，手足不闲爱劳动，酿造蜜糖好过冬。

(2) 小结：大家真聪明，原来这个谜语说的就是蜜蜂小精灵。(出示蜜蜂的图片) 它给我们带来了一首很特别的乐曲。让我们一起来听一听吧！

环节分析：

绿的树、青的草、五颜六色的小花，为幼儿创设了一方森林的场景，让幼儿有身临其境的感觉。而猜谜方式对于中班幼儿来说具有一定的挑战性，由此制造的悬念更能引起幼儿的好奇心。诗意的环境创设与谜语的导入方式，旨在激发幼儿参与活动的兴趣，调动幼儿的情感，从而使幼儿自然而然地投入活动中。

2. 引导幼儿分层次欣赏乐曲

(1) 初步完整欣赏乐曲。

提问：听了这首乐曲，你感觉到了什么？你喜欢这首乐曲吗？(幼儿自由表述)

(2) 再次欣赏乐曲，感受乐曲的旋律与节奏特点。

提问：这是一首节奏欢快、旋律跌宕起伏、富有变化的乐曲。我们再来听听，乐曲中蜜蜂在干什么？(邀请个别幼儿讲述)

(3) 结合图画，第三次欣赏乐曲。

提问：听完曲子，你的心情感觉怎样？(幼儿自由讨论，结合图画表达自己对音乐的感受)

环节分析：

如何使较为抽象的名曲欣赏变得形象生动是在组织活动前需要思考的问题。为此，绘制富有童趣、色彩鲜艳的图画，在"欣赏—设问—再欣赏—再设问—结合形象图画讲述"这一环环相扣的过程中，鼓励幼儿主动投入欣赏活动中，分层次地、细致地去感知乐曲的旋律、节奏特点，并且大胆、自由地讲出自己对乐曲的不同感受，在提高音乐欣赏力的同时，发展了幼儿口语表达能力。

3. 引导幼儿根据乐曲想象音乐故事

(1) 幼儿自由想象音乐故事，鼓励同伴间交流与表达。

提问：小蜜蜂飞过了哪些地方？为什么飞得那么急切呢？到底发生了什么事情？它们的心情是怎样的？

(2) 鼓励幼儿带着自己的音乐故事，闭上眼睛再欣赏乐曲。

小结：刚才小朋友们的音乐故事讲得真好！现在，请你们闭上眼睛。当乐曲声响起来的时候，你们脑海中的故事便发生了，这是一个奇妙的时刻！

(3) 老师介绍自己的音乐故事，幼儿倾听。

环节分析：

引导幼儿进行音乐故事的想象这一环节的设计，一来是为了了解幼儿对音乐的理解程度，二来是为了引导幼儿更好地感受乐曲。活动过程中，幼儿的想象力极其丰富，能感受到乐曲的旋律高低变化，节奏短促紧凑，好像野蜂嗡嗡盘旋飞舞，猜想出好几种野蜂急切飞舞的可能性，如：森林着火了，大灰狼来了，野蜂要去救自己的孩子，地震了，野蜂窝被人捅破了，野蜂冲出去要逃跑，森林里野蜂在举行赛跑……有的孩子讲得惟妙惟肖，极具感染力。当幼儿带着自己的音乐故事去欣赏这首曲子的时候，他们所获得的情感体验是真切的，独一无二的！在给了幼儿无限想象的空间之后，给他们讲述《野蜂飞舞》这首名曲的创作背景故事。介绍完《萨尔丹王的故事》中王子变成野蜂复仇的情节时，班上一片寂静，幼儿似乎还没有从精彩的文学故事中走出来。可见幼儿年纪虽小，但他们的感受力很强，这似乎是幼儿的天性。

4. 画音乐的游戏，鼓励幼儿记录自己的音乐体验

(1) 提出“画音乐”的游戏，并出示几种线条，引导幼儿听音乐画线条，从而把音乐中小蜜蜂是怎样飞舞的记录下来。

(2) 幼儿在《野蜂飞舞》的音乐声中尝试“画音乐”。

(3) 鼓励部分幼儿上台交流与分享：你画的这些线条表示什么？为什么有的线条是直的，有的是弯弯曲曲的呢？

环节分析：

《野蜂飞舞》是a小调活泼的快板，乐曲从快速下行的半音阶开始，然后是上下翻飞的音流，生动地描述了野蜂振翅疾飞袭击那两个坏人的场景，为了帮助幼儿感受与表达音乐紧张的情绪，以及上下翻滚的音流，教师可以通过让幼儿听音乐画线条的形式，引导幼儿借助各种螺旋线、旋纹线，较为自由地表达对音乐紧张情绪的理解。大部分幼儿都能随着乐曲用多种线条画出对乐曲的感觉，例如在野蜂飞跃高山、原野、海洋这几处跳跃性强的地方，懂得用较为“激荡”的波浪线进行表示，并能大胆地与同伴进行交流与分享。“画音乐”这种游戏形式幼儿很感兴趣，看来今后在音乐欣赏活动中可以用“绘画”搭起更直观的“桥梁”，达到更好的欣赏目的。

5. 鼓励幼儿在音乐声中自由律动，表现野蜂飞舞的情景，自然结束

环节分析：

动作与音乐的结合达到了动静结合，一方面增加了音乐欣赏活动的趣味性，另一方面，幼儿能自由发挥，互通信息，这种开放性的表现形式给幼儿的自我表达提供了广阔的天地。只要不影响同伴，幼儿可以用各种动作，随着音乐旋律释放表演激情。

活动延伸：

表演区投放材料，幼儿随乐进行动作创编并表演。

活动分析：

一是，音乐欣赏活动应多关注幼儿的情感体验。情感是音乐审美过程中的最活跃的心理因素，也是音乐审美感受的动力和中介。音乐欣赏活动作为审美教育的一种方式和手段，有着与一般学科不同的教学方法，主要体现为：以情动人，以美感人，从感性入手，重视教育的潜效应。本次活动从活动情景的创设、音乐故事的联想、画音乐的尝试到随音乐自由律动等环节，师幼之间进行了多方位的情感交流，双方凭借音乐作为审美媒介交流审美信息，共同分享音乐带来的愉悦。其间，由于教师对幼儿情感体验表现出极大的关注，有助于保护幼儿自由的音乐想象力和敏锐的音乐感觉，使幼儿能在愉悦的心境中主动参与音乐的审美和表现活动，由此获得的愉悦的情感体验又使幼儿的学习始终处于一种积极主动的状态，从而提高其对音乐的感受、表现和创造能力。

二是，音乐欣赏活动应让幼儿多通道参与。教师在音乐欣赏过程中注重语言、绘画、动作等手段的渗透，来引导幼儿运用多种感官参与、体验音乐，从而发挥幼儿的独创性，进一步促进其想象力和创造性能力的发展。为此，在活动中采用了“借助动觉、展示听觉体验”的方法，即通过引导幼儿动口回答问题、动脑想象意境形象、动手描绘音乐、动体态模仿野蜂飞舞等最终使其理解音乐，感受乐曲中高低起伏的旋律变化与短促紧凑节奏特点，使幼儿从感受音乐逐渐到理解音乐。以调动幼儿多种感知通道为目的，贯穿整个活动过程，结果是幼儿能主动参与音乐欣赏活动，并获得了独特的感受。

三是，应努力提升教师自身音乐素养。音乐欣赏活动要求教师应该努力提高自身的音乐素养，加强对音乐作品特别是世界名曲、地方民谣的研究与学习，在教学过程中才能做到得心应手。在《野蜂飞舞》的音乐欣赏活动中，需要上网查询、阅读相关资料，了解这首名曲的诞生有着其特定的人文历史环境，它是普希金的名剧《萨而丹王故事》中的一段场景音乐，表现的是王子变成蜜蜂漂洋过海复仇的情景，跌宕起伏的曲风犹如王子当时的心情，并不是单纯地描述蜜蜂飞舞。正是有了对乐曲的这层认识，在引导幼儿欣赏、感受乐曲的时候才能做到心中有数、有的放矢。

中班音乐欣赏活动《化蝶》

设计意图：

音频资源

《化蝶》

蝴蝶是幼儿非常喜欢的一种昆虫。《化蝶》是音乐剧《梁祝》中最经典的一段音乐，整首曲子共分四个乐句，旋律舒缓、优美、感人。为此，设计活动时制作了富有动感的动画，通过与乐曲内容相吻合的生动的画面，加上游戏化表演等，为幼儿创设了一个赏心悦目的音乐视听觉环境，给幼儿一种如临其境的感觉。

活动准备：

经验准备：幼儿对蝴蝶认知，具有一定的动作创编能力。

物质准备：PPT、动画、图片、音乐等。

活动目标：

1. 欣赏《化蝶》，感受乐曲优美抒情的旋律。

2. 在感受过程中分辨乐句，模仿蝴蝶飞以及停止时的动作造型。

3. 大胆创编蝴蝶飞舞动作，心情愉悦地与同伴交往。

活动过程：

一、谜语导入，激发兴趣

1. 谜语导入，教师谈话：今天老师请来了一位客人，是谁呢？头上两根须，身穿彩花袍。飞舞花丛中，快乐又逍遥。

2. 教师点击动作，出现美丽的蝴蝶。教师讲述：大家真聪明，原来这个谜语说的就是美丽的蝴蝶。它给我带来了一首优美的曲子，让我们一起来听一听。

环节分析：

好奇是幼儿学习的重要契机。而谜语式的导入方式，制造的悬念更能引起幼儿的好奇心。为此，活动一开始，通过谜语提问激发幼儿参与活动的兴趣，结合生动形象的动画启发幼儿的情感。从而使幼儿自觉自在、自然而然地投入到活动中。

二、初步欣赏，感知体验

1. 听完乐曲后，教师提问，幼儿自由表述。

教师提问：听完了这首《化蝶》，你感觉到了什么？

这是一首非常优美、抒情的乐曲。我们再来听听乐曲中蝴蝶在干什么。

2. 播放动画，启发幼儿自由讨论，表达感受。

教师谈话：听这首乐曲，除了能感觉到蝴蝶飞来飞去，还说了什么事呢？你感觉到了什么？蝴蝶在干什么？

环节分析：

倡导“让幼儿主动学习，让幼儿成为学习的主人”已成为教育工作者的共识。然而，如何在音乐欣赏活动中发挥幼儿的主体性，如何让音乐欣赏活动真正成为幼儿的精神创造活动。为使抽象的音乐欣赏变得形象生动、富有童趣，本环节借助动画，在“欣赏—设问—再欣赏—再设问—与动画结合”的这一环环相扣的过程中，使幼儿自然而然地投入到欣赏活动中，主动地去感受、去体验、去接纳、去欣赏音乐《化蝶》的美。

三、分辨乐句，动作表达

1. 播放音乐，伸出食指，手划节奏，由此感知乐曲有四句。

教师提问：我们看到蝴蝶仙子停了几次？我们一起用动作来表示。

2. 师幼共同探索尝试停顿的动作。

教师提问：我们听出来了，这首乐曲共有四个乐句。除了用刚才的方法，还可以用什么动作来表示已经是一个停顿的地方呢？

3. 依据个别幼儿的介绍，教师带领幼儿边听音乐边用相应的动作表示出来。

4. 幼儿自由讨论，了解乐句句末用停止动作表示较为恰当。

教师提问：为什么大家用的动作，到乐句末都是慢慢的，或是停下来的动作？

环节分析：

幼儿是天生的艺术家，音乐是兴奋的语言，对幼儿有较大的感染力。幼儿在欣赏音乐的时候，会强烈地需要用动作来表达自己的感情，学会分解乐句，大胆创编蝴蝶飞舞的动作，在句末能用停在花上或静止造型来表现。动作与音乐的结合，一方面增加了音乐欣赏活动的趣味性，动静结合；另一方面，幼儿能较形象直观地掌握乐曲四个乐句的结构特点，自由发挥，互通信息，这种开放性的形式给幼儿的自我表达提供了广阔的天地。

四、创编动作，感悟音乐

1. 创设表演情境，激发幼儿表演热情。

教师讲述：蝴蝶仙子说，它要成立一个舞蹈队，专门表演《化蝶》这个舞蹈，谁愿意参加呢？

2. 集体创编蝴蝶飞舞动作，并随音乐表现，教师观察幼儿表现。

3. 教师请个别幼儿示范，摆出静止造型动作。

教师讲述：我请××小朋友来表演一下，他在每一句结束的时候就用一个非常优美的造型来表示。

4. 教师播放动画，引导幼儿再次完整赏析音乐。

教师提问：让我们看看蝴蝶仙子是怎么跳舞的。

环节分析：

“授人以鱼，不如授人以渔。”在这一环节创设轻松、自由、宽松的体验环境，采用双主体互动模式，使幼儿能充分感受乐曲，引发幼儿联想想象并尝试用动作来表达自己的感受，来表现乐曲优美抒情的旋律，只要不影响同伴，幼儿可以用各种动作，随着音乐旋律释放表演激情，而教师始终饱含热情，不断发现幼儿的闪光点，并给予鼓励，让幼儿获得成功感。

五、扮演角色，充分体现

1. 教师出示蝴蝶，花朵头饰，要求幼儿两两相对找好朋友，分配角色，戴上头饰听音乐，按乐句做蝴蝶或花的动作。

2. 教师观察幼儿表现，提醒“蝴蝶”与“花朵”目光交流。

3. 在愉快的游戏中结束活动。

环节分析：

此环节幼儿戴上蝴蝶或花朵头饰，两两相对表演，以此充分发挥幼儿的想象力和创造力，使幼儿对音乐的感受力和表现力得到进一步提升。

活动延伸：

1. 表演区提供各种材料，引导幼儿继续利用头饰进行表演，也可用打击乐器敲打节奏，加深对乐曲的感受与理解。

2. 美工区进行蝴蝶相关的涂画创作。

大班音乐欣赏活动《瑶族舞曲》

音频资源

《瑶族舞曲》

瑶族舞曲

彭修文 曲

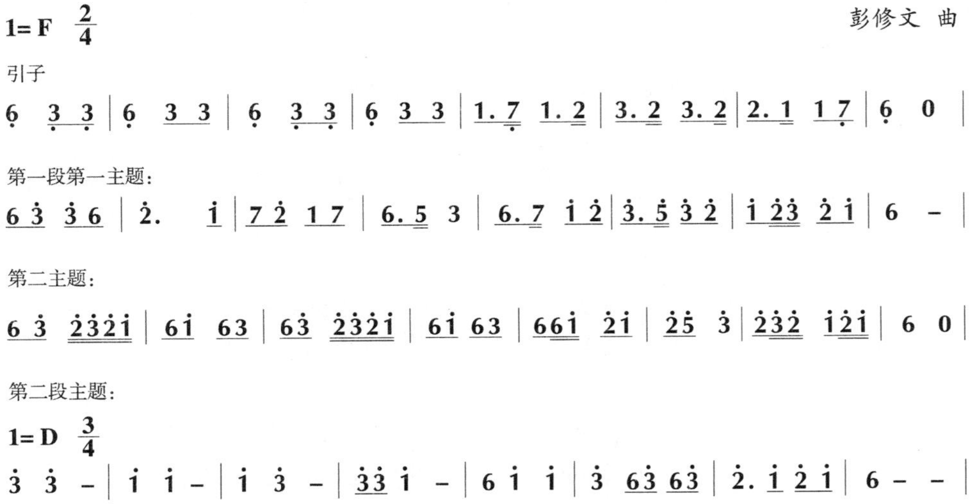

作品赏析：

这是一首非常值得仔细聆听、反复回味的单乐章管弦乐曲。作品创作于 20 世纪 50 年代，作曲家以民间舞曲《长鼓歌舞》为素材，用管弦乐的手法，丰富、生动地展现了瑶族民众欢歌热舞的喜庆场面，乐曲用优美的旋律，表现了能歌善舞的瑶族人民的生活情貌。

夜幕降临了，人们穿着盛装，打着长鼓，聚集在月光下。由高胡奏出幽静委婉的主题，犹如一位窈窕少女翩翩起舞，婀娜多姿。然后姑娘们纷纷加入舞蹈的行列，情绪逐渐高涨。突然，三弦和大阮奏出根据主题衍变的粗犷热烈的旋律，恰似一群小伙子情不自禁地闯入姑娘们的舞列欢跳起来，尽情地抒发了兴奋的感情。

第二段由 D 羽调转为 D 宫调，改用 3/4 拍子，旋律时而富有歌唱性，时而出现跳跃的节奏音型，恰似一对恋人正在边歌边舞，相互表达爱慕之情，憧憬着美好的未来。第三段再现了开始的主题，人们又纷纷加入舞列，欢跳着、旋转着、歌唱着，气氛越来越热烈，感情越来越奔放，乐曲在强烈的气氛中把全曲推向高潮后结束。

设计意图：

《瑶族舞曲》是一部颇具民族风味的作品。此曲以瑶族的民间歌曲为素材，生动地描绘出瑶家人欢庆节日的喜庆场面。其中乐曲结构呈 ABA 特点，既有重复又有变化，利于幼儿欣赏。整个活动设计，引导幼儿感受乐曲，了解结构在先，乐器表现在后，步步递进。

活动目标：

1. 感受乐曲恬静缓慢和欢快热情的节奏特点，理解《瑶族舞曲》中的音乐形象。

2. 通过听听、说说、动动的方式，创造性地表现乐曲ABA的结构及情绪特点。

3. 能与同伴合作表演，体验瑶族人民在节日中欢歌曼舞的气氛。

活动准备：

经验准备：对少数民族瑶族有一定的了解。

物质准备：瑶族叔叔阿姨跳舞唱歌的场景PPT、配乐朗诵音频《瑶族舞曲》。

活动过程：

一、完整欣赏，理解乐曲内容，找出主要音乐形象

1. 初步完整听赏

教师讲述：我们的祖国有56个民族，是个大家庭，今天有一个民族的叔叔阿姨边跳舞边来做客。

2. 再次完整听赏并想象音乐中的情景

教师提问：这首乐曲的名字叫《瑶族舞曲》，是什么少数民族的？

我们再来听听，音乐中瑶族叔叔阿姨在干什么？

3. 看图片完整听赏

教师讲述：叔叔阿姨们唱歌跳舞，我们边看边听，乐曲有什么变化？

小结：瑶族人民唱歌跳舞，画面中有长鼓、芦笙、小河、树、竹楼、晚霞，等等。

4. 再次完整欣赏，配乐朗诵

5. 再次完整欣赏，看瑶族舞蹈

教师讲述：瑶族的舞蹈真美，老师也来学一学。

环节分析：

欣赏乐曲，理解乐曲内容，找出主要的音乐形象。幼儿在充满瑶族风情的环境背景中欣赏音乐，如边听音乐边欣赏幻灯片：有瑶族村寨吊脚楼的画面；有瑶族叔叔敲长鼓，瑶族阿姨跳舞的场面；还有大家开篝火晚会热闹欢快的画面。又如边听音乐边观看瑶族阿姨（老师扮演）的舞蹈，边听音乐边欣赏朗诵。

二、分段欣赏，在欣赏乐曲中熟悉乐曲结构

1. 欣赏第一段，引导幼儿发现音乐是慢的，跳着优美的舞蹈

教师提问：这段音乐速度怎么样？这段音乐叔叔阿姨会跳怎样的舞？

2. 欣赏第二段，通过比较鼓励幼儿发现音乐变快，跳着欢快的舞蹈

教师提问：这段音乐有什么变化？叔叔阿姨又会怎样跳舞？

3. 欣赏第三段，引导幼儿发现第三段和第一段相同

教师提问：这段音乐是怎样的，和前面那段一样吗？叔叔阿姨在干什么？

环节分析：

分段欣赏，熟悉乐曲结构。幼儿通过分段欣赏感受乐曲 AB 段不同的风格，在一次次的欣赏过程中，幼儿分辨出 A 段的音乐是慢的、优美的，B 段音乐是欢快的，幼儿想象着 A 段瑶族阿姨优美的舞蹈，B 段是歌声越唱越欢，舞蹈越跳越有劲，人也越聚越多，一片欢腾的场面。

三、完整欣赏音乐，感悟音乐

教师讲述：我们再来听听看，边听边想瑶族叔叔阿姨在干什么。

四、动作表现，创编节奏型与动作

1. 找出 A、C 段的节奏型，鼓励幼儿为不同乐段创编动作

教师提问：瑶族叔叔敲着长鼓为阿姨伴奏，他们会敲着怎样的鼓点为阿姨舞蹈伴奏？

（例如 A 段：× ×× ｜ × ××｜）

拍手拍腿拍腿　拍手拍腿拍腿

教师讲述：我们和瑶族叔叔一起敲着长鼓为阿姨伴奏，分两组，一组先敲，一组后敲。

（引导幼儿分角色，如男生拍一下手，女生拍两下腿共同表现节奏。）

2. 找出 B 段的节奏型

教师提问：这段音乐叔叔阿姨越唱越开心，越跳越快乐，我们用什么样的鼓声为他们伴奏呢？

（鼓励幼儿为该段节奏型×× ×× ｜ ×× ×设计动作，如拍肩等。）

3. 完整表现，随乐表演

教师讲述：我们听着音乐敲起长鼓加入叔叔阿姨唱歌跳舞的队伍中。

（引导幼儿分别用不同的动作表现三段不同的节奏型，用动作区分乐段。）

环节分析：

反复欣赏乐曲，寻找节奏型。"长鼓"是瑶族特有的民族乐器，老师在引导幼儿欣赏乐曲的过程中，启发幼儿想象瑶族叔叔是敲着怎样的鼓点为阿姨舞蹈伴奏的，在听辨中找出 A 段节奏型× ×× ｜× ×× ｜，B 段节奏型×× ×× ｜ ×× ×｜，并引导幼儿通过创编不同的动作，激发幼儿参与活动的积极性。

活动延伸：

1. 美工区：尝试用绘画表现瑶族人民的生活。

2. 表演区：继续尝试进行节奏的创编与表演。

活动反思：

在此活动中，幼儿了解了瑶族人民的生活、文化，感受到了瑶族青年围着篝火时而优雅舞蹈，时而热情奔放欢歌的情景，不知不觉中对瑶族舞曲的结构有所了解。在活动中运用听音乐、看图片、想象情节，以及再次听配乐朗诵、尝试朗诵、看

舞蹈等方式积极调动幼儿各个感官，将音乐、文学、舞蹈有机糅合，在欣赏活动中感受美、表现美和创造美。在此基础上，也为引入下一个活动“乐器表现《瑶族舞曲》”，尝试乐器演奏，打下基础。

考点聚焦

★ 学前儿童音乐欣赏活动的方法

★ 学前儿童音乐欣赏活动方案的撰写

国考链接

1. 在音乐欣赏活动中使用辅助材料，其目的是帮助学前儿童更好地(　　)。(模拟题)

A. 表现音乐作品　　B. 喜欢音乐作品

C. 感觉和理解音乐作品　　D. 掌握音乐作品

2. 在音乐欣赏活动中，语言材料的考虑应侧重于能帮助儿童增强(　　)。(模拟题)

A. 对语言的感知和体验　　B. 对动作的感知和体验

C. 对音乐的感知和体验　　D. 对艺术的感知和体验

3. 学前儿童音乐欣赏活动的导入模式有多种，其中(　　)的模式比较适合结构单纯、清晰的作品以及不太注重感知体验细节的活动设计。(模拟题)

A. 从完整作品开始　　B. 从讲故事开始

C. 从某种辅助材料开始　　D. 从作品的某个部分开始

项目六
参考答案

思考与实训

思考：

1. 为什么说倾听技能是学前儿童音乐欣赏能力发展的前提和基础？

2. 教师应该如何为学前儿童选择音乐欣赏作品？

3. 如何选择音乐欣赏活动中的辅助材料？

实训：

1. 从《金蛇狂舞》《晨曲》《茉莉花》等作品中，自选一首音乐，设计突出年龄特征的活动目标。

2. 以小组为单位，自选一首优秀歌曲或乐曲，明确活动目标，构思教学方法，设计音乐欣赏活动的活动方案，并尝试进行模拟试教。

项目七

学前儿童音乐教育活动的评价

学习目标

知识目标:理解学前儿童音乐教育活动评价的作用与原则;掌握学前儿童音乐教育活动评价的内容、标准和方法。

能力目标:明确学前儿童音乐教育活动评价的基本思路,学会评析学前儿童音乐教育活动。

情感目标:初步树立科学的学前儿童音乐教育质量观。

学习重难点

1. 理解学前儿童音乐教育活动评价的作用、原则、内容、标准和方法。
2. 运用所学知识评价具体的学前儿童音乐教育活动。

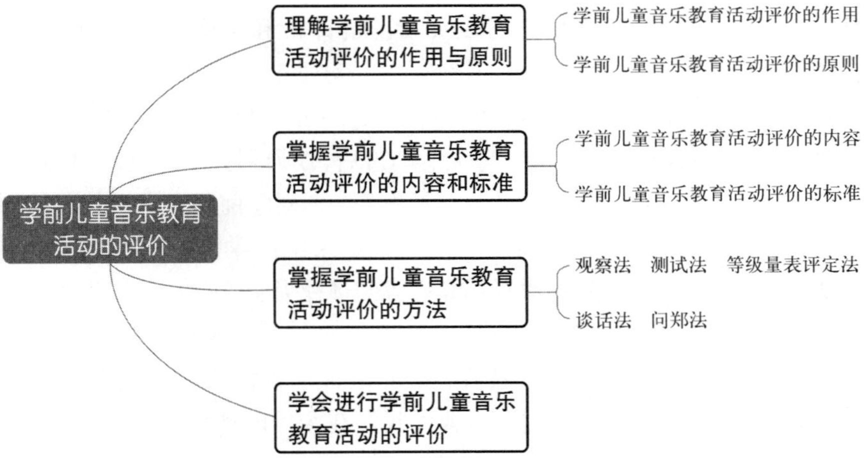

情境导入

一位实习老师在组织中班音乐活动《树上好多红苹果》时，将活动的重点放在引导幼儿学习歌曲中的歌词与节奏，并通过一遍遍的教唱和跟唱，希望幼儿能在规定的教学时间内学会唱这首歌曲，孩子在重复跟唱几遍后表现出了疲惫和注意力分散，参与活动的积极性明显不足。这位老师还将活动的难点定位在幼儿听音乐创编动作，但是在点评幼儿创编的动作时，老师希望幼儿创编的动作就是自己预设好的动作，如果幼儿创编的动作符合自己的设想，老师就表扬，如果不符合，老师就要求孩子跟着她一起做，所以在最后的动作创编环节，大多数孩子的动作都是一样的。

那么，为了帮助这位实习老师更快地成长，我们应该怎样评价这位老师设计和组织的音乐教育活动，并提出改进建议呢？

任务一　理解学前儿童音乐教育活动评价的作用与原则

教育评价是指对照教育目标，对于教育行为而发生变化所进行的价值判断。学前儿童音乐教育活动的评价是针对学前儿童音乐教育的特点和各个组成要素，通过收集和分析儿童音乐教育活动各方面的信息，科学地监测和判断音乐教育价值和效益的过程，也是对音乐教育目标、活动方案、教育内容、材料、效果以及活动过程实际运行状况等的判断和评定过程。

学前儿童音乐教育活动的评价一般包括两个方面，一是对学前儿童音乐学习状况进行评价，包括儿童音乐学习发展状况的评价和与音乐活动有关的智力、情感、个性、社会性等基本素质发展的评价；二是对学前儿童音乐教育活动的评价，包括对学前儿童音乐教育活动中教师的观念态度、活动目标的适宜程度、活动的组织形式、师幼互动效果等方面的评价。每个活动过后，教师都会反思活动目标设定、内容选择、教学方法与过程中的不足，及改进策略等。但对学前儿童发展状况的评价主要是通过活动过程中教师观察学前儿童表现得出的结论，学前儿童发展状况的评价是否可以为学前儿童音乐教育活动目标和内容的选择提供支持？学前儿童音乐教育活动的评价是否可以作为学前儿童发展状况评价的参考？这些都是为教师今后的教育活动提供依据的，都让我们认识到学前儿童音乐教育活动评价在学前儿童音乐教育活动组织与实施中的重要意义，督促我们在今后的教育过程中完善评价工作。

拓展阅读→

《幼儿园教育指导纲要（试行）》对于评价有这样的描述：“教育评价是幼儿园教育工作的重要组成部分，是了解教育的适宜性、有效性，调整和改进工作，促进每一个幼儿发展，提高教育质量的必要手段。”“管理人员、教师、幼儿及其家长均是幼儿园教育评价工作的参与者。评价过程是各方共同参与、相互支持与合作的过程。”“评价的过程，是教师运用专业知识审视教育实践，发现、分析、研究、解决问题的过程，也是其自我成长的重要途径。”“评价应自然地伴随着整个教育过程进行，综合采用观察、谈话、作品分析等多种方法。”

一、学前儿童音乐教育活动评价的作用

微课

学前儿童音乐教育评价的作用与原则

学前儿童音乐教育活动评价是一种比较具体的评价，通过评价可以了解学前儿童音乐教育活动设计和组织实施过程中的优点与不足，讨论改进和优化的方法，不断提高学前儿童音乐教育活动设计和组织、实施的能力，对促进学前儿童的发展、教师的专业成长和幼儿园的课程建设都有着非常重要的作用。

学前儿童音乐教育活动的设计和实施是否有效，能够通过评价对音乐活动的目标、活动内容和方法、活动效果以及活动过程的实际状况进行分析、诊断和评定。这是一种整体性的、双向的评价，不仅对学前儿童学习音乐活动总体情况和个体发展状况进行测量和评价，还要对音乐教育本身价值以及音乐教育活动中教师的教育观念、教育行为和教育效果进行系统的分析和评价。

在评价过程中，评价者需要不断地发现问题，开展反思和研究，尝试解决问题。不断增加对音乐教育的认识和音乐教学的经验和水平，创新开展音乐教育的新思路。因此，音乐教育评价是音乐教育理论研究的一个新兴而重要的领域，更是改进和提高音乐教育实践工作的有效工具和手段。

1. 导向作用

教育评价的导向作用是指教育评价本身所具有的引导评价对象朝着理想目标前进的功效和能力。在学前儿童音乐教育评价中，评价者对被评价对象所做出的价值判断，是根据一定的评价目标和评价标准进行的。《幼儿园教育指导纲要（试行）》和《3—6岁儿童学习与发展指南》中对教育活动的要求、对艺术领域的要求和各年龄段的要求一般是作为学前儿童音乐教育活动评价的方向和标准。例如，我国曾经有一段时期在学前儿童音乐教育中倾向于重视学前儿童的音乐知识和技能的学习，忽视学前儿童在音乐活动中的情感体验；重视音乐教育活动的结果而轻视音乐教育活动的过程。但是《指南》对艺术领域的要求则倾向于关注音乐教育活动的过程，倾向于关注学前儿童在音乐活动中的情感发展。评价者以《指南》为评价标准去评价音乐教育活动可以帮助教师明确教学方向，提高音乐教育活动的质量，对整个学前儿童音乐教育工作起着导向性作用。

2. 反馈作用

反馈作用是指将音乐教育活动中的信息及时而有效地返回给教师，从而调整和改进教育进程。在进行学前儿童音乐教育活动评价时，可以及时地发现音乐教育过程中出现的问题，如制定的音乐教育活动目标、选择的音乐教育活动内容、设计的音乐教育活动的环节和教学方法是否与学前儿童的年龄特点、认知特点和经

验水平相适应，是否能促进学前儿童的音乐经验在原有水平上提高，是否在活动中能照顾到学前儿童的个体差异等。学前儿童音乐教育的评价正是有了这种反馈作用，才能让音乐活动的每一个环节相互呼应从而为教学目标的达成服务。另外，这种反馈作用还可以促进教师进一步改进和调整教育活动的理念，弥补和修正自己在教学中的不足，提升经验，以提高音乐教育活动的质量。例如一位新手教师在组织中班音乐活动《小蜻蜓》中，“教”幼儿学习打三拍子的节奏，该教师在示范时将三拍子的节奏拍成了力度一样的“强—强—强”的关系。评价者发现了问题并反馈给教师，指出三拍子的节奏关系应该是“强—弱—弱”，教师及时修正了问题。

3. 诊断作用

音乐教育评价的诊断作用是指通过评价了解学前儿童已有的音乐经验，诊断学前儿童在音乐教育中的发展状况，并以此为依据制定音乐教育的目标和选择音乐教育活动的内容。通过音乐教育的评价，能够及时地诊断出音乐教育活动目标、内容、方法和过程与学前儿童音乐能力发展水平之间的适宜程度，从而更好地考虑到音乐教育活动中学前儿童的差异性、内容的适应性、方法的合理性，不断研究和反思，从而推动和促进学前儿童音乐教育的实施和课程改革的进程。例如，某年轻教师遇到了一件奇怪的事情，这位教师自身的音乐技能很强，弹唱跳样样出色，富有表现力，但是和她一起活动的儿童常常无精打采、注意力不集中。该幼儿园教师对她评价后发现，这位教师的行为表现适宜于舞台表演，夸张有余而自然不足。而且由于这位教师的个子比较高，她和儿童交往时，视线极少与儿童的视线相接触，无形中造成了教师与儿童之间的距离感，使学前儿童的“眼里没有老师”，所以教师难以和儿童产生有效的互动。这种对教师教学行为问题的评价体现了评价的诊断作用，能够帮助教师找到自身的原因，为教师采取改进措施提供信息。

4. 促进作用

科学、有效的教育评价可以调动教师教学工作的积极性，激发学前儿童学习的积极性，使教师和学前儿童都能在音乐教育活动中有所发展。教育管理层、教育研究者和一线教师应把学前儿童音乐教育的评价作为一种常规行为，在对不同音乐教育形式和方法的评定、比较中，探讨不同教育模式的价值和优势，优化音乐教育的内容和教育功用，真正发挥音乐教育的作用，促进学前儿童身心和谐发展，让儿童真正享受音乐教育的快乐。而且良好的评价结果会对成功的经验起到强化和推广的作用，教师也会因此得到激励，并以此为动力更加努力改进音乐教育活动的设计和实施；不良的评价结果会对教师产生一种无形的压力，帮助其产生不甘落后、改进工作的动力。例如，某教师在组织奏乐活动时，学前儿童的学习积极性比一般情况要高，学习进度也比一般情况快。幼儿园主管教学的负责人可通过对该教师组织的有关活动进行一段时间的连续观察，再与其他教师组织的同类活动相比较，对其中的差异做出分析评价，并为推广或验证该教师的有关经验制定专门的计划。通过不断地观察评价和调整，不仅可以提高幼儿园内全体教师对奏乐活动的组织和指导能力，同时也可为更多的幼教同行提供便于学习、便于操作的经验。

二、学前儿童音乐教育活动评价的原则

1. 计划性原则

学前儿童音乐教育的评价要有明确的目的和计划，要将评价工作纳入幼儿园行政以及教师日常工作计划中来，要让音乐教育的设计和实施在教师的自我调节和控制中向着更加科学和完善的方向发展。

例如，某个中班儿童在韵律活动中找不到合作的伙伴，在集体的演奏活动中不能协调地融于集体的演奏中，由此，教师在观察的基础上对该儿童做出了初步的评价，并找出了其发展障碍的原因。进而为其制定一份特殊的，不断促进其发展的个案规划，并且在实施过程中观察记录再调整，最后使该儿童跟上一般儿童的发展水平。

2. 针对性原则

学前儿童音乐教育的评价要有针对性，即评价可以围绕当前音乐教育活动中存在的主要问题，也可以针对某一个具体的音乐教育内容领域，还可以针对某个活动对象（学前儿童），并且以促进问题的解决和改善为目的。

例如，在一次大班奏乐活动中，教师敲击大鼓发出轻重快慢的声音，请儿童听鼓声用动作表达感受。开始时儿童还可以根据鼓声的强音用动作表现狗熊和大象笨重的样子，可是老师没有对儿童的表现做出针对性评价，而是泛泛地赞赏他们做得很好，接下来无论儿童怎么做教师都赞美，于是儿童就开始不加思考地随意说随意做动作，只求和别人说的和做的不一样，再也不考虑动作与鼓声变化的关系了。这个案例是学前儿童音乐教育活动中经常出现的情况，所以我们应该强调教师评价的指向性，要让儿童明白在进行音乐活动时自己要做什么，怎么做，以防止出现儿童盲目追求浅层次快乐的、混乱的局面。

3. 客观性原则

客观性原则是指在进行学前儿童音乐教育活动评价时应以客观、公正、科学、实事求是的态度进行，而不能主观臆断或掺杂个人的情感色彩。对学前儿童音乐教育活动客观评价包含两层含义：一是幼儿教育的专家或园长评价幼儿园教师的活动表现应针对具体情况客观公正地评价；二是教师对学前儿童在活动中各种表现的评价应客观具体。

例如，目前很多观摩、评优活动存在事先准备过多的情况，具有开课表演成分，音乐活动无法客观反映音乐教育活动的日常现状，这样就降低了评价的效应，产生消极的导向作用。再如，在学前儿童音乐活动过程中，通常教师对学前儿童音乐表现的及时评价都是："唱得真好！""表演得真棒！""啊！比上次有进步！"这样笼统的评价方式会导致对学前儿童引导的价值和意义都是不足的。教师应该客观地评价儿童的音乐表现到底"好"在哪里，"棒"在哪里；哪些行为说明学前儿童表现得"好"和"棒"；进步在哪里，是声音更好了，还是节奏更稳了。评价的内容要具体、形象、客观，这样学前儿童才容易在模仿、反思中提升音乐表现能力。

4. **全面性原则**

全面性原则是指对学前儿童音乐教育活动的各个组成部分和各个构成要素进行全面的、连续不断的评价。作为评价者,既要对学前儿童音乐学习和发展的情况进行评价,还要对教师的教学和指导给予评价;既要对学前儿童在音乐教育活动中的行为和表现进行评价,又要对学前儿童在日常环境中的音乐表现进行观察和评价;既要对学前儿童在音乐活动中的能力、兴趣等方面的表现做出一般的、整体的评价,又要看到学前儿童在音乐学习上的差异性,对个别儿童做出特殊的评价;既要对学前儿童音乐教育活动的目标、内容及音乐教育环境和材料的选择、利用进行评价,又要对音乐教育活动的形式、方法以及活动中教师与儿童的互动关系进行评价;既要使评价能够及时地发挥诊断的作用,又要保证评价不能挫伤学前儿童的心理安全感和自尊心。总之,应将学前儿童音乐教育评价作为一种制度,对学前儿童音乐教育的各个方面的因素进行全面而连续的评价,使之真正有益于学前儿童的发展和学习。

5. **量化与质性相结合的原则**

量化评价是对学前儿童音乐教育活动从量的方面进行评析。如某幼儿园一学期开展各种类型音乐教育活动的量的统计,即开展多少次歌唱活动、多少次韵律活动、多少次奏乐活动、多少次音乐欣赏活动等。质性评价是评价者从不同的角度用文字描述的方式记录音乐教育活动过程或结果的一种评价方式。在这种评价中,评价者更多的是一个观察者、倾听者和发现者,评价内容更多地集中在学前儿童在音乐教育活动过程中的表现,这样能够真正理解学前儿童外显行为背后的含义。量的评价可以反映音乐教育活动的一个方面,质的评价可以反映音乐教育活动的另一个方面,评价者对音乐教育活动评价时,应该将量化与质性评价相结合,才能使评价更全面、更科学,才能促进学前儿童主动、持续地成长和发展。

6. **建设性原则**

在学前儿童音乐活动评价过程中,无论是上级主管部门的评价、教育者同行之间的评价,还是教师自我的评价,其最终目的都是为了总结经验,找出问题的症结所在,有效地促进存在问题的解决和改善,提高音乐教育活动的质量。评价活动和结果应该具有建设性,及时全面地向施教者提供具体的改进建议,提出未来发展和进步的方向,促进幼儿园总体和施教者个体的可持续性发展。

总之,学前儿童音乐教育评价应着眼于幼儿园、教师、学前儿童的未来发展,使评价能够指导、督促各种因素向着良性的、健康的长远方向发展。

任务二　掌握学前儿童音乐教育活动评价的内容和标准

一、学前儿童音乐教育活动评价的内容

《幼儿园教育指导纲要(试行)》明确指出:教育活动评价宜重点考察教育活

动是否建立在对本班幼儿的实际了解的基础上；教育内容、方式、环境条件是否能够调动起幼儿学习的积极性；教育过程是否能够为幼儿提供有益的学习经验，并符合其发展需要；教育内容、要求能否兼顾群体需要和个体差异，使每个幼儿都能得到发展，都有成就感；教师的指导是否有利于幼儿主动、有效地学习。

微课
学前儿童音乐教育活动评价的内容

学前儿童音乐教育活动内容的评价主要是通过对音乐活动设计和实施过程的评定，以此判断儿童能否获得基本的音乐感知能力。具体表现为：

1. 活动基础的评价

活动基础是指学前儿童现有的发展水平和已有的经验。现有的发展水平是指儿童在认知、情感和操作技能三个方面的发展情况；已有的经验是指学前儿童已经获得的知识、体验和行动方式等。

2. 活动目标的评价

学前儿童音乐教育活动目标是由教师按照一定的教育要求和学前儿童本身发展需要制定的一种对活动结果的期望。在活动目标的评价中包括四个方面：一是评价活动目标与《纲要》中艺术领域目标、年龄阶段目标以及单元目标之间的联系是否紧密一致；二是评价活动目标是否涵盖了认知、情感态度和操作技能三方面的要求，并突出情感体验和审美能力提高在音乐活动中的地位；三是评价活动目标是否与学前儿童的实际发展情况相适，是否尊重学前儿童的兴趣，是否满足学前儿童的实际需要；四是活动目标的落实，即达成度。

学前儿童音乐教育的目标体系是一个完整而有序的统一体，每一个活动目标都是总目标、年龄阶段目标的具体化。因此，在评价音乐教育活动目标时要考虑目标的统一性，分析该目标与其上一级目标和学前儿童实际发展情况的联系，以此评价目标的合理性。例如，同样是韵律活动《小鱼游》，一位教师将活动目标定位于：学会有节奏地随音乐做模仿动作“小鱼游”。从学习结果看，学前儿童学习得很顺利，掌握得很快，模仿也比较准确，可以说目标达成情况良好。但如果参照幼儿园音乐教育的总目标就可以发现，这位教师在制定活动目标时忽略了学前儿童创造性目标的要求，因此这个活动的目标是不完善的。另一位教师将《小鱼游》的活动目标定位为：学习有节奏地随音乐做创造性的模仿动作“小鱼游”。由于学前儿童第一次进行创造性动作的表现活动，尽管在结束时儿童也想出了许多不同的动作，但是将注意力都放在了动作如何变化上，不太注意音乐的进行，最后目标的达成情况也不理想。这位教师的问题是没有结合本班儿童的实际情况设计目标。教师可以把这次活动的目标分成两个层次，一是学会听音乐做动作，二是学会创造性地随音乐做动作，这样活动目标就容易达成了。

3. 活动内容、环境和材料的评价

活动内容是实现活动目标的中介，活动环境和材料与活动目标、内容有着必然的联系。评价活动内容、环境和材料主要体现在以下几个方面：活动内容、环境和材料的选择是否与音乐教育目标相一致；活动内容、环境和材料的选择与设计是否适合音乐教育活动的开展，保证学前儿童使用教具的数量，并具有一定的艺术性；活动内容、环境和材料选择是否与学前儿童的能力发展水平相一致；活动内容的音乐材料本身的审美性和艺术性；活动的环境和材料是否最大限度地得以开发和利用，充分发挥了环境和材料的作用。因此，音乐活动的内容、材料和环境的选择与活动的基础、目标，及学前儿童的实际情况的关系是相互影响和制约的。如果只对一种因素进行评价就可能会因为片面而影响整体的效果。

例如，在大班音乐活动《拨弦》中，教师要求儿童在自己的身后排成一列纵队，儿童随着音乐在教室中游走，以表示穿越森林中各种各样的小路，当教师回头时，儿童摆好造型保持不动，这样做能帮助儿童感受重音和乐句。从教学的角度评价这个活动是适宜的，但从结合环境的角度来看，就会发现这种评价具有片面性。在一个场地小、幼儿多的大班活动室中，这样的方式让儿童感受和表现这首乐曲明显是不合适的。同样的活动内容，老师将儿童排成三列纵队，让幼儿坐在椅子上，随音乐用双脚原地踏步或保持不动，这种处理方式既适应了音乐欣赏活动本身的要求，又可避免身体冲撞的矛盾。

4. 活动过程的评价

音乐教育活动过程的评价是一个综合而复杂的过程，对活动过程的评价也是一个动态的评价过程，主要是指活动中师幼相互作用的过程，评价的对象主要是教师的行为。一般来说，可以从以下几个方面入手：(1) 教师的行为。主要是指教师的精神面貌、教态，在教学活动中是否亲切自然、热情饱满，能否做到讲解清晰、示范准确，是否善于调动学前儿童的兴趣和积极性，并有效地激发学前儿童进行自主的学习和独立的思考等。(2) 教师的指导。主要是评价在音乐活动过程中，教师对集体教学活动、小组活动和个别活动等多种活动组织形式的选择是否灵活恰当，活动安排和组织是否紧凑、有序，各个环节之间能否呈现出层次性，是否在活动过程中既注意到了大多数学前儿童音乐发展水平的需要，又体现了对个体差异的尊重和照顾。(3) 教师与学前儿童的互动。主要是评价教师在活动中是否注意到为学前儿童创设一定的活动环境，以引发学前儿童的主动学习兴趣，是否注意到在活动中与学前儿童的情感交流及为学前儿童之间的情感沟通创造机会和条件等。

5. 活动方法的评价

活动方法是实现活动目标的手段和途径，既包括教师指导的引导、间接的体态语和教育媒体的暗示等教学方法，也包括学前儿童主动探索和操作的方法。学前儿童音乐教育的方法有很多种，如多感官参与法、示范模仿法、情境创设法、角色变换法等，对音乐教育活动方法的评价主要是看教师在选择方法时是否与活动的目标和内容相适应，能否根据小、中、大各班儿童的年龄和认知特点选择采用适合的方法，活动方法的运用是否强调并体现了学前儿童的自主性和主体性，还要看教师是否能根据不同的音乐教育活动类型来选择适合的活动方法，这些方法能否与音乐活动环境和有关设备相联系。这些活动方法可以在一个音乐教育活动中综合运用，让学前儿童通过听、看、唱、说等多种途径体验音乐活动的乐趣。除此之外，还需要看教师能否运用合适的活动方法照顾到学前儿童个体学习方式的差异，能否运用有效的方法促进学前儿童在已有水平上的提升。

6. 活动效果的评价

活动效果是指通过音乐教育活动在学前儿童身上反映出来的教育结果。其主要内容有：评价学前儿童在活动过程中的参与和学习态度，即注意力是否集中，表现是否积极、主动等；评价学前儿童在活动中的情绪情感反应，即精神是否饱满，情绪是否愉快、轻松、自然等；评价学前儿童对活动预期目标的达成情况，即学前儿童掌握的知识和技能目标是否达到。在对学前儿童音乐发展状况进行评价时要注意评价要全面，尤其要避免只重视知识技能的掌握，而忽略情感和审美能力的倾向；还要注意评价方法要多元化，通过观察、谈话、作品分析等方式了解学前儿童的发展和需要；同时还要注意评价应具有发展性，应该用发展的眼光看待儿童，既要关注学前儿童的现有水平，更要注意其最近发展区。

二、学前儿童音乐教育活动评价的标准

音乐教育活动评价的最终目的是为了真正促进学前儿童的发展，因此评价时要确定评价的标准（见表 7－1）。

表 7－1　学前儿童音乐教育活动评价标准表（供参考）

<table>
<tr><td colspan="2">授课教师</td><td></td><td>班级</td><td></td><td>儿童人数</td><td></td><td>时间</td><td></td></tr>
<tr><td colspan="2">活动名称</td><td colspan="7"></td></tr>
<tr><td rowspan="3">教师</td><td>项目</td><td colspan="4">评价标准</td><td>分值</td><td>得分</td><td>评析与建议</td></tr>
<tr><td>活动目标制定</td><td colspan="4">1. 活动目标明确、操作性强，符合已有经验和发展需要，能体现音乐教育活动的特点。
2. 活动目标全面，有机整合情感态度、能力和知识技能方面的要求。
3. 活动目标指向性强，能贯穿活动过程的始终。</td><td>10</td><td></td><td></td></tr>
<tr><td>活动内容选择</td><td colspan="4">1. 活动内容贴近学前儿童的生活，反映其兴趣和需要。
2. 活动内容既符合学前儿童的现有水平，反映基础性、启蒙性的特点，又对学前儿童有一定的挑战性，可提供学前儿童长远发展的学习经验。
3. 活动内容重点突出，符合科学性，容量合理。</td><td>15</td><td></td><td></td></tr>
</table>

续 表

教师	活动过程组织	1. 教态亲切自然，教学语言清晰、准确、生动、活泼，富有启发性和感染力，有利于激发学前儿童的兴趣和积极性。 2. 环境创设和材料提供恰当有效，教学方法和手段多样，能有效引发学前儿童与环境、材料的积极互动。 3. 活动过程环节清晰，时间分配合理，重难点突出，综合运用多种教学形式，有层次感。 4. 运用适宜的教学方法和指导策略，注重有效的师幼、幼幼互动。尊重学前儿童的个体差异，有因人而异的个别指导。	40		
幼儿	活动参与	1. 对音乐活动有兴趣，积极参与活动。 2. 活动中的情绪状态轻松、愉快、自然。	10		
	活动表现	1. 对音乐活动内容、环境、材料和方式感兴趣，能利用资源学习。 2. 能主动而专注地参与活动各个环节的讨论、表达和创造中。 3. 愿意表达音乐感受，愿意与同伴分享和交流经验，能够与同伴合作。	15		
	活动能力	1. 能基本理解、掌握和运用新的学习经验，并有个体发展的新收获。 2. 能有自信的表现和成功的体验。	10		

说明：学前儿童音乐教育活动评价标准按评价内容分为优、良、中、差四个等级：90 分以上为优秀，80—89 分为良好，60—79 分为一般，60 分以下为差。

任务三　掌握学前儿童音乐教育活动评价的方法

微课

学前儿童音乐教育评价的方法

《幼儿园教育指导纲要(试行)》中指出："评价应自然地伴随着整个教育过程。综合采用观察、谈话、作品分析等多种方法。"学前儿童音乐教育活动评价的方法有很多种。

从评价者的角度来看，有自我评价和同行评价。在学前音乐教育活动的评价中，可以进行自我评价，如建立自我评价的氛围，养成自我评价的习惯和意识，可以提高教师评价的水平和能力，有助于教师的专业化成长。同行评价可以促使教师发现问题，解决迷惑，便于改进工作，尤其是新教师，要虚心接受有经验教师的评价，帮助自己建立客观的评价标准，获得其他教师有益的教育教学经验，促进和提高教学水平。评价活动中自我评价与同行评价是统一的，应该协同动作，互相沟通与理解。通过自我评价与同行评价相结合，教师比较易于接受评价者的意见和建议，不至于产生对立情绪。

从评价过程与结果的记录或交流的角度来看，有书面评价和口头评价。书面评价的信息可以积累，评价资料便于保存，并进行进一步的分析和诊断，方便反复查阅，记录经验获得和自我成长的轨迹，如观察记录、问卷评价、档案袋记录、测试评价等。口头评价则可以将评价信息及时反馈，意见和建议可以得以集中和交流，能够及时了解到评价的内容和信息，如谈话、约谈、现场讨论等。

从评价过程性资料的归纳和分析的角度来看，有量性评价和质性评价。幼儿园教育活动是一种极为复杂的社会现象，是多种因素相互作用的结果，评价的对象是教学和方法、教师和幼儿等。单纯采用量化的方法进行评价，容易把复杂的教育现象简单化。因此必须重视质性评价方法的运用，采用自然观察法和谈话法等，把教育现象中较难定量和缺乏客观资料的各种因素加以综合分析，将定量和定性的方法结合起来，才能使评价工作收到较好的效果。

从评价内容的全面性角度来看，有独立片段评价和连续评价。独立片段的评价就是对于完整的教学活动中的某个环节或某个元素进行评价，可以是教学活动目标的实现、在教学过程中某种方法的运用、教育对象个体表现，甚至是教学互动中师生的表现等，可以就一个问题展开分析评价，连续评价主要针对教育活动的过程，甚至在一段时期内的音乐教育活动存在的共性问题，就问题产生的原因和解决的效果进行分析评判。解决一个比较有价值教育教学的问题，从而提高教师的教育水平，提高教学质量。

同时需要重视过程性评价。关注过程，强调教育过程与评价的整合，使评价自然而然地伴随教育过程的开展而进行。对教育活动的评价也就是对教育整个过程的评价，包括教育活动计划的评价、教育过程的评价和教育效果的评价，并考虑到教师的主导作用及学前儿童的主体活动，而不是单一的片面的评价。评价时是以教育活动的过程为主要依据，这是教育观念的一种转变。对过程的评价主要是提示存在问题，向教师及时地反馈信息，以调整和改进组织教育活动的方式方法，有利于促进幼儿园工作发展。要坚持过程与结果并重，过程中蕴含着内容，如学习的方法、策略的渗透、对合作的体验、成功的愉悦等，教师的教育策略本身也应当是教育的内容，它对学前儿童起着潜移默化的影响。教育活动过程中体现出来的学前儿童参与活动的兴趣、态度、专注等同样是评价的重要信息和依据。

学前儿童音乐教育活动评价的常用方法有观察法、测试法、等级量表测定法、谈话法和问卷法等。

1. 观察法

观察法是指有目的、有计划地在学前儿童的音乐活动中进行即时观测，并对观测结果做出一定评估的方法。通过观察，教师可以获得来自学前儿童的多方面反馈信息，帮助教师真实地了解每个儿童的音乐发展水平和能力，还能帮助教师根据观察结果反思音乐教育活动的目标制定、内容选择、组织形式对学前儿童发展的适宜性，从而更及时地调整活动内容和方法等。

观察法有两种不同的实施途径：

一是自然观察，即教师在学前儿童的日常生活中，在学前儿童真实自然的自发音乐活动中进行的对其行为表现的观察评价。自然观察的优势在于可以不受条件的限制，随时随机地进行观察，教师只需在观察前明确所观察的内容，在观察中做好相应的记录即可。例如这样一段观察记录："游戏时间到了，瑶瑶首先到音乐区，直接选择老师新做的乐器——电子琴，有模有样地弹奏起来，她边弹边配音。妍妍看到了，就过来和她一起弹了起来，两人配合默契得像四手联弹一样，还模仿起了老师上课时的样子。两人有说有笑，但对琴的兴趣并没有持续很久，其间也没有选择其他乐器进行弹奏。婷婷来到音乐区就选择了二胡：'老师，你看，这是二胡。'她对二胡很感兴趣地演奏起来，还问老师是不是这样拉的。"从上面的观察记录中可以对几名学前儿童的音乐兴趣和个性特点做出相应的评价。但是由于自然观察中环境、时间和空间的变化往往也会影响自然观察的行为和表现，导致自然观察有一定的局限性。

二是人为创设环境的观察。对于一般日常活动中难以观察到的情况，教师可以根据评价指标体系的要求，特别设置一个活动、游戏或场景，促使学前儿童自然地表现音乐发展方面的状况。如某教师想要评价学前儿童对音乐的主动探索能力的发展，可以创设这样一个环境：教师播放一首三拍子的轻柔音乐，提供一些不同小动物的头饰、彩带等道具，要求学前儿童用这些材料结合身体动作进行自我探索和表现。教师通过这样一个特别的安排，观察到班级中每名儿童的不同表现。这样的观察在于创设一个具体的环境，所以观察的效果还是能够令人满意的。

2. 测试法

测试法是通过标准化测量工具或自行设计和编制的音乐能力测验，对学前儿童的音乐发展做出科学评价的一种方法。一般情况下，测试法多引用权威机构或专家编制的标准化测验项目和试题。这类测试经过了科学检验，能比较真实而客观地反映出测试对象的情况。测试法的优势在于科学性比较强，特别适用于不同年龄学前儿童或个别儿童音乐能力发展水平、特点、趋势和差异的评估。如以学前儿童音乐动作表现力测试为例来说明其音乐能力发展的状况（见表 7-2）。

表 7-2　学前儿童音乐动作表现力测试表

姓名：　　　　性别：　　　　年龄：　　　　观察时间：

项目	特征类型	标准（指标）	等级		
			差	中	好
音乐特征	拍子	1. 上肢合拍			
		2. 脚步合拍			
		3. 动作松弛			
	节奏型	1. 有自己的动作节奏型			
		2. 能表现有特点的音乐节奏型			

续　表

项目	特征类型	标准(指标)	等级		
			差	中	好
音乐特征	句子	1. 动作具有清晰的句型,有意识地进行句子的起落			
		2. 音乐句子重复时动作重复			
		3. 对比句的动作有对比性			
	段落	1. 段落转换自如			
		2. 用不同风格的动作表达不同音乐风格段落			
	引子尾声	1. 能完成引子等待			
		2. 尾声处有结束性的动作			

教师通过这个评价指标在测试前需要完成的任务是:(1) 理解与熟悉此工具所有的指标内容的含义与打分标准。(2) 找到一首适合学前儿童即兴表演的乐曲,可以是 AB 对比强烈的乐曲,也可以是 ABA 三段体乐曲。学前儿童可以分四人一组进行即兴表演,教师通过观察学前儿童的表演对每一位儿童打分。

3. 等级量表测定法

等级量表测定法是指用数字活动等级的形式评定学前儿童在音乐活动中的行为与表现,它为进一步描述性评价、分析性评价打下基础(见表 7－3)。等级量表是评价的一种工具。等级量表测定法有一定的优势:一是使对学前儿童音乐发展水平的评价具体化;二是能够快速而方便地使用,通过表格的形式把学前儿童音乐学习品质发展的各个方面全面列出来,教师只要通过观察或测试打"√"或打分就可以了,操作很方便。但是这种方法也有自身的局限,如只适合于测定音乐知识与技能范畴的内容,心理范畴很难测定,教师只片面地将等级量表看成一种标准,会导致教师对学前儿童个性的压抑。

表 7－3　学前儿童音乐教育活动等级量表

姓名:　　　　　性别:　　　　　年龄:　　　　　观察时间:

特征类别	标准(指标)	等级				
		0	1	2	3	4
好奇心与兴趣	1. 活动中,儿童是否会提出问题					
	2. 对教师的提问是否有语言或动作的反应					
	3. 用语言活动动作回答教师提问的合理性如何					
	4. 是否愿意跟随或按照教师要求去做					
	5. 儿童对导入活动的反应					
主动性	1. 能否主动回答教师的提问					
	2. 面对教师提问或要求能否做到独立思考					
	3. 面对较难问题和困难任务时的表现					

需要注意的是，在使用这些量表的时候要完成以下任务：(1) 理解熟悉此工具所有指标内容的含义与打分标准；(2) 为学前儿童编号并全程录像。

4. **谈话法**

谈话法是指评价者通过与谈话对象进行面对面的交谈，以口头问答的方式来获取有关音乐方面信息的一种方法。谈话的形式可以是提问，也可以是讨论等其他较自由的形式，但是要有明确的目的，围绕一定的主题进行。在谈话前要选择好谈话的时间、地点，设计好谈话提纲。谈话对象一般包括与教师的谈话和与学前儿童的谈话。在与学前儿童谈话时，由于其对语言的理解能力有限，这就要求谈话者尽量使用简洁、通俗的语言与其交谈，不使用带有主观色彩的语言，还要对谈话内容进行反复斟酌，力求谈话信息的客观性和真实性。这种评价的方法并不是一种科学的定量分析，也没有特别编制和设计的评价指标，因此可作为一种辅助的音乐教育活动评价方法加以合理的运用。

5. **问卷法**

问卷法是指在音乐教育中通过对教师、管理者、同行及家长的书面形式的问题调查，来获取信息的一种评价方法。通过问卷调查，可以帮助教师反思音乐教育活动的组织和设计，也可以帮助教师从旁观者的信息反馈中了解到学前儿童的音乐兴趣、能力发展水平、情绪表现等特征，以及音乐教育活动内容、形式和方法等选择是否合理和可行，进而加以调整和改进。

例如，了解幼儿园教师开展音乐教育活动的基本观点和做法，可以针对教师设计这样的问卷调查内容：

1. 您认为音乐教育活动重要吗？（　　）

A. 非常重要　　　　B. 比较重要

C. 不太重要　　　　D. 不重要

2. 您在组织音乐教育活动时哪个类型的音乐教育活动组织得最多？（　　）

A. 歌唱活动　　　　B. 韵律活动

C. 奏乐活动　　　　D. 音乐欣赏活动

又如，了解刚入园儿童的音乐能力的现状，可以针对家长设计这样的问卷调查内容：

1. 您的孩子喜欢唱歌吗？（　　）

A. 非常喜欢　　　　B. 比较喜欢

C. 不太喜欢　　　　D. 不喜欢

2. 您的孩子喜欢在什么时候听音乐？（　　）

A. 睡觉前　　　　B. 吃饭前后

C. 边玩边听　　　　D. 不固定

任务四　学会进行学前儿童音乐教育活动的评价

中班韵律活动《我爱洗澡》

设计意图：

洗澡是幼儿生活中经常做的事情，对洗澡的认知有一定的生活经验，而且洗澡是富有极强节奏感的动作。《我爱洗澡》是一首风格欢快活泼的歌曲，将洗澡的动作配上明快的音乐，不仅有利于幼儿感受音乐的节奏，还能让幼儿在“健康好宝宝”的主题活动背景下充分体验洗澡的乐趣，学做健康好宝宝，并可以为幼儿创设情感表达和表现的环境和机会。同时为了在创编活动时，幼儿的创编思路不被歌词内容所限制，本活动对原来的音乐做了剪辑，去掉了部分歌词内容，形成了一段ABCA结构的音乐材料，更适合中班幼儿去感受、欣赏和表现。

活动目标：

1. 理解歌曲内容，大胆想象，创编洗澡的动作并随音乐合拍地表演。
2. 初步尝试合作表演，体验韵律活动带来的乐趣。
3. 体验洗澡的快乐，养成爱洗澡的好习惯。

活动准备：

经验准备：幼儿有洗澡的经验，并在谈话活动中交流。

物质准备：音乐《我爱洗澡》《匈牙利进行曲》《梦幻曲》、润肤露、花洒（配有流水的声音）。

活动过程：

1. 热身并完整感知音乐节奏

（1）听音乐进教室，用踏步、举臂、屈膝等动作热身。

（2）教师：小朋友们，你们喜欢洗澡吗？都是怎么洗澡的啊？

（3）完整地感知音乐《我爱洗澡》，熟悉音乐的节奏及欢快的情绪。

2. 在情境中分段创编，随音乐做动作

（1）引导幼儿创编冲水的动作。

（2）引导幼儿创编抹沐浴露的动作，教师提升动作并用语词节奏“抹一抹”哼唱。

（3）引导幼儿创编搓澡动作，教师提升动作并用语词节奏“搓一搓”哼唱。

（4）引导幼儿随音乐练习最后冲洗并擦干的洗澡结束动作。

3. 在情境中随音乐完整表演

（1）教师和幼儿一起在情境中随音乐合拍完整地表演创编的动作，请幼儿大胆表现洗澡的快乐和洗完澡后舒服的样子。

（2）引导幼儿创编与同伴互相搓背的动作。

教师：请你找一位朋友互相搓背，要跟随音乐有节奏地轮流搓。

4. 结束活动

(1) 玩“抹沐浴露”的游戏,放松身体。

(2) 鼓励幼儿养成爱洗澡的好习惯。

教师:我们洗澡的时候,要有节奏地搓洗,这样才能洗干净。

活动延伸:

1. 区域活动:将花洒、沐浴露等放置到音乐表演区,请幼儿两人一组,合作表演洗澡。

2. 家园共育:提醒家长在和孩子洗澡时,可以让孩子帮自己洗澡,增进亲子交流,体验快乐。

活动分析:

1. 活动目标

目标设计从幼儿的角度出发,既考虑了幼儿的年龄特点和现有水平,又为幼儿增加了一定的难度。中班幼儿的动作发展已经有了较大的进步,身体动作与音乐的协调性进一步提高,已经能注意到用动作与同伴进行交流合作,并在集体空间中不发生碰撞,初步感受和同伴一起合作音乐表演的乐趣。并在老师的引导和提示下,大胆想象,尝试创编动作,并进行完整的音乐表演。

2. 活动准备

活动准备充分考虑幼儿的认知水平,创造性地对原有音乐进行剪辑,更适合中班幼儿去感知和表现。并且准备了一些生活化的材料,不仅能唤醒幼儿记忆中的生活经验,还能充分调动幼儿主动地参与活动,幼儿在各个环节都表现得很积极。

3. 活动过程

活动过程生活化、情境化,为幼儿创造了情感表达的空间。整个活动过程共分为四大环节:感知音乐、分段创编、随音乐整体表演、放松结束。活动始终以幼儿为主体,教师给予适时的引导和提示。在第二环节的教学中,教师通过情境创设及适当的提问,启发引导幼儿将自己洗澡的生活经验迁移到活动中来,大胆想象和创编动作,形成了良好的师幼互动。同时,在第三环节的教学中通过讨论—示范—观察—尝试的方法,引导幼儿相互搓背,体验两两合作表演的快乐,也给幼儿创造了音乐表达的空间,让幼儿大胆表现自己的情感和体验,突破本次活动的难点。

4. 幼儿表现

幼儿在活动过程中的情绪状态是轻松、自然、愉悦的,能够积极主动地参与活动的每个环节。在活动中,能够大胆想象,创编动作,也愿意进行音乐情感的表达和表现。但是有的幼儿在表演的时候过于投入,做动作时不能和音乐的节拍相配合,出现动作节奏不稳定的问题。教师可以及时地给个别幼儿进行指导,并在请幼儿进行音乐表演前,多给幼儿提供几次熟悉音乐节奏、随音乐节拍做动作的自由练习机会,这样随音乐表演时,就会较少出现动作与音乐节奏不符的现象。

总的来说,这个韵律活动内容选材贴近幼儿生活,符合幼儿的年龄特点和认知水平,整个活动过程由浅入深,循序渐进地完成了活动目标。活动中将游戏和表演的教学方法贯穿在每个环节中,幼儿积极主动地投入其中,还将音乐感受表达和生活经验相联系，身心愉悦，获得了愉快的审美和情感体验。

考点聚焦

★ 学前儿童音乐教育评价的方法

国考链接

1. 学前儿童音乐教育活动评价的最基本的方法是(　　)(模拟题)

A. 观察法　　B. 谈话法

C. 调查法　　D. 测验法

2. 案例分析题(模拟题)

在中班歌唱活动《小树叶》中，老师说："我们已经会唱小树叶的歌曲了，我今天想请小朋友们和我一起来表演一个游戏。"老师贴上大树的标志，对幼儿说："现在，我来当树妈妈，你们当小树叶，好不好?"幼儿高兴地回答："好。"幼儿贴好小树叶的标志进行歌唱表演。老师唱："秋风起来啦，秋风起来啦，小树叶离开了妈妈，飘呀飘呀飘向哪里？心里可害怕?"。幼儿接着唱："小树叶沙沙沙沙沙沙沙，好像勇敢地说话，春天春天我会回来，打扮树妈妈。"唱完几遍后，老师要求和幼儿交换角色，邀请一名幼儿当大树妈妈，自己当小树叶，再次进行游戏。

请从活动方法的角度对该老师的教学进行评价。

项目七

参考答案

思考与实训

思考：

1. 学前儿童音乐教育评价应遵循什么原则?

2. 如何评价学前儿童音乐教育的活动目标、活动内容、活动过程及活动效果?

实训：

1. 请详细记录一个幼儿园音乐教育活动的过程，用学前儿童音乐教育活动评价标准表进行评价与分析。

2. 请用测试法或等级量表测定法，评价学前儿童一项具体的音乐能力。

项目八

国外学前儿童音乐教育流派与理论

学习目标

知识目标：了解国外学前儿童音乐教育的理念、内容与方法。

能力目标：正确运用国外学前儿童音乐教育的理念、方法等，设计与实施学前儿童音乐教育活动。

情感目标：具有开放、包容的学前儿童音乐教育视野。

学习重难点

1. 了解国外学前儿童音乐教育的内容与方法。
2. 运用国外学前儿童音乐教育的理念、方法设计音乐教育活动。

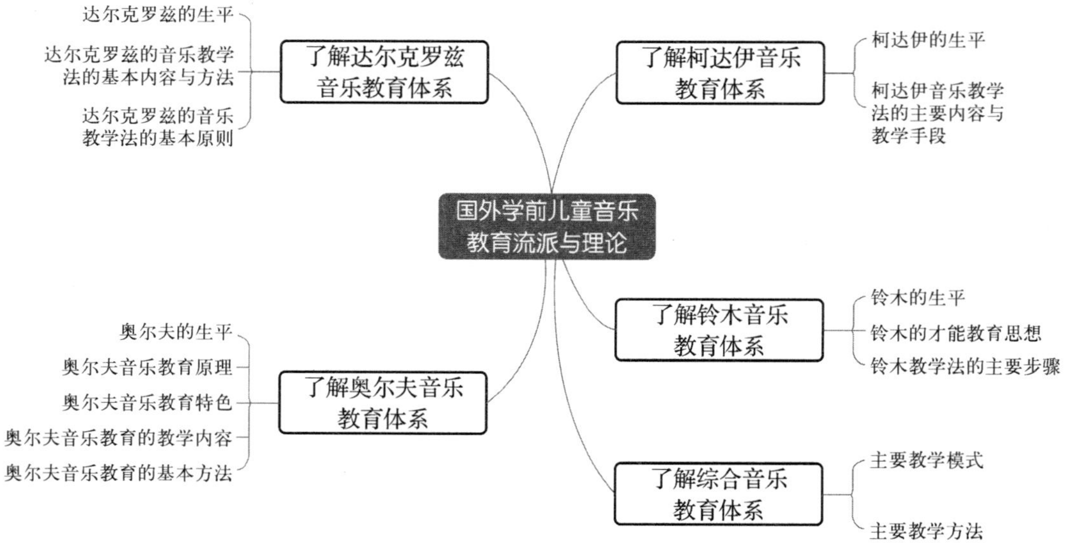

情境导入

第二次世界大战以来，世界各国普遍更为重视教育的发展，学前儿童音乐教育改革思潮应运而生。瑞士、德国、匈牙利、美国、日本等经济发达国家先后出现了适应本土具体情况的新型音乐教育体系。其中较为突出的是达尔克罗兹音乐教育体系、柯达伊教育体系、奥尔夫音乐教育体系、铃木音乐教育体系。它们既各有特色，又相互影响、共同发展。学习、研究和借鉴国外先进的音乐教育经验是摆在音乐教育学习者面前的一个现实问题。因此，了解、研究国外的音乐教育体系的教学理念、教学目的、教学内容、教学手段，结合我国的教育实际，对探索和创新学前儿童音乐教育具有重要的意义及深远的影响。

任务一 了解达尔克罗兹音乐教育体系

一、达尔克罗兹的生平

图 8－1 达尔克罗兹

爱米尔·雅克·达尔克罗兹(1865—1950)，瑞士著名的作曲家兼音乐教育家，20 世纪最早的音乐教育体系创始人。达尔克罗兹出生于奥地利的维也纳，6 岁学习钢琴，7 岁时创作了进行曲。在维也纳居住的十年里，他经常参加音乐会，广泛地接触音乐。1875 年，他进入日内瓦大学，一年以后辍学来到巴黎，在法兰西喜剧院工作，同时学习音乐。1886—1889 年，他回到维也纳音乐学院，通过严格考试，先后进入了安东·布鲁克纳等名家的作曲班进一步深造。1892 年完成学业后，担任日内瓦音乐学院教授，主讲音乐史、和声、高级视唱练耳等课程，同时从事音乐创作活动。1894 年，达尔克罗兹出版了《实用音准练习》《附词声乐练习曲》等视唱练耳教科书，进而进行了“体态律动”教学法的实验和探索，直至 1905 年左右，他初步建立了自己的音乐教育体系，从而引起瑞士音乐界的关注。之后，他辞退了大学里的工作，开始带着他的实验周游欧洲各国。后来，达尔克罗兹在德国建立了实验应用研究所，进一步将他的教学法扩大到舞蹈、戏剧和其他相关领域。1906 年，他出版了《达尔克罗兹体态律动教学法》，在巴黎、维也纳等地得到进一步推广，在当时产生了巨大的反响。1915 年，他在纽约成立了达尔克罗兹节奏学校，创造了一种结合肢体动作、听音、歌唱和视谱写作为一体的训练方式。1950 年 7 月 1 日，达尔克罗兹在日内瓦病逝。

拓展阅读

> 人类的情感是音乐的来源，而情感通常是由人的身体动作表现出来的，在人的身体中包括发展感受和分析音乐与情感的各种能力。因此，音乐学习的起点不是钢琴、长笛等乐器，而是人的体态活动。
>
> ——达尔克罗兹

二、达尔克罗兹音乐教学法的基本内容与方法

达尔克罗兹认为，音乐学习应遵循这样一个螺旋上升的过程：听→动作→感受（情感体验）→感觉→分析→读谱→写谱→即兴创造→表演。因此，达尔克罗兹音乐教学法的内容主要由体态律动（Eurhythmics）、视唱练耳（Solfege）和即兴创作（Improvisation）三个部分组成，它们之间互相联系，又各有侧重，成为一个有机整体，以协同作用的方式发展学生的内在音乐听觉、运动觉和创造性的表现能力。

（一）体态律动

视频资源

《致爱丽丝》

《土耳其进行曲》

达尔克罗兹认为，“任何生命体的不断成长皆是源于人体感官的切身感受和深刻印象，然而切身感受和深刻印象的获取在于人体的持续运动。”这段富有哲理的话从某种程度上是达尔克罗兹音乐教育体系核心理念的来源。从本质上而言，体态律动就是将身体当作一种天然乐器来全身心感受音乐、体验音乐，借助人体的各种动作（走路、跑步、跳跃、奔腾、唱歌、说话）来充分感受音乐世界中的各种元素，借助人体的各种动作来充分阐释音乐的本质内涵。他曾形象化地把身体、人体比喻成“乐器”，是一种能够理解音乐的要求、解释音乐的部分和整体的一种“乐器”，通过身体动作的“弹奏”把对音乐要素的理解展示出来。当学生将音乐激发的情感以肢体动作做出相应的即兴反应时，其对音乐发展变化的感知也会变得敏锐。因此，体态律动教学法应运而生。

体态律动又称和乐动作，不同于简单的、用音乐伴奏的舞蹈动作和表演动作，是一种自然、放松状态下的身体律动，强调的是人在聆听音乐时，学习用内心去感受，通过身体的即兴动作来表现速度力度、节奏疏密、旋律起伏及情绪变化等音乐要素。这一练习意在将声音感觉与肌肉反应相结合，加强听觉和运动觉、情感和思维间的联系。这种训练不注重身体姿态或外表形式，而是着重于培养学生对于音乐的体验和感受。

案例分析

玩具进行曲

小田岛树人　曲

活动目标：

1. 能跟随节奏韵律行走，探求多种行走方式，丰富动作表现力。
2. 根据音乐的强弱，选择合适的表现手法表现声音的强弱。
3. 大胆想象，尝试创编动作。

活动准备：

多媒体音乐、钢琴。

活动方法：

1. 教师播放音乐或演奏音乐，幼儿跟随音乐有节奏地行走。

2. 引导幼儿探索不同的走路方式，可以用脚尖、脚跟、侧面、大步、小步、碎布、内八字、外八字等。

3. 教师分别用强、中、弱的力度演奏音乐，引导幼儿根据听到的强弱选择不同的走路方式。

活动延伸：

1. 教师按照乐句停顿，幼儿定住造型。
2. 两位幼儿组成一个小组进行踏步活动。

拓展阅读

《达尔克罗兹体态律动学》一书，将这一学说归纳为六个方面：人体的基本节奏、身体各部分的配合、头脑和身体的协调、动作的控制和反应、时间和空间、紧张和放松。其中人体的基本节奏指用身体活动的自然动作来体验音乐基本节奏和速度，是最基础的即兴性动作。肢体动作的配合、身体和头脑的协调以及动作的控制和反应是训练学生对音乐敏捷的反应。

根据达尔克罗兹的理论，体态律动的教学目的，即借助节奏来引起大脑与身体之间迅速而有规律的交流，达到情感与思想、本能与控制、想象与意志之间的协调发展。节奏训练是体态律动的中心内容，为了培养、训练学前儿童的节奏意识，达尔克罗兹以“时间—空间—能量—重量—平衡”作为基本定律和要求，归纳了三十余种基本节奏因素，其中包括速度、力度、重音、节拍、休止、节奏型、乐句、单声部曲式(乐段、主题、主题与变奏等)、切分、复合节奏等，给予节奏丰富多彩的表现形式。

在体态律动教学实践过程中，所采用的一般方法如下：

第一，利用即兴音乐材料。在开始阶段，主要是即兴音乐材料。在学前儿童对音乐的要素有了较为深刻的理解之后，再用经典的音乐作品。

第二，采用律动语汇。根据动作发生位置的转换和空间的不同，律动语汇主要包括两种类型：一种是位置动作，是指在固定方位内的人体动作，如拍掌、摇摆、转动、踏步、指挥、弯腰、旋转等；另一种是空间动作，是指改变位置的活动，包括走、跑、爬、跳、滑、蹦、快跑等。在这些活动中，身体成为感受和表现音乐的工具，不同的肢体运动对应不同的音乐要素，如手位的高低变化表示音高的不同、旋律的走向，肌肉的张弛表现音乐力度的变化等。对多声部音乐的表现则更为复杂，可将身体多个部位动作结合表示，也可将两种类型的动作任意组合表示，或多人分做不同的动作表示，丰富多样的律动语汇结合使用具有惊人的表现力。

拓展阅读

走的练习

一般从教速度开始，让学前儿童按规定速度走路或摇摆，然后加上喜、怒、悲、惧等感情，速度不能改变。探索不同的走路方式，如跑跳、并跳等，还要探索不同的方向感，如向前、向后、向右等，启发学前儿童想象和创造。

第三，活用形声结合。教师可敦促学前儿童将身体运动与声音内在性有机地结合在一起，以达到发展内部听觉和运动觉、动觉的想象与记忆力等。

在达尔克罗兹的教学试验中，最初是以音乐学院的学生为对象的，但是当他发现音乐与身体运动的结合训练特别适合于学前儿童的天性和本能时，便扩展到了儿童音乐教育领域。适宜的体态律动活动可启迪儿童的音乐感知力，唤醒儿童热爱音乐的本能。

案例分析

“以妈妈下班后”的生活动作为题，探索出各种不同的时值。

生活动作	动作冠名	音符名称	音符时值	音符拍数
上楼梯	走步	四分音符	5	1
敲门	横移步	三连音	3 5 5 5	1
拖地	摇步	二分音符	5 –	2
切菜	碎步	十六分音符	5555	1
坤面	转体	全音符	5 – – –	4
炒菜	切步	切分音	5 5.	2

关于时值探索，本身是个抽象的音乐知识与音乐符号，以儿童熟悉的生活知识为切入点，结合律动语汇，来帮助儿童理解和掌握音符的名称和时值，既激发了儿童的兴趣，也将知识化难为易。

（二）视唱练耳

达尔克罗兹认为，所有的音乐教育都是在听觉根基上建立起来的。听觉是有效学习音乐、充分感受音乐、完美表现音乐的重要手段，在音乐学习中可以发挥极为重要的作用，凡是和音乐有关的实践性活动都和灵敏的听觉能力有着极为密切的关系。达尔克罗兹音乐教育体系中的视唱练耳与体态律动是以极为紧密的方式结合起来的，其音乐教育体系中的视唱练耳将固定唱名法作为最主要的教学方式，以培养学前儿童的音感为终极目标，其关键的教学原理是以各种动作为纽带，将音响和音符紧密结合起来，最终让无影无形的音乐转化为符合理性的音乐知识，它的理论进程就是从理性发展到感性，然后再由感性发展到理性。具体包括以下教学内容：“强弱力度规则十三项，乐句规则十四项，重音规则七项”，“全部上行旋律必须用加强唱出来，下行旋律必须用减弱歌唱出来”。这样的内容安排能最大限度帮助学前儿童深刻理解音乐，提示与音乐相关的动作。

达尔克罗兹指出：“一切音乐教育都应当建立在听觉的基础上，而不是建立在模仿和数学运算的训练上。”视唱练耳是发展学前儿童综合音乐能力的重要手段，可以帮助学前儿童发展听力和记忆能力，培养绝对音高感，从而形成良好的内心听觉。在他的教学体系中包括了数千种视唱练习,其主要目的是通过系统的听觉训练,提高学前儿童读谱视唱能力,以及节奏、旋律、和声、复调、风格、音乐分析等方面的感觉、能力和技巧。在具体的教学实践中,他将耳、口与身体,加上语言与歌唱的形式来作为理想的教学工具和手段。

其主要特点表现在两方面:

其一,视唱练耳与体态律动相结合。他设计了一系列学习来训练学前儿童的音高、音准和调性感。此方法还可通过练习呼吸、姿态平衡和肌肉放松来实现快速读谱所需的技巧。譬如在休止节奏练习中,学前儿童被要求随着教师的音乐拍手,当音乐休止时动作立即结束。

其二,固定唱名法为主要教学手段。达尔克罗兹认为绝对音高感对于音乐学习者而言具有重要价值,因此他的教学以固定唱名法为主要训练工具。

拓展阅读→

固定唱名法也叫"固定找 Dol 唱名法",它是一种永远把五线谱上的 C、D、E、F、G、A、B 七个基本音级和它们的变化音级相应地唱作 Dol、Re、Mi、Fa、Sol、La、Si 的唱名法。无论乐谱上是什么调号,也无论七个基本音级怎样的升、降变化,其唱名永远固定不变。

(三)即兴创作

达尔克罗兹教学法中的即兴创作,是发展运用律动材料(节奏)和声音材料(音高、音阶、和声)的技能,培养学前儿童创造音乐、表现音乐能力的方法。即兴表现的手段包括歌唱、语言、故事、演奏乐器及表演等。

最初的即兴课可建立在对固定音型、节奏型的模仿和改编上。如采用即兴问答的形式,两个表演者中后者根据前者表演的音型即兴答出下句,要求保持速度的统一和音调的连贯性。在掌握较为简单的游戏方式后,难度可逐渐增加,如根据教师演奏的和声片段即兴唱出旋律或演奏。

在教学实践中,教师的即兴工具以钢琴为佳,也可使用其他乐器,如敲击乐器;针对学前儿童而言,钢琴、各种乐器、人声和身体皆可成为他们即兴表达创作的媒介。

对于学前儿童来说,即兴创作的音乐活动是儿童学习音乐之初开始的,对于儿童的想象力、创造力的培养起着至关重要的作用。因此,即兴创作应该成为学前儿童音乐教育的一种重要实践活动。

案例分析

铃儿响叮当

詹姆斯·罗德·皮尔彭特　词曲

活动目标：

1. 感受音乐活泼轻快的动力感觉，体验音乐的韵律。

2. 协调身体动作，为歌曲进行声势伴奏。

3. 感受二声部合作的快乐，增强机体合作意识，形成团队合作能力。

活动准备：

音响设备、钢琴、简单打击乐器。

活动方法：

1. 直腰端坐，放声歌唱。同时在膝盖上方，左、右手上下交替拍打双腿，用♫♫的固定音型进行全曲伴奏。

2. 边打节奏边演唱；在完全掌握之后，改用双脚交替击打地面进行歌唱。

3. 组成两人歌唱小组，一人击打固定伴奏音型，另一人根据歌曲的节奏进行伴奏。

4. 上述活动中，双手承担部分可以替换成简单打击乐器，如小鼓、手铃、双响筒等。

三、达尔克洛兹音乐教学法的基本原则

随着时代的发展，达尔克罗兹音乐教学法中教学手段、教学方法不断扩展、更新和完善，但其提出的四项教学原则始终如一，适合于不同年龄的学前儿童和不同的活动方式。

1. 培养学前儿童感知音乐和反应音乐的能力

在达尔克罗兹教学法中，音乐感知能力是可以通过游戏和节奏反应训练来后天获得且逐步增强的。无论是体态律动教学还是视唱练耳训练，都是围绕着培养学前儿童音乐感知力和反应力的目标展开的。

2. 发展学前儿童内在的音乐听觉

作曲家可以不用乐器而进行音乐唱作；表演者能够根据乐谱在脑海中再现音乐，并借此完善音乐的再创作过程。这种不借助演唱、演奏而建立的对音乐作品的内心把握称为内在音乐听觉，即根据乐谱产生对音乐的想象力。达尔克罗兹将培养内心听觉作为音乐课程的重要任务之一，并设置了节奏运动、视唱、即兴活动等多种音乐记忆练习。

音频资源

《Listen And Move》

3. 发展学前儿童耳、眼、身体和脑之间进行迅速交流的能力

达尔克罗兹强调音乐教学中首先要培养学前儿童运用所有的官能参与体验，其次才是获得知识和技能。因此，音乐学习的起点不是乐器，而是人的体态律动。所以先聆听音乐，再引导学前儿童通过身体运动去接触音乐的各种要素。

案例分析

C大调音阶

例1：

例2：

例3：

活动目标：

1. 对基本的音符有初步的认知，并能用律动表现音的时值长短。
2. 有初步的音高概念，能唱出上、下行音阶。

活动准备：

钢琴、音符卡片。

活动方法：

1. 幼儿跟着教师的引导，唱出上下音阶。

2. 用二分音符的时值歌唱C大调上、下行音阶，同时用一个音对应一个走步进行律动。

3. 用四分音符时值歌唱C打掉上下行音阶，同时跟随唱名进行踏步或者走步律动。

4. 用八分音符时值歌唱C大调上下行音阶，同时跟随唱名进行小步律动。

活动延伸：

1. 参照下列音值组合，变换节奏歌唱上、下行音阶。

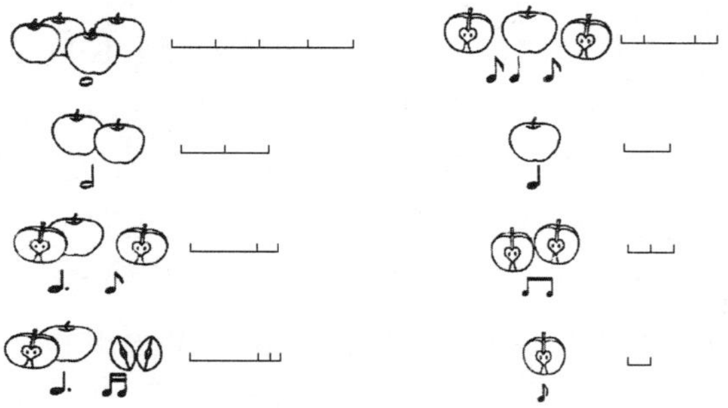

2. 首先，幼儿在教师的带领下，演唱二分音符时值构成的音阶。然后教师在上下行转换的接点处，喊出"变"的指令，同时出示标记有四分音符、八分音符或者二分音符的卡，幼儿根据时值的变化，进行准确的长短转换，流畅地歌唱下去。

4. 培养学前儿童大量储存听觉和动觉意象的能力

达尔克罗兹认为，有意识地储存听觉和动觉意象能使学前儿童对音乐的感知变得更为敏锐，因此听觉和动觉意象可以通过大脑的反应转化为音乐符号，并且能经过记忆再现达到帮助即兴表演的目的。所以在教学法的各个环节都贯穿有听觉和动觉练习，意在通过长期的训练帮助学前儿童储存大量听觉和动觉意象。

任务二　了解柯达伊音乐教育体系

一、柯达伊的生平

柯达伊·左尔坦(1882—1967),匈牙利著名的作曲家、民族音乐理论家、音乐教育家。他出生于布达佩斯南部的文化名城克奇克梅特市,家中具有良好的艺术环境,少年时期的他就学过钢琴、小提琴、中提琴、大提琴等多种乐器,且很早就达到参加室内乐演奏的水平。他从中学时代就开始了音乐创作活动,高中毕业后于布达佩斯的李斯特音乐学院学习作曲和指挥,1904年获得作曲专业的毕业文凭,1905年获得德文教师资格证书,1906年以《匈牙利民间歌曲歌词结构》的论文获得博士学位。1907年到1914年间柯达伊继续民歌搜集工作。虽然他极力主张民族文化应该以民间音乐为基础,但他的音乐视野并不局限于此,他曾去拜罗伊特、萨尔茨堡、柏林、巴黎等地旅行。其间,他到法国巴黎,接触并研究了印象派作曲家德彪西的音乐,对和声中五声音阶的用法大感兴趣;在李斯特音乐学院任教,1908年接手克勒斯的作曲班,1911升任教授,1919年被任命为副院长。

图8-2　柯达伊

视频资源
《加兰特舞曲》

柯达伊音乐作品十分丰富,主要有民谣歌剧《塞凯利家的纺纱房》、合唱《匈牙利诗篇》、组曲《孔雀变奏曲》《加兰特舞曲》及室外内乐、交响曲、钢琴曲等。他著有《匈牙利民间音乐中的五声音阶》《论匈牙利民间音乐》等书。1925年后,柯达伊开始密切关注青少年音乐教育,著名的柯达伊教学法开始创建并逐步享誉全球,成为其晚年主要活动。

柯达伊为匈牙利民族音乐事业的发展做出了巨大贡献。1942年,匈牙利合唱协会宣布这一年为"柯达伊年",并授予他十字勋章。除此以外,他曾获得三次柯树特奖金,两次荣誉市民的称号,三个名誉博士学位及名誉院士、名誉教授、优秀艺术家的称号,可以说是现代研究民间音乐中最杰出的一位音乐家。1961年,柯达伊被推荐担任国际民间音乐理事会主席,1964年被选为国际音乐教育协会(ISME)名誉主席。1967年3月,柯达伊在布达佩斯逝世。他的教育思想及其教学法得到了广泛的传播和发展。

二、柯达伊音乐教学法的主要内容与教学手段

(一) 使用首调唱名法

首调唱名法最初是由英国人桂多·达赖佐在11世纪创造的流动do唱名法,即在视唱时,无论用的是什么调,一首歌的重音或中心音都是大调的do和小调的

la，各级音阶的唱名都不变化，有利于建立音级的倾向和调式的功能感。

首调唱名法使调式音级相对“固定”下来的作用，可以使人们对音调形成一种典型的、稳定的心理反应，能够长久地记忆下来，促进音乐的感知及音乐思维的形成。在歌唱中采用首调唱名法可使调性关系变得明确，音级之间的固定音程较容易把握。比如无论在哪个大调式中，Ⅰ级到Ⅱ级一定是大二度，因此 Do 到 Re 的关系即为固定的大二度。同时，首调唱名法调式感强，相对音高易唱准，即兴伴奏便利，移调方便，可以帮助学前儿童很快地学会读谱。

拓展阅读

固定唱名法和首调唱名法的异同

固定唱名法和首调唱名法是目前广泛采用的两种唱名法。在首调唱名法中，Do 是可以移动改变的，但调式音级的唱名却是固定的，主音一定被唱作 Do。而固定唱名法中唱名则是与音名一一对应的。

柯达伊认为，首调唱名法与固定唱名法各有利弊，因此宜将二者结合使用。在柯达伊教学体系中，固定唱名法是在学前儿童基本掌握了首调唱名法之后再行引入的。具体方法是，在歌唱训练中运用首调唱名法，而在器乐学习中运用固定唱名法。与此相关的是，柯达伊认为，如果坚持训练，所有正常儿童都可以发展固定音高的感觉，因此在匈牙利幼儿园的音乐活动中，通常必备一支音叉，以培养儿童对标准音的音高感觉。

（二）采用节奏时值读法进行节奏训练

为了增强学前儿童对节奏这一抽象概念的直观感受，柯达伊引入了法国人艾米里—约瑟夫·契夫的节奏名称体系。他认为，节奏是富有生命意义的要素，节奏是音乐美感的重要来源，感知节奏是人的本能。他使节奏时值“符号化”，具有可读性，改变了通常教学中节奏只有在联系了音高时才能听到时值的情况。

初学阶段使用节奏音节标记和读法，对节奏中的不同时值给以一个相应的音节发音，经过反复练习，会逐渐使音节符号、发音与相应时值之间建立稳定的认知联系，形成记忆，有助于帮助学前儿童建立节奏感觉，准确掌握节奏。

柯达伊提出，节奏是幼儿园音乐教育的主要方面。节奏感培养不但是感受音乐、理解音乐、表现音乐的基础，节奏活动还培养了学前儿童敏锐的感知能力、反应能力、记忆能力和自我控制能力。对学前儿童的基础节奏训练包括以下几部分：

1. 体验稳定的节拍

稳定的律动、节拍是构成节奏的基础，对节奏起着内在的组织作用。学前儿童歌唱时常会出现赶拍子、拖拍子、节奏不稳定等问题，都和缺乏稳定拍感有关系。音乐中强拍和弱拍有规律地反复称为“节拍”，建立稳定拍感是培养节奏感知觉的重要准备和基础。

从幼儿园阶段就可以通过调动身体律动、和乐的动作参与，使儿童体验并逐渐建立稳定的拍感。如教师可在读唱童谣时根据节拍引导学前儿童有规律地摇晃身体,以感受节拍稳定的律动。

2. 区分节拍与节奏

节拍和节奏是常易发生混淆的两个概念。节奏指音符不同长短时值的组合。以下列片段为例:

其节拍为 :

其节奏为:

当学前儿童能独立辨别出音乐中稳定的节拍后,可加入对节奏概念的理解。如节奏教学的进度安排是从全音符→二分音符→四分音符→八分音符……但柯达伊认为,对于一个还没有学会如何去感知基本节奏的学前儿童而言,这是有难度的。因此,对于学前儿童来说,移动的节奏比起持续的节奏更易接受。如利用节奏卡片来认识节奏符号。其中,四分音符是儿童步行、自然走路的速度;八分音符是自然跑步的速度,它们都是学前儿童日常生活中的节奏,易于其掌握。再如,利用小猫表示八分音符,利用大猫表示四分音符,猫咪的大小帮助儿童感受和理解节奏、时值的对比,逐步建立节奏感(见图 8－3)。

视频资源
《认识节奏符号》
《休止符的练习》

图 8－3 "猫咪"节奏

在固定时值的单位拍内,还会出现一些不同的、稍有难度的节奏,如均分节奏、切分节奏、附点节奏、休止节奏等。而其中相对固定的、反复出现的节奏即为节奏型,节奏型的归纳能帮助儿童更快掌握节奏,以 2/4 为例,儿童歌曲中常见的节奏型有 ti-ti ta 、ta ti-ti、ti-ti ti-ti 等(见表 8－1)。

表 8－1　柯达伊教学法中节奏音节标记表

音值	柯达伊教学中采用的符号		节奏读音
全音符	𝅝	𝅝	ta-a-a-a
二分音符	𝅗𝅥	𝅗𝅥	ta-a
四分音符	♩	|	ta
八分音符	♫	⊓	ti-ti
十六分音符	♬♬	⊓⊓⊓	ti-ti-ti-ti
切分音	♪♩♪	♪ | ♪	ti-ta-ti
附点音符	♩. ♪	|. ♪	ta-m-ti

3. **节奏的模仿和分离**

当学前儿童熟悉了基本的节奏型后，便着手教授其从音乐中将节奏分离出来的方法。以童谣《数蛤蟆》为例，利用象声词或动作帮助学前儿童感觉节奏的区别，这在早期练习中非常有用。做法是选择已经会唱、会读的歌曲或歌谣，以有趣的、游戏化的象声词替代原来的歌词和唱名，将已经熟练掌握的音乐片段弃除音高，以规定的象声词读出，就自然地完成了节奏分离的过程。经过节奏分离练习，学前儿童可以很容易地从较长的音乐片段中将节奏辨识出来。再如，做接、收电报，卫星发信号、地面站接收，回声等游戏，教师拍击四拍长度的节奏短句，学前儿童用击拍做回声式模仿，或者是用节奏音节背诵出节奏短句，这样既培养了听觉能力，也发展了记忆能力，同时还可以配合书写练习。

案例分析

《火车开了》是一首轻快的儿童歌曲，对于幼儿来说具有生活情趣，乐于被他们接受。同时，对歌曲当中的“×—”“× ××”节奏进行创编。通过训练，让幼儿进一步感受音乐的欢快情绪。

一、提问导入，激发兴趣

教师：昨天晚上我听到一种声音，我想让你们也听一听，聪明的“小耳朵”们，你们能否听出来呢？(播放火车的录音)

教师：回答得真好！哪些小朋友坐过火车或者看见过火车呢？请举手。

教师：这么多人啊！那么今天，你们想不想再坐一回火车去祖国各地游览呢？

教师：让我们一起去火车站买火车票吧。

二、节奏练习并创编

1. 模仿火车的各种声音。

教师：售票员阿姨笑眯眯地给了我们这样几张车票(老师出示节奏卡片)，你们能读懂这几张车票上的内容吗？(请幼儿用柯达伊节奏读法读节奏)

$\frac{2}{4}$ X – | X – ‖

ta　ta

$\frac{2}{4}$ X X | X X ‖

ta　ta　ta　ta

$\frac{2}{4}$ <u>X X</u> <u>X X</u> | <u>X X</u> <u>X X</u> ‖

ti ti　ti ti　ti ti　ti ti

教师：看清楚了车票内容，这下我们该上车了。请大家坐好了，出门在外，一定要遵守纪律，如果谁在火车上乱走乱跑，我们就不能评他为“文明乘客”了。火车很快就要开了，这时候，列车广播站突然传来这样的声音：“欢迎大家乘坐本次列车，我们的目的地是上海。在列车出发之前，我们要出几道题目，只有答对了这些题目，火车才能开走。我们的题目是——火车开动的声音有哪些，你们能把这些声音编进刚才的节奏车票里去吗？”

教师：让我们一起来想想火车开动之前，会发出什么声音？

教师：这是火车的汽笛发出的长鸣声。那么给这个声音选择哪张节奏车票比较合适呢？你们为什么这样选择，请你们说说理由。

教师：谁还能说说别的声音？(幼儿回答交流)

$\frac{2}{4}$ X – | X – ‖

Wu　Wu

$\frac{2}{4}$ X X | X X ‖

Hong　Long　Hong　Long

$\frac{2}{4}$ <u>X X</u> <u>X X</u> | <u>X X</u> <u>X X</u> ‖

Ka Ca　Ka Ca　Ka Ca　Ka Ca

2. 创编动作表演。

教师：那么谁能为这些声音配上合适的动作呢？(幼儿自主创编)

教师：刚才我们是依次模仿火车的三种声音，那能不能让它们一起来唱歌呢？

3. 指导幼儿模仿火车离站和进站的情境。

教师：你们能不能把这三种声音排列一下，来演一演火车从车站出发慢慢驶向远方的情景呢？(强调声音强弱有什么变化，速度有什么变化)

小组讨论交流，用动作和声音一起展示：火车的速度越来越快，声音越来越弱。

2/4 X - | X - | X X | X X | XX XX | XX XX ||

Wu　Wu　Hong Long　Hong Long　Ka Ca Ka Ca　Ka Ca Ka Ca

教师：火车从远处开来又是怎样的呢？

讨论得出：

2/4 XX XX | XX XX | X X | X X | X - | X - ||

Ka Ca Ka Ca　Ka Ca Ka Ca　Hong Long　Hong Long　Wu　Wu

教师：你们真是一群了不起的小导演和小演员，让我们一起把火车开到上海去吧。

三、学习并创编歌词

教师：终于到上海了，这时候列车广播站又说话了："亲爱的乘客们，下一站我们要到厦门去。出发之前，请你按节奏说一句和火车有关的话。"

1. 老师出示节奏并按节奏说与火车有关的话，请幼儿进行模仿和创编。

2/4 XX XX | XX XX | XX X | X - ||

咔嚓　咔嚓　咔嚓　咔嚓　火车　开　啦。

2/4 XX XX | XX XX | XX X | X - ||

咔嚓　咔嚓　咔嚓　咔嚓　火车　走　了。

2. 将创编的句子与歌词相符的连起来拍拍读读。

3. 教师：说得真好！我们的火车又要开了，这一次要开到广州去，想想这一路上会看到些什么。

4. 幼儿交流，会看到花、草、树木、山洞等。

5. 请幼儿自选角色，按节奏开火车。

四、学习歌曲

教师：不知不觉广州站到了。（出示歌词并播放歌曲录音）

1. 再次聆听，让幼儿轻轻跟唱，老师做动作帮助记忆歌词。

2. 请幼儿跟着钢琴唱一唱。

4. 多声部节奏配合

多声部听觉和多声部的协调配合是音乐教育中非常重要的学习内容。幼儿园阶段常用的多声部节奏练习从二声部练习开始。最简单的形式是将儿童分为两组，先后或同时在唱歌曲时，一组用拍手或打击乐器，拍击稳定节拍伴随；另一组用拍击节奏伴随，表现出稳定节拍与节奏的关系。

"卡农"就是轮唱，是复调音乐的一种形式。卡农形式的歌唱时使相同的旋律

视频资源

《两只老虎》

在不停时间出现，在不同声部上重复。柯达伊认为，歌唱卡农是发展多声部歌唱的最好准备。其中，较难的形式是学前儿童与教师凭听觉作即兴的卡农式模仿。无论哪种练习，都要求练习者高度集中精神，既要聆听和辨别另外一个声部的节奏，又要保证自己演唱或敲击的节奏准确无误。

拓展阅读

借助语言培养儿童的节奏能力

语言是人们情感表达、交流沟通的主要形式，是一个民族文化的重要内容。“音乐母语”就包括语言、方言、歌谣、儿歌、诗词等多个方面。

歌谣在儿童音乐教育中具有重要作用。歌谣和歌曲一样，也有节拍、重音和节奏，有声调的轻重、快慢、高低的变化，也可以根据内容设计动作、组织游戏，对于培养儿童的基本音乐能力、感知音乐要素具有重要意义。它们之间的不同在于，歌谣使用文字，而歌曲使用乐谱；歌谣发出的是声调、语调，而歌曲是结合着语言的旋律音调。年幼儿童的歌唱能力有一定的局限，而朗读则可以在难度、长度上大大地超出歌唱的局限，可以在培养节奏感、节奏记忆、对音乐要素和结构的理解、多声部配合等方面，促进儿童音乐能力的发展。

（三）使用字母标记与手势

1. 字母谱

字母谱是一种速记音高的标记法，主要用于辅助五线谱的学习，也适用于音程听写、多声部旋律听记和和声分析等教学内容。字母谱类似数字简谱，它使用唱名的辅音字头，如 d、r、m、f、s、l、t。表示高八度时，在字母右上角加一短撇，如 d′、r′、m′，表示低八度时，在字母右下角加一短撇，如 s,、l,、t,等。字母只能标记出音高唱名，不能表示出节奏。

在学前儿童尚未完全熟练掌握五线谱时，字母标记法减轻了他们在听记、辨识上的负担。字母谱对培养学前儿童的听觉、掌握音级之间的关系、建立调式音阶概念等有辅助作用。利用字母谱的书写，可以帮助学前儿童理解音级的高低及顺序关系，有助于掌握音准。

2. 柯尔文手势

视频资源

《柯尔文手势》

音乐教育家约翰·柯尔文于 1870 年创立了一套手势，柯达伊略做变动后引入一套手势教学法。它借助七种不同的手势高低位置来代表七个不同音阶唱名，在视觉空间上把音的高低关系具体表现出来，目的是帮助学前儿童理解调式音级的倾向性、音级的高低关系和音程的空间感，使抽象的音高关系变得直观、形象。它是教师和学前儿童之间进行音高、音准的调整、交流的一个身体语言形式（见图 8－4）。

图 8-4　柯尔文手势图

手势作为一种视觉辅助手段，主要用于初学和片段的练习，除了一些节奏简单、使用音级很少的歌曲，在初学时可能伴随着歌唱慢速地使用手势外，不需要在平时歌唱全部用手势伴随。教学中，教师只需要把练习的重点、难点选择出来，借助于手势给予调整即可。在进行多声部训练时，教师用两只手提示不同声部的音高区别，也能帮助学前儿童调整音准，建立较为准确的心理音高概念。

任务三　了解奥尔夫音乐教育体系

一、奥尔夫的生平

图 8-5　奥尔夫

卡尔·奥尔夫(1895—1982)，当代世界著名的作曲家、音乐戏剧家和音乐教育家。

1895 年 7 月 10 日，奥尔夫出生在慕尼黑一个有艺术素养的军人世家，受家庭环境的影响，他从小对音乐和戏剧产生浓厚的兴趣，这为他成为一个伟大的音乐教育家和音乐剧大师奠定了基础。在慕尼黑音乐学院学习期间，奥尔夫写了 50 多首歌曲以及管风琴小品、阅读抒情诗、剧作和小说，并于 1914 年毕业。1915—1919 年期间曾担任歌剧院作曲家。受到欧洲的“回顾自然”的“青年运动”，尤其是当时“舞蹈新浪潮”派的舞蹈家玛丽·维格曼的影响，1924 年奥尔夫与达尔克罗兹的学生多罗西·京特合办了一所“体操—音乐—舞蹈学校”，名为“军特学校”。在那里他开始了变革音乐教育的一系列尝试，探索将音乐、舞蹈与语言、动作等多种因素融为一体，开发具有原始风格，富于表现力和主动精神的新型音乐风格与教学，称为“原本性音乐”的培养。1926—1935 年，奥尔夫着手编制教材，研制乐器。1930 年他与终生的合作伙伴凯特曼编写的教材初版第一卷发表了，这本教材作为基本的音乐教材练习引导人们走向音乐的原本力量和原本形式；还设计并制造出了一套可以合奏用的以打击方式为主的小乐队编制乐器，这套被称为奥尔夫乐器的教具现已闻名全世界，成为奥尔夫音乐教育体系的特色之一。1932 年，一部意味音乐教育革命的作品《为儿童的音乐，由儿童自己动手的音乐——民歌》已准备出版，但是由于政治和历史原因，这个出版计划搁浅了。奥尔夫决定离开音乐教育去从事专门作曲，在此期间创作了一系列奠定其在世界乐坛地位的成名之作，如《乐队前奏曲》《钢琴和古钢琴的小型协奏曲》等。1935—1942 年，奥尔夫共创作了三部成熟并有影响力的舞台作品：《卡尔米娜·布拉纳》(1934—1937)、《月亮》(1937—1939)、《聪明的女人》(1941—1943)。1948—1949 年完成的《安提戈涅》，在奥地利萨尔斯堡音乐节首演。该作品尝试音乐剧最原始的形态，在配器上以 4 架钢琴、59 种打击乐器与人声结合。这部作品与另外两部作品(《暴君俄狄浦斯王》《普罗米修斯》)，曾被指挥家萨瓦利施称为奥尔夫的中心作品。

1948 年，他为巴伐利亚电台制作了一套儿童奥尔夫乐器演奏节目，在电台连续播了五年，并广受欢迎；继而在 1950—1954 年，他编写出版了五卷本《学校音乐教材》，被欧美各国相继翻译出版，这奠定了他新颖、独创的儿童音乐教育体系。1961 年，他在奥地利萨尔斯堡莫扎特音乐学院成立了“奥尔夫学院”，开设和规划奥尔夫儿童音乐训练课程，由凯特曼执教，开始了一个儿童班的试验，实现《学校音乐教材》的全面教学。这个研究和培训中心的建立，不仅成为从事奥尔夫儿童音乐教育理论探讨和交流的中心，更成为世界公认的培训奥尔夫教学法师资的基地。由此，奥尔夫音乐教育体系从西方流传到东方，遍及世界各国。奥尔夫一生耕耘不息，创作了大量音乐作品和音乐戏剧，直到 1973 年 78 岁高龄时，还创作了他最后一部大作《世界末日之剧》。1982 年奥尔夫在慕尼黑的家中与世长辞，享年 87 岁。

二、奥尔夫音乐教育原理

“原本性”音乐教育理念是奥尔夫音乐教育理论的核心，故也可恰当地称奥尔夫音乐教育原理即为“原本性音乐教育”。奥尔夫对“原本性”音乐的定义：原本的拉丁文是 elementairus，即“属于基本元素的、原始素材的、原始起点的、适合于开端的”。原本的音乐决不停留在简单的纯音乐，是和动作、舞蹈、语言紧密结合在一起的；它是一种人们必须自身参与的音乐，即人们不是作为听众，而是作为演奏者参与其中。它是先于智力的，它不用什么大型的形式，不用结构，它带来的是小型的序列形式、固定音型和小型的回旋曲形式。原本的音乐是接近土壤的、自然的、机体的、能为每个人学会和体验的、适合于学前儿童的。如何通过音乐教育使音乐回归人们的本性感受，是“原本性”音乐教育理念的重点。它注重人们对音乐的基本感受，这种感受的体验和获得不是建立在外部知识灌输和技术训练的基础上，而是通过人们的参与，自发地、自然地从内心获得。

奥尔夫“原本性”音乐教育理念在学前儿童音乐教育中逐渐丰富和充实了学前儿童的情感世界，为儿童的健康生活和终身艺术学习奠定了基础。奥尔夫的“原本性”音乐教育理念中“整体的艺术”观是“原本性”音乐教育理念的核心。这种理念在奥尔夫学生时期的戏剧创作体现最为明显，他运用语言、乐器、唱歌、舞蹈、表演、戏剧等，将多种艺术元素结合成一个整体。所有音乐的存在方式不是以单一的唱歌或演奏，而是与多种艺术形式（如动作、舞蹈、语言等）相结合。从形式上讲，奥尔夫的“原本性”音乐教育理念是语言、音乐、诗歌、动作与相应的教育与表演行为的结合，最后形成了一种新的艺术形式。奥尔夫的整体的艺术观念旨在促进身心平衡发展，培养敏锐的听力、注意力和反应能力，发展创造力，训练节奏感，是发展音乐感的基础教育，通过整体的教学形式，给儿童带来全面、丰富、整体的审美体验机会。在“整体的艺术”观念下的教学过程从两个方面进行：一是音乐元素方面，通过不断增加、变换音乐元素，如节奏、和声、调式等；二是实践方式，运用唱、朗诵、演奏、动作等实践方式。二者整体结合，形成丰富的音乐审美体验方式。

三、奥尔夫音乐教育特色

在围绕“原本性”核心开展具体的奥尔夫教育活动时往往又呈现出一些共性的特点。

（一）元素性

奥尔夫音乐教育是从音乐元素入手进行教育的。奥尔夫将元素性解释为接近土壤的、自然的、肌体的、能为每个人学会和体验的、适合儿童本性的基本要素。如元素性的音乐是指以节奏为基础的音乐，元素性的节奏是指简单重复的节奏型，元素性的动作是走、跑；元素性的词曲关系，元素性的作曲法（包括曲式、和声、配器等方面），元素性的乐器是没有技术负担的人的肢体和打击乐器等。

案例分析

走（♩）与跑（♫）节奏的转换连习

教师按稳定的拍率做走（♩）与跑（♫）的练习，这个时候可以请幼儿围圈，向同一方向运动，听鼓走或跑，当换节奏的时候，可以用一个鼓点如♬做口令，还可以身体向后转走或者跑。

走与声势的结合

走与声势结合的连习，实际是一个人身上的多声部连习，对训练一脑多用、身体协调能力非常有效果。这种练习的开始一定不能难，最简单的就是脚走节拍，手只拍一拍的节奏，如：

拍手：

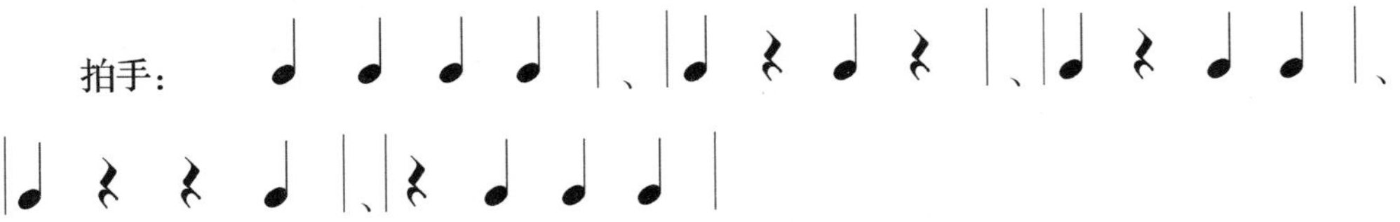

基本协调后，拍手时可加进半拍（♫跑的节奏）。其他声势（如捻指、拍胸、

拍肩、拍腿）加进来，亦开始也是先拍一拍（♩走的节奏），再慢慢加其他节奏。

声势加进来后，节奏型的变化就可以更加多样了，如：

奥尔夫认为，元素性音乐是“属于基本元素的、原始素材的、原始起点的、适合开端的”音乐。因此，在他的作品中常运用最简易的不断重复的固定节奏型；旋律中用最易唱的五声音阶，较少使用半音音阶和变化音；调式中常用大、小调；和声中用最基本的Ⅰ、Ⅳ、Ⅴ级等。

奥尔夫音乐教育体系的课程设置、教学组织形式、教学方法、教材和教学工具等诸多方面都始终贯穿“元素性”这一重要特征。具体表现在，教学中每一个课例都有其明确的音乐元素的教学目标，如感受声音强弱、速度快慢、旋律高低，感受音色、调性的变化等；而且在教学法上所采用的发展模式，也是在一个元素的基础上，不断加入新的音乐元素与表现手段。

（二）综合性

传统的音乐教育过度重视智能和技巧的发展而忽略了音乐的感受和陶冶的重要价值。音乐的原始形态，是一种多种形式的综合体，是一种综合的艺术。将音乐与其他艺术形式和手段融合，从而达到全面提升儿童艺术修养的目的是奥尔夫音乐教育思想的特点之一。奥尔夫音乐教学法遵循儿童音乐教育和身心发展规律，联系儿童的生活体验，依据儿童的实际接受能力，借助各种音乐媒介对儿童进行综合性的音乐训练，体现出明显的综合性。在奥尔夫音乐教育体系中，都融合在一起，形成鲜明的特色。

奥尔夫认为对于儿童来说，获得完整的、全面的、多样的综合审美体验是十分有必要的。因此，奥尔夫的教学采用综合的形式，即整个教学过程是通过两条主线来变化进行的：一条是不断增加和变换的音乐元素，如节拍、节奏、调式、和声等；另一条是通过朗诵、歌唱、律动、舞蹈、奏乐、游戏、即兴表演等不同样式的艺术实践活动来丰富音乐的表现形式。如小鸟的呢喃、和风的呼吸、汽车的抱怨，请儿童试着用自己的嗓音去模拟，用自己的肢体去表现，用生活中一切可以发声的物体去表达，并用戏剧的形式来综合出来。

案例分析

报纸的游戏

教学目的：

运用日常生活中的报纸，探索声音的变化。

教材分析：

报纸是一种日常最容易找到又价格低廉的教具，它给我们的启示是：教学就是从生活中熟悉的环境、东西开始，司空见惯却又有很多可能性，所以创造性教学并不神秘，它来源于幼儿的生活，只要开动脑筋，普通的材料，就可以开辟一个新天地。“原本性音乐教育”就是寻找这种适于开端的、富于创造可能性的，而且又在生活中随处易得的生活物品做教具，开始其教学的。

教学建议：

每人拿着一张报纸，探索报纸可以发出什么声音：撕（快、慢速度不同）、抖动、甩、拍打、圈成圆筒敲打、揉搓、拿手划纸、揉团等，听听这些声音有什么特点，有什么变化，探索可以发出什么声音。

用报纸放在身上各种部位并做动作，如背在背上、贴在胸前、顶在头上、挂在身上、放在腿上，怎么又动作又不使它掉下来。两人一组探索报纸怎样把两人连在一起做动作，如背对背夹着，两人抬着……

（三）主体性

奥尔夫指出：“原本的音乐是每个人都可以学会的。”“完全没有音乐感的儿童是罕见的，几乎每一个儿童从某一点上都是可以去打动的，可以去促进的。”因此，奥尔夫音乐教育体系中强调以教育对象为主体的教学理念。一方面，奥尔夫认为任何水平层次的儿童都应当在教育中受到充分的重视，无论是具有特殊音乐才能的儿童、中等水平的儿童，甚至是才能较差的儿童，都应成为教师充分关注和研究的对象。另一方面，在教学过程中，奥尔夫主张发挥儿童的主观能动性，要求儿童在教师的引导下自己去做，无论结果是否符合教师的预期，教师与儿童是合作者的关系。这样的指导思想使得奥尔夫教学法充满生机和活力。

（四）即兴性

即兴性是奥尔夫音乐教育体系的核心内容，也是最吸引人的部分。他认为，即兴创作是人类与生俱来的能力，是发自内心的本能反应；“所有的音乐教学应当从‘游戏’入手，而通过即兴达到它的目的和成功。”在音乐教学中，奥尔夫要求教师抛弃传统式的“传授式”、“讲授式”的教学，杜绝强制性，让儿童在游戏中结合动作、语言、演奏来体验和学习，每个人都要动手、动脑、动脚，去演唱、奏乐、跳动等，通过在游戏中的探索来掌握知识和技能，把创作力的培养作为其音乐教育的培养目标。奥尔夫音乐教育的每个课例中都渗入了这一思想，小到即兴动作的表演，大到音乐作品的写作、音乐剧本的编创，无不体现着对儿童创作本能的保护和激发。例如，在奥尔夫的课堂里，每个儿童都不是静坐着的，学前儿童的思维和肢体在运转着。老师会经常问：“想一想，还有没有跟别人不一样的办法……”你可以拍手来表现节奏，可以跺脚，还可以拍肩膀，甚至可以拍小肚子、拍屁股。学前儿童的即兴创作的根本目的就是让其全身心地去感受音乐、表现音乐，表现自己、愉悦自己。

案例分析

用身体摆图形

教学目的：

通过用身体姿势创造各种图形，具有群体协作能力。

教学建议：

第一种：用自己的身体表现阿拉伯数字1～9。

幼儿站立或者躺卧，用身体摆阿拉伯数字1～9，教师念一个数字，大家做一个，讨论谁更准确，更有创意，也可以分组去讨论并做这些数字。

第二种：用身体摆出图形。

教师在黑板上画几个图，要求幼儿分小组商量，每组选择一个图形，然后用身体摆出来，其他幼儿或者教师来猜他们摆出的是哪个图形，也可以讨论怎样修改更准确。

（五）多元性

奥尔夫教学法不是一种固定的、封闭性的、一成不变的教学理念，是一种充满开放性的、充满活动的教育理念。这种理念之所以被人们广泛认同，重要的原因就是强调从本土文化出发，尊重各种文化形态。

原本性音乐教育主张从儿童出发，从儿童所熟悉的语言、文化、环境出发，来进行音乐教育。也就是说，在教学中要使用符合本民族、本地区传统和习惯的音乐素材，以利于本民族文化的传承和发展、人文知识的传播。另外，在奥尔夫看来，音乐没有国界，任何国家、民族的音乐作品都可以用来开展奥尔夫音乐教育。在注重本国、本民族文化传播的同时，还需借鉴外来文化，课堂的歌谣、音乐、舞蹈和游戏可以来自不同的国家和地区，有着不同的文化内涵和故事背景，向儿童传播着一种丰富的、包容的、多元的音乐文化。

四、奥尔夫音乐教育的教学内容

奥尔夫音乐教育不仅是一种“和动作、舞蹈、语言紧密结合在一起的”教育，同时还包括歌唱、表演、即兴创作等内容的综合教学。在教学中，采用集体教学，遵循探索—模仿—迁移—即兴创作的原则，强调的是“过程”，引导、启发儿童积极参与、体验、探索和创作。该体系的教育内容主要包括嗓音造型、动作造型、器乐造型三大方面。

（一）嗓音造型

嗓音造型可分为节奏朗诵活动和歌唱活动。其中节奏朗诵的素材丰富多样，有字、词、句节奏朗诵的活动，还有歌谣、民谣、小品、歌曲等节奏朗诵活动，甚至还有一些有、无意义的音节节奏朗诵的练习。

（二）动作造型

动作造型包括身体律动、舞蹈、戏剧表演、指挥以及极具特色的声势活动。其中，声势活动是一种运用简单而原始的身体动作，使之发出各种有节奏的声音，节奏训练极简单又有趣的活动。这种最为原始的、古典的声势动作就是捻指、拍手、拍腿和跺脚。

（三）器乐造型

器乐造型指乐器演奏活动。这里所指的器乐是广义的乐器，不仅包含专门的奥尔夫打击乐器，也包含其他乐器，甚至还包含自制乐器等。

这三类活动既可独立开展，也可相互结合，其意义不仅在于要求儿童体会这种集诗、舞、乐、戏剧为一体的综合性艺术形式。奥尔夫指出，这种综合性音乐活动符合人类生活的原始性、原本性，同时也符合学前儿童身心特点和学习音乐的自然天性。

五、奥尔夫音乐教育的基本方法

（一）节奏训练

节奏是音乐的生命，是音乐的动力与源泉，培养节奏感是奥尔夫音乐教学的中心环节。节奏训练以节奏作为连接各种艺术表演形式的纽带，将音乐、舞蹈、话剧、美术等联系起来，结合语言、动作（声势）、舞蹈、器乐进行音乐教学，形成一种综合的艺术教学手段，相互联系，层层递进。

1. 以朗诵活动入手的节奏训练

将语言引入音乐教育，用朗诵活动来进行节奏训练不仅是非常有效的手段，还是奥尔夫在音乐教学中的一项伟大贡献。奥尔夫认为，人类的语言本身已含有生动、丰富而微妙的节奏，富有节奏性的语言朗诵对于培养儿童的音乐感很有帮助，多种形式的朗诵训练能使儿童在自然的状态下获得原始性节奏的体验，既容易又富有生命力。朗诵的素材从语言中最短小的字、词开始，慢慢发展到简单的谚语、成语及小短句，再逐步发展到中等篇幅的小诗歌、民谣、歌曲，最后到稍有难度的作品——含有语气、语调、声响变化的小品、故事等，这也体现了奥尔夫音乐教育内容安全的循序渐进的原则。

以下介绍几种适用于学前儿童音乐教育的节奏训练方式。

(1) 从字、词、句开始的节奏朗诵训练

奥尔夫音乐教育体系中有“节奏基石”这个词，它是指由语言中最小的、具有一定意味的字、词拼成的最小单元，从这个最小单元开始着手进行的音乐教育教学，也就是从“节奏基石”开始的。

适合学前儿童的语言节奏训练中的“字”是指含有字音的各种文字，如汉字、字母和数字等，“词和句”常见的有姓名、土特产、交通工具、成语、谚语等做成的节奏短句练习。

如引导学前儿童思考生活中的节奏，自然界中的风声、雨声，动物世界的猫叫、狗叫，日常生活中的钟表声、走路声、切菜声等。

小鸭叫：（四分音符）	2/4	X X 嘎 嘎	X X 嘎 嘎 ‖
大钟响：（二分音符）	2/4	X － 铛	X － 铛 ‖
钟响声：（八分音符）	2/4	XX XX 嘀嗒 嘀嗒	XX XX 滴嗒 嘀嗒 ‖
机枪扫射声：（十六分音符）	2/4	XXXX XXXX 哒哒哒哒 哒哒哒哒 ‖	
汽车鸣喇叭：（附点四分音符）	2/4	X X. 嘀 嘀	X X. 嘀 嘀 ‖
知了唱歌声：（附点八分音符）	2/4	X.X X.X 知 了 知 了	X.X X.X 知 了 知 了 ‖
母鸡下蛋后：（三连音）	2/4	XXX X 咯咯咯 嗒	XXX X 咯咯咯 嗒 ‖

再如，还可以利用点名游戏，教师有节奏地呼唤“王小明，王小明，你在哪？（× ×× | × ×× | × × | ×— | ）”，学前儿童按相同的节奏型进行呼应回答，这种自然的、有趣的练习方式，能够有效地帮助学前儿童掌握常见的节奏型，还能使同伴间相互认识。

（2）由儿歌、童谣、歌曲做节奏朗诵训练

儿歌、民谣的歌词幽默诙谐，读起来朗朗上口，表演起来富于童趣，不愧为适合儿童学习和训练的佳作。在实际教学中常把所学歌词以说白的形式教给儿童，并配以音韵、节奏、速度、力度和情绪等。

切　歌

台湾儿歌
陈秀华 改编
潘美蓉 作曲

视频资源

《天乌乌》

富有福建闽南文化特色的民谣《天乌乌》，就是一首家喻户晓的闽南歌谣，广为东南亚国家的闽人所传诵，将这首民谣引进奥尔夫音乐课堂，也不失为一个好举措。

除此以外，为了增加活动的难度和趣味性，在训练时还会采用轮说节奏练习、变奏节奏练习、多声部及和声节奏练习等方法。

2. 以声势动作入手的节奏训练

声势训练集动作、节奏、演奏于一体，是奥尔夫音乐教学法中的一项基础工程。人体的许多部分，乃至整个身体的自由活动，都可以做出各种不同的姿势，发出多种不同的声音。人们在日常生活中都广泛运用着姿势，如招手、摇手、搓手、握手、拍手等各种姿势，都能表现一定的意义，传达某种情感，表示某种态度。姿势是一种无声的语言，这里所称的“声势”是指一种运动状态。因此，“声势”可以理解为身体(整体或局部)运动的方式。它的含义是以人体为天然乐器，通过拍、打、跺、捻、捶、搓等发出不同力度的声响所具有的姿势。声势通常是和节奏连在一起的，通过拍手、拍腿、跺脚、捻指等儿童易学易做的方法做一些节奏训练。

拓展阅读→

古典声势

1. 拍手

动作要领：拍手时，两肩与两臂放松，双手在胸前拍手。

经典方法：

平掌拍：双手自然打开，一手平放，另一手由上往下拍打，音色清脆。

空掌拍：张开拇指，其余四指并拢，微微弓起掌背，两手对拍，音色浑厚。

特点：声音一般明亮、清脆，在声势合奏中，易拍鲜明的、节奏性较强、较复杂的节奏声部。

2. 跺脚

动作要领：通常是整个脚掌跺地，左右脚均可；特殊做法是脚跟着地前脚掌拍地，或是反过来前脚掌着地脚跟拍地。

姿势：站姿是从腿根部起动作，左右脚轮流做类似原地踏步的动作；坐姿是坐凳子，大腿一半在凳子外悬空，同时提起脚掌跺地。

特点：声音比较低沉，在合奏中适宜担任节拍重音的声部，跺脚的节奏不宜过密和复杂。

3. 拍腿

动作要领：双手自然放置于大腿靠近膝部，双臂放松，双手拍打(可以是同时拍、轮流拍、交替拍)或单手拍。

特点：拍腿声音不够鲜明，合奏中不可单独在重拍使用，会使节奏重音不突出。

4. 捻指

动作要领：中指、拇指相捻发出声响。

动作变化：因有难度，可用音响相近的“弹舌发声”代替。对儿童来说，也可以从拍打两腮、胸脯、肚皮到拍打髋骨两侧发出不同的节奏和音色。

特点：音量最小，但声音较高，一般不适宜用在重拍及复杂而快的节奏中。

声势是人类宣泄、表现、交流情感最原始、最直接的方式，产生于语言、音乐之前，且至今仍被人们运用着。如活动开始和结束时，人们会有节奏地用拍手表示欢迎和感谢之情。声势具有明显的教学优势，无需运用抽象概念、复杂的逻辑思维、高难度的技能技巧，无需借助任何教具、乐器，每个人都能自然地学会，没有任何负担，便会轻松、自如地运用。同时，对训练节奏感以及听辨、反应、记忆、创造等能力都是一种很好的方法，也是音乐基础训练的重要方法之一。

声势活动准备练习时，也有相应的指挥动作帮助儿童掌握。如手掌向上表示开始，向下或双手背到后面表示停止。

视频资源

《勤劳人懒惰人》
《玩具兵进行曲》
《墨西哥草帽舞》

对于学前儿童来说，利用自身所熟悉的肢体，在已有经验的基础上加入有规律的节奏，可促进儿童动作的协调发展；在进行有节奏的身体动作时，通过学习各种动作，使大脑神经控制动作的能力和保持平衡的能力有所发展。声势活动将复杂、抽象的知识转化为简单、有趣的身体语言，让儿童在轻松愉快、充满乐趣的环境中学习。

那么，声势动作训练有哪些具体的方式呢？这些方法运用时的注意要点是什么？

(1) 节奏回声

节奏回声也叫节奏模仿，指教师或儿童拍一节奏型，其他儿童模仿。节拍通常是从四拍子开始逐步过渡到三拍子；节奏一般是四分音符开始逐渐到八分音符，再到附点、十六分音符，为避免单调，逐步加入四分或八分休止符等；长度一般从一小节(以 4/4 拍为准)到两小节。

(2) 节奏造句

第一种：教师出示若干组声势节奏型(每组均为三拍或四拍)，教师(或某一儿童)指哪一个，儿童就做哪一个，换来换去，训练反应能力。然后教师(或某一儿童)即兴加入一首三拍子或四拍子的曲子，随音乐变化更换各种节奏型，训练其节奏感及敏捷的反应能力。

第二种：教师出示若干组声势节奏型(每组均为三拍或四拍)，由儿童(个别、小组、集体)从中选择 2～4 个组别，编排成一首新的“曲子”并一起练习。熟练以后，也可以即兴加入一首三拍子或四拍子的歌曲，进行表演、演唱。然后再由老师组织互相展示、观察、评价各自的作品。

(3) 节奏接龙

利用声势进行节奏接龙教学也是一项非常有趣又有益的活动。但这种活动对师幼的节奏感、灵敏性要求较高，对于初接触者(尤其是新教师及小年龄的儿童)挑战性较高，难度较大。要使节奏接龙活动顺利开展，必须在师幼积累了丰富的“节奏乐汇”，具备了丰富的节奏活动经验的基础上，方能有效进行。

常见的接龙有以下三种：

第一种：完整接龙——教师先拍四拍，儿童接着模仿头四拍。教师连续拍下去，儿童边模仿教师的前四拍边听记后面的节奏。这种形式适合于一对一、一对小组、一对全体进行。

第二种：接尾接龙——教师拍四拍，一儿童重复后两拍，再即兴拍两拍，教师继续拍下去，再换一个儿童接拍。

第三种：接头接龙——教师拍四拍，一儿童接着模仿头两拍，再即兴拍后两拍，教师一直四拍一组拍下去，不断更换儿童。

(4) 固定音型

固定音型指一个音乐动机或小乐句(4—8 节)，不断重复贯穿于一段音乐，甚至全曲。固定音型的应用是奥尔夫音乐作品及音乐教学中最具特色的一个手法。

3. 以律动舞蹈入手的节奏训练

视频资源

《握手舞》

律动学习主要来自达尔克罗兹教学体系。律动表现音乐元素，即用身体的动作表现音乐的风格、曲式、调性、旋律、节奏等元素。律动活动的初级阶段又称为“动作经验积累”阶段，主要包括大肌肉活动练习和小肌肉活动练习，以及探索身体各种运动的可能性。在活动中通过尝试同一个要求的动作可以用不同的肢体姿态去完成的做法，帮助儿童发掘自身肌体的运动能力，促进肌体动作的协调发展，从而积累丰富的动作经验。如奥尔夫音乐游戏《握手舞》，通过动作创编进行的即兴律动活动，让儿童学习怎样与同伴合作，学习领导与被领导，同时培养对于群体的适应性。

音频资源

《圆圈舞》《欢迎舞》《螃蟹舞》

奥尔夫教学法所设计的舞蹈对于任何没有学过舞蹈的人也能学会。它所要求的是按音乐的节奏跳，按音乐的形象去想象，最重要的是即兴，儿童可以自由设计、自由编排自己理想的动作。适合的音乐有《圆圈舞》《欢迎舞》《螃蟹舞》等。

4. 以乐器打击入手的节奏训练

奥尔夫乐器的产生来源于一个教育真理，那就是“人们只有在音乐实践中才能学到音乐”。乐器教学是奥尔夫为世界音乐教育做的又一个巨大贡献。奥尔夫所创造的“不是用高度发展了的艺术性乐器，而是一种以节奏性为主，容易学会的原始乐器”。艺术性乐器不仅价格昂贵，演奏起来还需要很高的技术要求；而价格低廉的乐器，又受到音色、音域的限制，不适合儿童的器乐学习。而奥尔夫乐器的出现，解决了这些难题，使更多的学前儿童投入到乐器演奏中去，亲自体验、亲自创作，在演奏、合奏过程中无形地培养了学前儿童的集体荣誉感、自我控制、人际关系等诸多方面，在人格培养上也起到很大的作用。

(二) 集体教学

集体教学是奥尔夫教学中的主要组织形式。奥尔夫认为，集体教学的形式有助于提高儿童参与的热情，为他们提供交流、分享、合作、竞争的机会，有助于培养儿童的集体观念，提升教学效果。奥尔夫乐队的训练、多声部结构的声势活动、戏剧表演、指挥等活动都离不开儿童之间的相互配合协调。

(三) 引导创作法

奥尔夫体系注重对儿童即兴创作能力的培养，遵循探索—模仿—迁移—即兴创作的原则，并通常以引导创作的方式展开教学训练。即兴创作的初始阶段是模仿，如根据教师给出的乐句即兴做出节奏、旋律相仿的答句，或者仅仅根据给出的节奏进行多样的"回声"式的模仿。在难度渐增的阶段,学前儿童则被要求为歌词配上即兴曲调或者根据固定曲调做卡农练习、回旋曲训练、小组曲训练以及进行说、唱、舞、奏等形式综合的练习。

任务四　了解铃木音乐教育体系

一、铃木的生平

铃木镇一(1898—1998),日本著名的小提琴演奏家、音乐教育学家。铃木出生在日本名古屋市的一个小提琴制造商家庭。受其家庭影响,铃木从小就开始学习小提琴。他在1915年毕业于名古屋高等学校后继续音乐学习,并于1920年留学德国柏林,师从卡尔·克林格尔教授,专修小提琴演奏八年。1928年与妻子回国,与三个兄弟组建铃木四重奏乐队,开始演出活动,并在国立音乐学院任教。

图8-6　铃木镇一

二、铃木的才能教育思想

铃木认为,教育包含两个意思,一是"诱发",就是把潜藏的状态引导其显示出来、发展起来;二是教学,即按照儿童生理和心理特点,有效地传授知识技能。铃木指出,教学是促进才能发展的途径,教学的目的就是要探索和发展人的潜力,也就是进行才能教育。

因此,铃木的才能教育思想包含以下主要观点:

(一) 早期的培养

音乐好比一种语言,要掌握一种语言,最好是从小开始学,开始得越早越能把语言掌握得像母语一样。铃木主张,教育是出生即适龄。在他的《才能教育自零岁起》一书中,他极力主张学习愈早愈好,因为幼儿园教育阶段影响一生。他认为学习应该自出生那天起,而不是自上学第一天,及早学习可提供丰富的经验,奠定坚实的学习基础。只要学前儿童稍有掌握某种乐器的能力,就可以让他们学,但在开始学琴前,应当先聆听经典的音乐,参观别人的演奏,来引发学习动机。才能教育愈早愈好,因为内在的音乐熏陶可为日后的音乐教育奠定良好的学习基础。

(二) 更好的环境

"人类是环境之子",环境对于儿童的成长,有着至关重要的作用。铃木反对"才能是天生的"的说法,他认为,如果有遗传的话,那也许是说人在适应环境的灵活性或适应快慢上有优劣之分。他确信,环境要置于遗传之前,环境比遗传更影响人的能力的发展。因此,才能不是天生就有的,任何儿童都可以培养成为有高度才能的人。每个儿童都有音乐潜能,只要有适当成长条件,每个儿童都能学音乐。除此以外，父母应当尽可能给儿童提供一个良好优美的视觉、触觉和听觉的生活环境。家庭环境是否理想决定了儿童的音乐才能是否得以发挥。如果父母及家庭成功地创造出学习音乐的环境，如同他们在最初创造语言环境一样，儿童对音乐和乐器的兴趣也就能自然而然地形成。

（三）教育的目的

“培养孩子成为优秀的”是铃木教育思想的出发点和归宿。音乐教育不是以培养音乐家为主，而是培养所有儿童都能具有良好的心灵和感觉。铃木始终强调才能教育的根本目的就是培养人。他说，教育不是我的主要目的，我想造就出良好的公民，如果让一个儿童降生之日起就听美好的音乐并自己学习演奏，就可以培养他的敏感、遵守纪律和忍耐性格，使他获得一颗美好的心。

（四）尽量多的训练

1958 年，铃木提出“母语学习”的概念，认为人类掌握语言这一天赋能力，是一种典型的学习模式，重复再重复正是其核心。研究发现，儿童对多次重复的事物不会感到厌烦，他们接受外界同一对象的反复刺激的时候，会把它固定在大脑中，形成一种能力。因此，在教学过程中，无论是聆听音乐的环节还是技巧训练的环节，反复成为铃木教学法的重要特点之一。从简单的旋律开始，之后的学习中不间断地回到最初的乐曲上。通过数百数千数万次的反复，儿童的学习达到更熟练、更出色、更完美的技巧。除此，应把学习当成是一种娱乐，在轻松快乐的气氛中完成，学习和练习方式不可一成不变，应力求多样性。由此，这样的教学方法不仅可以培养儿童卓越的演奏才能，而且还训练出儿童良好的心理素质。

（五）正确的指导方法

“喜欢”和“会做”是培养儿童才能的前提，教育要掌握适当的时机和科学的方法，自然地引导儿童学习。努力将教育内容融于游戏中，配合教师和家长耐心教导，儿童便在不知不觉中进入了音乐的环境，跟着旋律歌唱、节奏律动，儿童自然生发出学习的愿望，这种愿望在随后的学习中能帮助儿童克服困难、增强信心。铃木先生非常注重激发儿童的学习动机。每当有了新学员，他总是先指导儿童的父母学会拉一支简单的曲子，以便为儿童营造良好的家庭学习氛围。开始时，新学员在教室里不被安排学习，而是在一边玩，看着别的儿童练琴，这种情景能促使儿童产生想得到小提琴的愿望。接下来儿童被发给一把不出声的琴，用其练习拉琴的姿势、指法等。三四个月后，儿童拉琴的愿望越来越强烈。这时，铃木先生才满足他们的愿望。有了这样循序渐进的准备阶段，儿童在投入学习后便能够很快进入角色。

拓展阅读→

儿童音乐能力的开发

铃木用极其简练的方法，从记忆力、注意力、运动能力、表现力四个方面展开了能力的开发。

1. 记忆的发展——通过背诵俳句（日本的诗句）来训练。铃木认为，为了培养记忆的所有能力，这是很有必要的手段。

2. 注意力的养成——用铅笔训练。铃木说："注意力集中了，一件事就得以彻底完成。只要彻底完成了一件事就自然会产生出自信。这种自信在幼儿时期培植与否，对一个幼儿的一生都会产生完全不同的成长形态。"注意力也是一种习惯，类似一种技术。"坚持每天短时间的练习，并不断反复地进行的话，注意力也会成为渗透到体内的一种自然习惯。"

3. 运动能力的培养。运动能力一般分为肌肉力量、运动神经（反射神经）以及持久力这三种。可以说对所有的能力而言，孩提时代最重要的应属运动神经。要练就运动能力等，儿童时代是最适龄的。

4. 表现力的发展——用"说"与"听"的方式训练。所谓"说"就是幼儿的语言能力，"听"就是听指导者（教师或父母）的语言。幼儿语言发展最直接的老师不是别人，正是母亲本身。

三、铃木教学法的主要步骤

铃木教学法是一种强化教育法，其教学过程主要分为以下六个步骤：

（一）接触

让美好的音乐进入心中，首先要创设良好的环境，从听觉训练入手。他认为，"音乐的耳朵"不是天赋或固有的，可以通过多训练出效果。因此，可以每天在学前儿童轻松自然的状态下放一些优美的乐曲，逐步发展学前儿童的音乐感受力与记忆力，让学前儿童反复聆听、接触经典的演奏作品，可以逐渐提高儿童的鉴赏和演奏水平。

（二）模仿

最优秀的教师、最好的教材、最优质的音响都是十分有必要的。铃木十分重视教师的素质，教师的认识水平和能力对儿童的才能培养具有关键作用。主张教师要对学前儿童有爱心、耐心，具备渊博的学识、精湛的技能、敏锐的感觉以及严格的精神。铃木还十分重视儿童练习教材的选择，让儿童听世界大师演奏的名曲，以培养他们的感觉水平、思维水平及想象能力。除此，不论是教师的示范，还是优质的音响作品，都是儿童模仿学习表演的基础。

（三）鼓励

正面的鼓励、适时的赞扬是不可或缺的兴趣催化剂。当学前儿童面临困难时，来自家长和教师的鼓励能帮助他们树立信心。铃木认为，每个儿童身上都存在着不可估量的潜能，应遵循其自然发展的进度，根据儿童的个性特点，寻求儿童的优点，给予肯定、赞美和夸奖，要学会用一些话语鼓励儿童，如"真好"。再如在儿童有能力拉好一首小曲子时，提供机会让其当众表演，鼓励儿童的努力和进步。

（四）重复

通过强化式的训练，鼓励学前儿童在重复的练习中，发现新的乐趣与挑战，以

达到艺术上、技术上的精益求精。

（五）增加

选材应从简单易学的曲子开始逐步增加难度。在学习新曲目的同时，要不间断地回到练习的出发点，因为上千万次地重复旧曲练习，不仅使学前儿童的演奏更趋熟练、完美，提高其音乐表现力，还能培养儿童学习的耐力和韧性。

（六）完善

良好的习惯养成来自强化训练。铃木认为："经过五千次养成的坏习惯，要用六千次矫正。"因此，要停止那种每错一次、矫正一次的方法，应该是以重新开始的训练方法，让学前儿童形成新的行为方式，养成新的行为习惯。

任务五　了解综合音乐感教育体系

综合音乐感教育是指学科综合性的音乐学习。这是一项由美国福特基金会赞助的音乐教育研究项目"当代音乐计划"的研究成果之一，主要是针对传统音乐教育中的弊端。在传统的音乐课中，音乐的各个方面是作为单独的、明确区分的部分学习的，这种对音乐支离破碎的了解有碍于培养对音乐形成真正理解所必备的洞察力。综合音乐感的教育旨在通过研究综合音乐教育方法，构建以学前儿童为中心的综合音乐教育模式，让学前儿童很自然地理解、感受、表现音乐，培养学前儿童综合音乐感，以促进其整体素质的提高。

在幼儿园中构建以学前儿童为主体的综合音乐教育的模式，对儿童进行综合音乐感的培养，能够促进儿童身体、智力、情感、个性、社会性的全面和谐发展。所谓综合音乐感是指对音乐有正确的理解，把抽象的音乐概念和复杂的音乐原理具体化、形象化、戏剧化、自我化，把所理解、感受的东西通过唱歌、动作、器乐、绘画等形式充分表现出来的能力。

一、主要教学模式

（一）模式一

1. 流程图

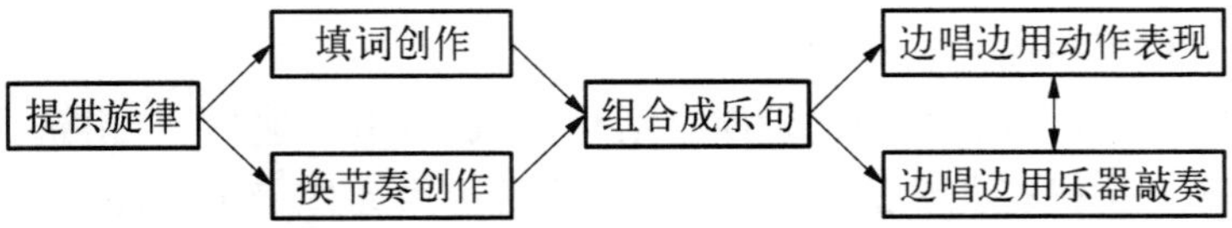

2. 操作步骤

(1) 用游戏的形式引导儿童听旋律，并把旋律记在黑板上。

(2) 朗诵旋律节奏或用声势动作表示节奏。

(3) 创作出各种词句填入旋律并唱出。

(4) 根据旋律创作出不同的节奏,再填入词句并唱出。

(5) 组合成完整的乐曲。

(6) 边唱边创编动作表现乐曲。

(7) 边唱边用各种乐器敲奏表现乐曲。

(注:填词创作与换节奏创作分组同时进行;动作表现与乐器敲奏也分两个区域同时进行;自由选择;可互相交换。)

(8) 分组表演创作“作品”。

(二) 模式二

1. 流程图

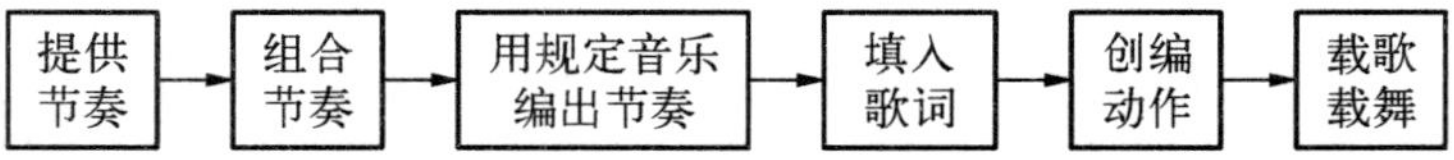

2. 操作步骤

(1) 以游戏形式引起儿童兴趣,参与组合节奏游戏。

(2) 将组合出的节奏句一一列出(一般组合为四句)。

(3) 引导儿童为每一句节奏填写唱名(3 、4 、5),创编出旋律。

(4) 用一首熟悉的儿歌(或儿童自编),按节奏朗诵歌词。

(5) 按歌曲旋律和节奏演唱歌曲,加上声势动作稳定节奏。

(6) 按照情节自由变化动作,并引导儿童用集体讨论的方法创编出动作组合。

(7) 带领儿童边唱边编出的组合表演,也可自由发展。

(三) 模式三

1. 流程图

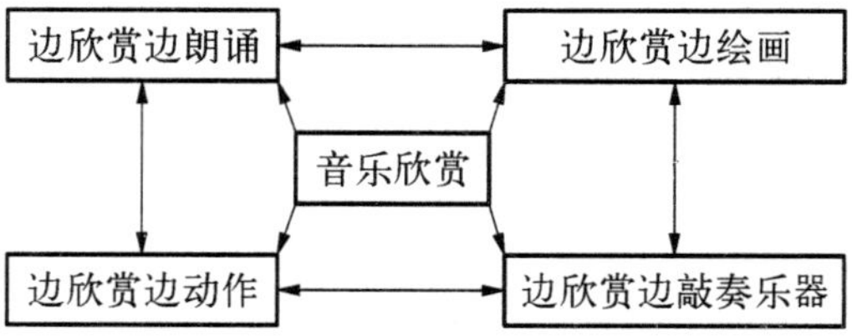

2. 操作步骤

为学前儿童提供欣赏乐曲,设四个活动区域,欣赏一遍后,自由选择各区域活动,可以边欣赏边进行儿歌朗诵,也可以边欣赏边用动作表现乐曲,也可以边欣赏边按自己的意愿绘画,也可以边欣赏边用不同乐器为乐曲伴奏表现不同节奏。各区域之间的活动是互通的、自由的,每遍欣赏后,学前儿童可根据喜好更换区域,活动继续进行。最后,学前儿童可以互相表演欣赏各区域的“作品”。

二、主要教学方法

1. 游戏法

游戏法是指在音乐活动中，教师要引导学前儿童游戏或为学前儿童设计有意义的游戏，并把教育目的和要求融于游戏中，使一切活动形式、方法都比较自由、灵活、丰富多彩，具有游戏或似游戏的特性。

2. 自由探索法

自由探索法是指学前儿童在具有丰富音乐材料的音乐环境中，自由地或经教师启发引导后，用自己的手脑亲自、主动地去探索、发现、掌握和运用音乐知识和技能的方法。

3. 引导创作法

引导创作法是指教师在活动中仅仅向学前儿童提供一些元素性的材料，如最基本的节奏、最基本的音调、最基本的动作方法、最基本的组织结构的方法等，而学前儿童主要是通过教师的演示、启发引导来进行集体创作，完成音乐学习。

考点聚焦

★ 学前儿童音乐教育理论流派的代表人物及观点

国考链接

1. 认为才能是通过后天的有效教育发展起来的，为学前儿童提供优良的教育环境是才能发展的第一个必要条件的音乐教育家是（　　）。（模拟题）

A. 达尔克罗兹　　B. 柯达伊　　C. 铃木　　D. 奥尔夫

2. 提出“母亲参与”和“集体教学”等教学方法的教育家是（　　）。（模拟题）

A. 达尔克罗兹　　B. 奥尔夫　　C. 柯达伊　　D. 铃木

3. 达尔克罗兹教学法的主要内容是（　　）。（模拟题）

A. 体态律动、视唱练耳、即兴音乐活动

B. 体态律动、视唱乐谱、即兴音乐活动

C. 艺术培养、视唱练耳、即兴音乐活动

D. 体态律动、节奏创编、即兴音乐活动

项目八
参考答案

思考与实训

思考：

请结合国外学前儿童音乐教育理论的主要内容，谈谈对当前我国学前儿童音乐教育的启示。

实训：

1. 自选钢琴曲，小组合作，利用达尔克罗兹的“体态律动”进行即兴创编。

2. 自主选择交通工具的名称，创编一个字、两个字、三个字和四个字的节奏短句，并进行二拍子、三拍子、四拍子的字词朗诵练习。

3. 请以《我喜欢××》为主题，为中班儿童设计一个奥尔夫语言节奏训练活动。

4. 尝试运用奥尔夫“人体乐器”为《幸福拍手歌》设计伴奏。

5. 学生自由创编节奏朗诵《静夜思》，分组进行两个声部或三个声部的合诵练习，并逐步加入声势动作，最后可尝试加入节奏棒进行伴奏的综合性练习。

6. 任选《加伏特舞曲》《丹麦七步舞》《墨西哥草帽舞》之一，以小组合作的形式，即兴创编动作，与同伴共同完成律动舞蹈。

参考文献

1. 迈克尔・L.马克.当代音乐教育[M].管建华、乔晓东译.北京:文化艺术出版社,1991.
2. 杨立梅.柯达伊音乐教育思想与实践——音乐基础教育的原则与方法[M].北京:中国人民大学出版社,1994.
3. 许卓娅.幼儿园音乐欣赏教育活动101例[M].南京:江苏人民出版社,1995.
4. 许卓娅.学前儿童音乐教育[M].北京:人民教育出版社 ,1996.
5. 让・罗尔・布约克沃尔德.本能的缪斯——激活潜在的艺术灵性[M].王毅,孙小鸿,李明生译.上海:上海人民出版社,1997.
6. 李晋瑗.幼儿音乐教育[M].北京:北京师范大学出版社,1998.
7. 刘晓东.儿童教育新论[M].南京:江苏教育出版社,1998.
8. 蔡觉民、杨立梅.达尔克罗兹音乐教育理论与实践[M].上海:上海教育出版社,1999.
9. 张奇.儿童审美心理发展与教育[M].北京:北京师范大学出版社,2000.
10. 尹红.音乐教学论[M].重庆:西南师范大学出版社,2002.
11. 张卫民.儿童艺术教育创新论[M].北京:高等教育出版社,2003.
12. 贝内特・雷默.音乐教育的哲学[M].熊蕾译.北京:人民音乐出版社,2003.
13. 王丹.哈佛多元智能——婴幼儿音乐智能开发训练[M].北京:国际文化出版社,2003.
14. 王懿颖.学前儿童音乐教育的理论与实践[M].北京:北京师范大学出版社,2004.
15. 许卓娅.幼儿园音乐教育[M].北京:人民教育出版社,2004.
16. 廖乃雄.音乐教学法[M].北京:中央音乐学院出版社,2005.
17. 黄瑾.学前儿童音乐教育[M].上海:华东师范大学出版社,2006.
18. 王懿颖.学前音乐教育[M].重庆:西南师范大学出版社,2007.
19. 布莱金.人的音乐性[M].马英珺译.北京:人民音乐出版社,2007.
20. 杨立梅.幼儿音乐能力培养的策略与方法[M].北京:教育科学出版社,2007.
21. 郭亦勤.学前儿童艺术教育活动指导[M].上海:复旦大学出版社,2008.
22. 许卓娅.幼儿园音乐教育与活动设计[M].北京:高等教育出版社,2009.
23. 张琳.幼儿园教育活动设计与实践[M].北京:高等教育出版社,2010.

24. 王懿颖.学前儿童音乐教育[M].北京:北京师范大学出版社,2010.
25. 李娟.音乐欣赏[M].北京:首都师范大学出版社,2010.
26. 吴巍莹.幼儿园"韵律活动"概念的历史发展与精确化[J].学前教育研究.2011.
27. 吕耀坚,孙科京.幼儿艺术教育与活动指导[M].北京:北京师范大学出版社,2012.
28. 许卓娅.幼儿(艺术)教育与活动指导[M].南京:江苏凤凰教育出版社,2013.
29. 罗娟,汤少武.幼儿音乐活动指导[M].北京:北京师范大学出版社,2013.
30. 许卓娅. 幼儿园音乐教学游戏化设计[M]. 南京:江苏凤凰教育出版社,2014.
31. 黄瑾. 学前儿童音乐教育与活动指导[M]. 上海:华东师范大学出版社,2014.
32. 许卓娅.学前儿童艺术教育(第 2 版)[M].上海:华东师范大学出版社,2015.
33. 程英.学前儿童艺术教育与活动指导[M].上海:华东师范大学出版社,2015.
34. 方少萌.奥尔夫音乐教学法实用教程[M].上海:复旦大学出版社,2015.
35. 刘昕.学前儿童艺术教育与活动指导[M].北京:教育科学出版社,2016.
36. 阎妍.学前儿童音乐教育[M].清华大学出版社,2016.
37. 陈金菊.学前儿童艺术教育[M].东北师范大学出版社,2016.
38. 李璇,李迎冬,周杰.学前儿童音乐教育与活动设计[M].北京:科学出版社,2016.
39. 许卓娅. 幼儿园音乐教育活动指导[M]. 北京:人民教育出版社,2017.
40. 张潇尹. 学前儿童音乐教育[M]. 重庆:东南大学出版社,2017.
41. 沈玉萍. 学前儿童音乐教育[M]. 南京:南京师范大学出版社,2018.
42. 朴红梅. 舞蹈与幼儿舞蹈创编[M]. 北京:高等教育出版社,2019.
43. 李桂英.学前儿童音乐教(第 3 版)[M].北京:高等教育出版社,2019.